E. Dagobert. trl Schoenfeld

Gretter der Starke

einer alten isländischen Urkunde nacherzählt

E. Dagobert. trl Schoenfeld

Gretter der Starke
einer alten isländischen Urkunde nacherzählt

ISBN/EAN: 9783742870223

Hergestellt in Europa, USA, Kanada, Australien, Japan

Cover: Foto ©ninafisch / pixelio.de

Manufactured and distributed by brebook publishing software (www.brebook.com)

E. Dagobert. trl Schoenfeld

Gretter der Starke

E. Dagobert Schoenfeld.

Gretter der Starke.

Einer

alten Isländischen Urkunde

nacherzählt.

Berlin
Schuster & Loeffler
1896.

Vorwort.

Eine alte Isländische Urkunde spricht aus den folgenden Blättern. Was ums Jahr Eintausend nach Christi Geburt dort geschehen, lange mündlich überliefert von Geschlecht zu Geschlecht, endlich schriftlich abgefaßt wurde durch Snorre, aus dem Geschlecht der Sturlungen, das redet hier zum ersten Male in deutschen Zungen zu meinen Landsleuten! — Unbegreiflich! — Denn der Wert dieser Blätter ist unschätzbar! — An lieblichen Scenen der Gudrun, an tragischer Kraft dem Nibelungenliede gleich, überragt diese Saga doch beide durch ihr ausführliches Eingehen auf die Zustände in Haus und Familie, Gesellschaft und Staat, heimisches Rasten und frohes Wandern in damaliger Zeit.

Die Verbindung mit nordischen, in Litteratur und Kunst wohlerfahrenen Freunden führte mich zur Kenntnis dieses Stoffes. Mehrfache eigene Reisen durch den skandinavischen Norden bis zu den dunklen, wogenumrauschten Felsen des Nordkaps hinauf, gaben mir das Kolorit für die Darstellung an die Hand.

Die Urkunde spricht hier zum großen Teil in wörtlicher Übersetzung. Wo Zusammenfassung und Bearbeitung sich empfahl, wurde doch Sinn und Geist des Dokuments mit Pietät gewahrt. Einschaltungen über Politik und Kampfesweise, Sitten und Hausrat, zur Veranschaulichung erforderlich und für Leser ohne gelehrte, historische Vorkenntnis sicher erwünscht, sind das Werk des Verfassers, sowie auch die Umschmelzung des oft einförmigen Referates in den lebendigeren Dialog, die Zusammenfassung des Stoffes in die vorliegenden Abschnitte und die Überschriften der Kapitel.

Freunde der alten Litteratur werden ebensoviel Freude an dem hier Dargebotenen finden, als Leser, welche nur eine anregende Lektüre auf historischem Hintergrunde suchen.

Selbst reifere Knaben werden gerne nach diesem Buche greifen, aus dem ein so kraftvoller, reiner und edler Geist spricht; zumal die Abenteuer, welche unser Held erlebt, wahrhaft überraschend, den Erlebnissen eines Robinson Crusoe an Abwechselung wenig nachstehen.

In jener Zeit, wo, angeregt durch ein hohes Vorbild, das allgemein erwachte Interesse und die Reiselust den Norden suchen, wird der Blick in das reiche Leben des alten Island, des sagenumsponnenen, wie es sich vor tausend Jahren dort aufzurollen begann, nicht unwillkommen sein.

Hier auf Island hatte sich der am eigentümlichsten ausgeprägte Teil der Normännischen Aristokratie niedergelassen, und, geschützt durch seine insulare Lage vor fremdartigen Einflüssen, aus sich selbst heraus einen Staat von dreihundertjähriger, außerordentlicher Blüte geschaffen.

Das heute so arme Island, im Innern verwüstet von Lavaströmen, Gletschern und Stürmen, stand damals, begünstigt von einem besseren Klima, in hoher Kultur. Und während heute in diesem Lande, welches an Größe dem vereinigten Bayern und Württemberg gleichkommt, der reichste Bauer auf einem Gute von 80000 Kronen Wert über ein Jahreseinkommen von nur 3320 Kronen verfügt (eine Krone = 1 Mark 12 Pfg.): ritten damals die Recken mit fürstlicher Pracht zum Althing auf, und auf ihren Edelhöfen fand sich reicher Besitz und feines Gerät, zusammengebracht aus landwirtschaftlicher Arbeit, fleißig betriebenem Handel, heimgebrachter Kriegsbeute und dem Dichterlohn fahrender Sänger, erworben an fremden Königshöfen.

In der That, die in der Zeit der Sturlungen von 1200 bis 1300 auf Island entstandene klassische Litteratur hat ein Recht, ebenso unvergänglich fortzuleben, wie die klassische Litteratur der Griechen aus der Zeit des Perikles. —

Dem Buche ist eine historische Karte beigegeben, welche die Örtlichkeiten, an denen die einzelnen Abenteuer sich abspielen, genau verzeichnet.

Und so können wir denn dieses Buch entlassen auf den Markt in der guten Zuversicht, der deutschen Lesewelt nicht bloß etwas völlig Neues, sondern auch eine Gabe von bleibendem Wert zu bieten.

Der Verfasser.

Inhalts-Verzeichnis.

		Seite
Vorwort		VII
Kapitel 1.	Der Schauplatz	1
„ 2.	Die Kindheit	3
„ 3.	Das Ballspiel	6
„ 4.	Ein Besuch	11
„ 5.	Die Reise nach dem Thing	14
„ 6.	Der Abschied	19
„ 7.	Das Hünengrab	23
„ 8.	Die Berserker	29
„ 9.	In allen Ehren	40
„ 10.	Die Bärenschlacht	44
„ 11.	Der Zweikampf	50
„ 12.	Das Gericht	53
„ 13.	Heimwärts	57
„ 14.	Auf Oedunsstätten	59
„ 15.	Der Roßkampf	65
„ 16.	Das Gespensterhaus	68
„ 17.	Der Stärkere über den Starken	76
„ 18.	Abermals nach Norwegen	83
„ 19.	Asmund's Testament	86
„ 20.	Atle's Ende	89
„ 21.	Die Schwimmprobe	92
„ 22.	König Olaf	99
„ 23.	Die Gnadenfrist	104
„ 24.	Auf Södulkolla	109
„ 25.	Atle gerächt	117
„ 26.	Die Blutbrüder	120
„ 27.	Eine Entscheidung	126
„ 28.	Gefangen	130
„ 29.	Straßenräuber	135
„ 30.	Falsche Kameraden	141
„ 31.	Unter Reifriesen	148
„ 32.	Ein Prahlhans	155
„ 33.	Die Schlacht bei Grettersodde	161

Kapitel	34.	Unstät und flüchtig	166
„	35.	Hallmund's Tod	173
„	36.	Gefoppt	177
„	37.	Ein Kirchgang	180
„	38.	In Todesnot	187
„	39.	Thorstein gefunden	191
„	40.	Heimatluft	196
„	41.	Ein Zwischenspiel	202
„	42.	Auf Nimmerwiedersehen	205
„	43.	Der Eindringling	209
„	44.	Auf Hegranesthing	211
„	45.	Ein Besitzwechsel	219
„	46.	Ohne Feuer	221
„	47.	Der Herings-Sprung	225
„	48.	Rettung nahe	228
„	49.	Die Hexe	231
„	50.	Das Holz des Fluches	236
„	51.	Schlimme Wendung	239
„	52.	Der entscheidende Schritt	242
„	53.	Gretter's Tod	245
„	54.	Zerpflückte Lorbeern	252
„	55.	Thorbjoern verbannt	257
„	56.	Gretter gerächt	261
„	57.	Thorstein befreit	266
„	58.	Nachwort	269

Anhang: Karte von Island.

Kapitel 1.

Der Schauplatz.

Ums Jahr 1000 war Island, vom Klima mehr begünstigt, als heute, ein reich bevölkertes, wohl angebautes Land. Während das Innere Lava-Wüsten und Gletscher bis zu Gipfeln von 8000 Fuß durchziehen, von nur wenigen Reitwegen gekreuzt, breiteten sich an den Fjorden und über die grasreichen Thäler der Küste hin wohlhabende Edelsitze aus, welche bis zu 40 gut eingerichtete Gebäude hatten und auf denen bis zu 100 Dienstboten gehalten wurden.

Die Besitzer, aus norwegischem Blute stammend, waren zu der Zeit, als König Harald-Haarfager (874) dort anfing, die freien Bauern zu knechten, ausgewandert und hatten vor den ausbrechenden Fehden hier im Schoße der vom blauen Nordmeer umspülten Insel Zuflucht für ihre Freiheit gesucht und gefunden.

Die Blutbrüder Ingolv und Hjörleiv, ums Jahr 874 mit Familie und Gesinde auf Island ankommend, waren die ersten Ansiedler gewesen. Ihnen folgten 3000 Familien nach, welche das genau geführte Landnamsbuch sämmtlich mit Namen verzeichnet, unter diesen solche aus königlichem Geschlecht.

Ihren kampfesfrohen Muth brachten diese Norweger in die neue Heimath mit und es ging unter den Nachbarn nicht immer friedlich zu. Man bestellte sein Feld, man hütete die Heerden mit dem Schwerte an der Seite. Das weite Meer, welches in tiefen Fjorden überall in die Insel einschneidet, forderte wie von selbst zu Schifffahrt und Handel auf. Und so stand denn das sturmfeste Schiff, im Winter sorglich unter dem breiten Schuppen geborgen, neben dem wohlgepflegten Viehstall, in dem Pferde und Kühe, Schafe, Ziegen und Schweine gehalten wurden, und zum Ertrage der fleißig bebauten Erdscholle gesellte sich der Handelsgewinn aus fremden Landen. Wohlhabenheit, gar Reichthum, von geringem Steuerdruck belastet, zeichnete im Durchschnitt die Bewohner aus, sodaß ein Häuptling, auf dem Althing zu einer Geldstrafe verurteilt, imstande war, nach unserem Geldwert 33000 Mark aus seinem Wams als Buße herzureichen.

Hinter den Edelsitzen lagen die Gehöfte der Bauern. Hinter den Bauern standen die Knechte, alle in Waffen geübt und bereit, auf des Herrn Wink die friedliche Arbeit zu unterbrechen, und, ein stattliches Heer, entweder die Fehde mit einem benachbarten feindlichen Geschlechte auszufechten, oder auf dem Thing, wo im Redekampf das Recht ausgeglichen wurde, die Stimme ihres Herrn und das Ansehen seiner Person durch ein gewichtiges Gefolge zu unterstützen.

Und in der That, ein weichliches und feiges Geschlecht konnte auch hier nicht gedeihen, wo Winter und Meer den Vernichtungskampf gegen alles Leben immer wieder erneuerten.

Noch hatte das Christentum, im Jahre 1000 durch den Althing auf Empfehlung des Gesetzessprechers Thorgeir Thorkelsohn als Landesreligion angenommen und eingeführt, nicht die altheidnischen Vorstellungen und Sitten überwunden; aus den Felsenschluchten kommen noch die Reifriesen und die Dämonen hervor und greifen ängstigend und vernichtend in das Leben der Menschen ein und die Waffe des alten Weibes ist noch die gefürchtete Zauberformel.

Unsere Geschichte fällt in die Periode dieser politischen und religiösen Gährung von 995—1030, wo sich das nordische Reckengeschlecht in seiner ganzen Wildheit, aber auch in seinem hohen Adel offenbarte.

In dieser Umgebung und unter diesem Geschlecht spielen sich ab die folgenden Ereignisse, nicht Sage, sondern Geschichte, in welche historische Persönlichkeiten, wie Olaf der Heilige, Magnus der Gute und Michael Kalaphates von Konstantinopel eingreifen.

Von Kamin zu Kamin erzählt, vom Großvater dem Enkel überliefert, während die Winterstürme das Dach umtoben, in einem sangesfrohen Geschlecht, wird der flüssige Stoff der Ueberlieferung endlich von der schriftkundigen Hand des Snorre aus dem Geschlecht der Sturlungen uns Jahr 1200 in das geschriebene Wort gefaßt. So liegt es uns in einer Urkunde vor, deren verschwiegenen Schoß wir hier zum ersten Male für die deutsche Lesewelt aufschließen.

Kapitel 2.

Die Kindheit.

Im Norden von Island am Midfjord zwischen schwellenden Wiesen lag der Edelsitz Bjarg. Hier hauste Asmund mit dem Beinamen Haerulang, d. h. der Grauhaarige, aus vornehmem Geschlecht, denn er war dem Könige von Norwegen, Olaf dem Heiligen, verwandt. Ihm zur Seite saß sein ehelich Gemahl Asdis, klug und fromm, häuslich und fleißig: Sie war ein Weib mit starkem Herzen. Und ein starkes Herz brauchte sie, denn sie war von Gott zu vielen Leiden bestimmt. Beiden wuchsen auf zwei Töchter und drei Söhne. Die ältere Tochter Thordis war an den edlen Glum vermählt, den Sohn des Uspak, welcher auf dem Edelsitze Skridinsenne wohnte. Und die jüngere Ranveig war vermählt an Gamle, den Sohn des Thorhall, welcher am Hrutafjord auf dem Gute Melar hauste. Beide verließen früh der Eltern Haus, welches nun belebt wurde durch zwei heranwachsende Söhne. Denn der Aelteste, Thorstein, hatte auch bereits das Vaterhaus verlassen und sich in Norwegen, wo die Familie herstammte, in Tunsberg auf einem stattlichen Hofe angesiedelt. Von diesen zwei letzten Söhnen, die noch im Elternhause aufwuchsen, war Atle der ältere, freundlich und folgsam, mild und gutherzig, des Vaters Liebling. Der Jüngere war Gretter. Er ist der Held unseres Buches. Sein Name bedeutet Schlange. Und wie die Schlange des Feldes war er klug und listig zugleich. Seine Zunge war scharf und trotzig sein Sinn, sein Wesen zu Gewaltthätigkeit geneigt. Dabei war er auch körperlich häßlich. Brennend rot sein Haar und voll Sommersprossen sein Gesicht. Bis zum zehnten Jahre blieb er klein, dann wuchs er, aber mehr in die Breite als in die Höhe und wurde der stärkste Mann auf ganz Island. Sein Vater mochte ihn nicht, aber um so zärtlicher liebte ihn seine Mutter.

„Gretter, du bist zu wenig nütze," sprach eines Tages zu ihm sein Vater, „und doch zu alt, um nur zu spielen. Ich will versuchen dir eine Arbeit zu geben: Geh' hinaus und hüte die Gänse."

„Das ist keine Heldenthat, sagte Gretter, doch gut für einen Thunichtgut!" Der Vater sagte: „Auch kleine Arbeit, gut gethan, findet ihr Lob!" —

Der kleine Gretter zog nun aus und trieb 50 alte Gänse vor sich her nebst einer Menge von Küchlein, denn es war Frühjahr und die Brutzeit vorüber. Das that er des Sommers manchen Tag. Aber bald war das Geschäft ihm leid. Die Gänschen waren dumm und träge und wollten nicht gehorchen. Der kleine Hirte verlor die Geduld, wurde zornig und schlug mit seinem Stecken auf sie los, sodaß er täglich weniger nach Hause brachte. Knechte fanden die kleinen Gänseleichen längs des Weges liegen und brachten sie dem Vater.

Asmund war sehr erzürnt, mehr noch über des Knaben rohe Gesinnung, als über den Verlust; denn es war klar, nur Mißhandlung hatte den kleinen Tieren die Glieder zerbrochen.

"Man wird dir dieses Handwerk legen, Bursche!" — sagte der Vater.

"Jemand an schlechten Thaten hindern, ist Freundschaftsdienst," sagte der Knabe spitz und schlenderte fort.

"Halt! Bursch! Dir ist eine andere Arbeit zugedacht, wobei die Aufsicht näher liegt!" —

"Jemehr man sich versucht, jemehr man lernt", sagte der kleine Gretter, und stellte sich breitspurig vor den Vater hin. — "Was soll ich thun?" —

"Du sollst meinen Rücken am Wärmfeuer kratzen", sagte der Vater.

"Das ist zwar gute Arbeit, dabei werden die Hände warm, aber doch mehr Weiberwerk, als Mannesdienst", sagte der Junge.

Indessen ein strenger Blick seines Vaters zwang ihn zur Pflicht.

Ein Isländisches Wohnhaus bestand um das Jahr 1000 der Hauptsache nach aus drei Teilen, aus Halle, oder Wohn- und Empfangsraum, aus Schlafhaus und Feuerhaus, oft unter einem Dach vereinigt, oft auch getrennt. Das Feuerhaus enthielt in seiner Mitte, lang und schmal ausgezogen, die Feuerstelle, in einer Vertiefung des Estrichs angelegt und mit Feldsteinen rings eingefaßt. In dem sehr holzarmen Lande brannte hier das eine Feuer für alle Bewohner des Hauses. Hier wurde das Essen gekocht. Hier sammelten sich an den langen Winterabenden Herren und Knechte, Männer und Weiber. Hier an den Seiten des Langfeuers saßen auf niedrigen Stühlen oder beweglichen Bänken, oder an der Erde hockend die Leute. Man freute sich an dem Anblick der schönen, von Alters her heilig gehaltenen Flamme. Hier erzählte man sich von den vergangenen Tagen; hier prägte man sich die Geschlechtstafeln ein; denn von edlen Vorfahren abzustammen, war diesen stolzen, freiheitsliebenden Männern und Weibern eine wichtige Sache. Hier trockneten die Männer, zurückkehrend von Jagd- und Fischfang, ihre Kleider, entblößten auch einzelne Theile ihres Körpers, um recht die wohlthuende Wärme zu genießen, und Greise ließen sich gerne am Feuer von Kindern den Rücken kratzen. —

Die Herbstabende waren nun lang und kühl geworden und man fing wieder an das Feuer zu schätzen.

„Wo ist Gretter, der Taugenichts?" fragte eines Abends Asmund, am Langfeuer sitzend.

„Der Leib wird alt und träg schleicht das Blut durch die Adern! Reib mir den Rücken, Junge! Doch tüchtig! Laß mich sehen, daß du dich munter rührst!"

„Gefährlich ist es, den Recken zu reizen," sagte Gretter.

„Auf keckes Wort folgt harter Schlag!" sagte der Vater. „Auf tummle dich."

Der Knabe, hinter dem Stuhle des Vaters stehend, sieht eine Wollkratze auf der Bank liegen, welche eine der dienenden Mägde von ihrer Tagesarbeit hier zurückgelassen hat. Er greift nach dieser Kratze und, scharf aufdrückend, reibt er die Stahlbürste auf des Vaters Rücken hin und her.

Mit einem Schmerzensschrei springt Asmund auf, greift nach seinem Stock und holt zum wuchtigen Schlage gegen Gretter aus; dieser aber drückt sich eilends in den Winkel.

Durch den Lärm gerufen tritt Asdis in das Feuerhaus und fragt: „Was giebt es hier?" —

Der Knabe flüchtet sich zur Mutter und spricht: „Du Göttin des Flachses, dort, der Goldausstreuer wollte, daß ich ihm den Rücken kratzen sollte, bis meine beiden Hände brannten. Da griff ich ihn mit ungeschnittenen Nägeln an. Die Spuren siehst du deutlich!" —

Doch die Mutter wies ihn streng zurück und sagte: „Gretter, du hast schwer gefehlt. Als Mann noch wirst du büßen, was du an deinem Vater hier gefrevelt hast.— Geh'!" —

Mit dieser Arbeit wars nun auch zu Ende.

Nach einiger Zeit, es war nun Winter geworden, sagte der Vater: „Gretter, du kannst die Pferde austreiben und hüten!"

Denn die Pferde auf Island sind gewöhnt, den Schnee mit ihren

Hufen wegzuscharren, und das Gras, welches sich unter dem Schnee frisch erhält, zu fressen.

„Das ist kalte Arbeit, aber männlich!" sagte der Junge.

„Besonders empfehle ich dir die Stute Kingala, sie ist klug und führt die ganze Heerde. Die Pferde dürfen so lange draußen bleiben, als sie selber wollen. Die Kingala ist außerdem wetterkundig und wittert schon im voraus, wenn die Flüsse anschwellen, oder wenn ein Schneesturm kommt. Dann macht sie kehrt und läuft von selber in den Stall zurück. Bisher traf ihre Witterung immer ein. Darum brauchst du weiter nichts zu thun, als auf dieses kluge Tier zu achten. Geht die Stute auf die Weide, so folgst du ihr und hütest die Heerde; bleibt sie im Stalle zurück, so schließ die Thür und bleib' daheim."

Gretter nahm sich dieser Arbeit an. Das Weihnachtsfest war schon vorüber. Da trat starke Kälte ein und der Schnee fiel hoch, sodaß die Pferde draußen mit ihren Füßen tief den Schnee wegscharren mußten, um zum Futter zu kommen. Dennoch verließ die Kingala jeden Morgen von selbst den Stall und die ganze Heerde folgte ihr und alle Pferde blieben solange draußen, bis die Kingala mit lautem Wiehern das Zeichen zur Rückkehr gab.

Das geschah meistens nicht früher, als bis es ganz finster geworden war.

Gretter ritt nebenher in einen dicken Friesmantel gewickelt und sagte: „Es ist kalte Arbeit!" —

Am meisten ärgerte es ihn, daß er selbst dem dummen Vieh gehorchen sollte; gehen, wenn sie ging, umkehren, wenn sie wollte, frieren, wenn es ihr beliebte, anstatt zu Hause am Feuer zu sitzen.

So faßte er denn gegen dieses Lieblingstier seines Vaters einen Groll und sann auf Rache.

Eines Morgens kam er in den Stall. Es war bitter kalt draußen. Die Kingala stand noch an ihrer Krippe und fraß. Da schwang sich Gretter auf ihren glatten Rücken, zog sein Messer aus der Tasche und zerschnitt dem Thiere kreuz und quer das Fell, sodaß Blut hervorquoll. Vom Schmerz gepeinigt schlug das Pferd so wütend aus, daß die Hufe gegen die Wände donnerten. Gretter fiel herab, aber er sprang wieder auf die Füße und trieb nun die Kingala mit ihrem wunden Rücken in die Kälte hinaus. Die anderen Pferde folgten. Doch der Kingala verging die Lust zu grasen, sie bog beständig den Kopf nach ihrem Rücken und verſuchte ſich die Wunden zu lecken. Kurz nach Mittag machte ſie dann kehrt und lief ſammt der Herde nach dem Stall zurück. Gretter ſchloß den Stall, ging ins Feuerhaus und ſetzte ſich ans Langfeuer. Er hatte ſeinen Zweck erreicht.

Der Vater Asmund ſagte: „Wir werden in Kurzem einen Schneeſturm haben, die Kingala iſt heut auf Mittag ſchon zurückgekehrt!"
„Oft irren ſich auch die Weiſen!" — antwortete Gretter.
Die Nacht verlief und der Schneeſturm blieb aus.

Um andern Morgen trieb Gretter wieder die Pferde hinaus, aber wieder konnte Kingala mit ihrem wunden Rücken die Kälte nicht vertragen und kehrte auf Mittag, ohne gefreſſen zu haben, zurück.

Wieder ſagte der Vater: „Es wird einen Schneeſturm geben!"
Und wieder blieb der Schneeſturm aus.

Nun ſchöpfte Asmund Verdacht und ging am dritten Morgen ſelbſt in den Stall.

„Die Thiere ſind nicht im guten Zuſtande," ſagte er zu Gretter, „obwohl der Winter milde iſt. Aber du, Kingala, biſt gewiß wie immer rund und fett," und ſtrich dem Thiere zärtlich über den Rücken.

Das Pferd zuckte bei dieſer Berührung ſchmerzhaft zuſammen und Asmund ſah nun die Wunden.

„Was iſt das?" — Gretter! — Dein Werk? — Du böſer Junge, du!"

Der Knabe antwortete mit einem hämiſchen Auflachen und flüchtete.

Asmund verließ zornig den Stall und ging in das Feuerhaus.

Die Hausfrau Asdis ſaß in der Mitte ihrer Mägde, mit Wollenarbeit beſchäftigt.

„Ich hoffe, Gretter hat ſeine Sache gut gemacht," ſagte ſie zu dem eintretenden Herrn.

„Ja, ſo gut, daß ich die Kingala todtſtechen muß! Das arme Thier! Der böſe Bube hat ihr mit ſeinem Meſſer in den Rücken geſchnitten, daß die Fellappen herunterhängen. Er hat ſeinen Zweck erreicht; denn mir hat er nun für lange Zeit die Luſt genommen, ihm eine Arbeit zu geben."

„Ich weiß nicht, was ich mehr beklagen ſoll," ſagte Asdis, „daß du, Asmund, dem Knaben ſtets nur ſolche Arbeiten aufleſgſt, welche ſeinen Widerſpruch reizen, oder, daß er ſo ungefügig iſt und alles ſchlecht ausrichtet."

„Das soll ein Ende haben," sagte Asmund. „Vor meinen Aufträgen ist der Bube fortan sicher. Er mag nun im Hause am Feuer liegen und verweichlichen! Aber auf freundliche Behandlung von mir rechne er nicht mehr!" —

Als am nächsten Morgen Gretter den Vater fragte: „Was ist heute meine Arbeit?" erwiderte Asmund: „Vor meinen Aufträgen bist du sicher, du Taugenichts!"

„Dann werden wir uns," erwiderte Gretter spöttisch, „gegenseitig keine Unannehmlichkeiten mehr zu sagen haben!" —

So wuchs Gretter auf, kalt zurückgewiesen von einem erzürnten Vater, aber um so wärmer beschützt von einer ihn verzärtelnden Mutter. In diesen Zwiespalt gestellt, wurde sein Herz nicht besser. Er mied den Aufenthalt in der Halle und hielt sich zu den Knechten. Wurde seine Anwesenheit befohlen, so war er spröde und wortkarg. Um so mehr ließ er seiner Zunge flotten Lauf, wenn er unter dem Gesinde saß. Er dichtete auch Lieder, aber meist spottenden Inhalts.

War er bis zu seinem zehnten Jahre klein geblieben, so wuchs er seitdem um so schneller; aber mehr in die Breite als in die Höhe. Seine Körperkräfte wurden sehr groß und seine Lust zu hadern noch größer.

So verübte er als Knabe noch viele Bubenstreiche, die aber hier nicht erzählt werden. Das Mitgeteilte ist genug! —

Kapitel 3.

Das Ballspiel.

Der junge Isländer wuchs auf nicht zwischen Dach und Estrich, sondern zwischen Himmel und Erde. Von Kind an so viel als möglich ein Leben im Freien, das war die Losung. So wuchs denn ein Geschlecht heran, gestählt gegen Wind und Wetter, gegen

Eis und Glut: die Glieder des Leibes vor allem beherrschen zu können, war der Erziehung Ziel. Ein wohlerzogener Jüngling mußte können schwimmen und springen, laufen und ringen, fechten und reiten. Er mußte den Speer des Gegners in der Luft auffangen und wieder auf den Gegner zurückschleudern. Er mußte ein Schwert so schnell schwingen können, daß es aussah, als wenn es drei Schwerter wären. Er mußte mit der linken Hand in allen Dingen so geübt sein, als mit der rechten.

Doch auch den Geist vernachlässigte die Erziehung nicht. Schulen freilich fehlten; aber das Haus erzog, die Kameradschaft, das öffentliche Leben. Ein Lied aus dem Stegreif dichten zu können, war für jeden jungen Isländer eben so wichtig als Schwimmen und Fechten. Aus ihnen heraus bildeten sich die Skalden, welche im Besitz herrlicher Gesänge die Königshöfe von Norwegen, Schweden, Dänemark mit Ehren besuchten und köstliche Geschenke heimbrachten. Auch gesetzeskundig zu sein, galt bei einem jungen Isländer für ebenso preiswert, als tapfer zu sein.

Was der Mann mit Waffen einst zu leisten hatte, das übte der Knabe vorausbildend im Spiele.

So war allgemein beliebt das Ballspiel. Große Lederbälle wurden mit einem Schlagholz durch die Luft getrieben. Der Gegner mußte den Ball auffangen und auf demselben Wege zurückschleudern. So übte man Geschicklichkeit und Kraft.

Es war Sitte, ein ganzes Turnier auf diese Weise zu veranstalten. Die benachbarten Gemeinden kamen auf einem bestimmten Platze zusammen und ergötzten sich an dem Wettstreit ihrer Kinder. Meist geschah das im Herbst. Zuweilen länger als eine Woche blieb man zusammen und herbergte in aufgeschlagenen Zelten. Diese gemeinschaftlichen, großen Spiele waren oft der Glanzpunkt des ganzen Jahres.

Damals lebten rings um den Midfjord und in dem benachbarten Didithale auf den zerstreuten Edelsitzen folgende Jünglinge, gleichalterig, befreundet und zum Theil verwandt: Besse aus Torfustetten, der nicht bloß ein guter Ballspieler, sondern auch ein guter Sänger war; die Brüder Kormak und Thorgils aus Mel; Odd mit dem Beinamen Umagaskald, d. h. der einsame Skalde; die Brüder Rolf und Thorwald auf Asgeirsau; dann Oedun auf Oedunstetten und die Brüder Atle und Gretter aus Bjarg.

Atle hatte für diesmal die Leitung des Spieles übernommen und er sagte zu seinem Bruder: „Gretter, du bist nun schon 14 Jahre alt und darfst auch mitspielen!"

Gretter ließ sich das nicht zweimal sagen.

Die Spielenden schieden sich in zwei Teile, in denen Mann gegen Mann je nach dem Alter und der entwickelten Kraft gepaart waren. Gretter bekam zu seinem Partner seinen Vetter Oedun, der zwar um einige Jahre älter war, aber mit dem der 14jährige Gretter behauptete, es aufnehmen zu können.

Beide schlugen einander den Ball zu. Oedun hatte den ersten Wurf und er trieb den Ball so kräftig über den Kopf des Gretter hin, daß dieser ihn nicht mit den Händen greifen konnte, und der Ball, weit hinfliegend, über das junge Eis rollte.

Gretter war darüber erbittert. Er glaubte, absichtlich habe Oedun seine überlegene Stärke ihm zeigen wollen. Doch bezwang er sich, lief und holte den Ball.

Nun war der Wurf an ihm, und er hieb den Ball dem Oedun gerade vor die Stirne, sodaß Oedun, zurücktaumelnd, sich nach der Stirne griff, die eine schmerzhafte Quetschung zeigte.

Oedun raffte sich auf, faßte sein Schlagholz, holte aus und schlug nach Gretter; ein wuchtiger Hieb, dem dieser, gewandt zur Seite springend, auswich.

Nun entsteht ein Ringkampf zwischen beiden. Die übrigen Jünglinge schließen einen Kreis um sie. Alle sind erstaunt, wie Gretter, der vierzehnjährige, zupackt, wie er sich stemmt, wie er dem starken, um viele Jahre älteren Oedun sich gewachsen zeigt.

Lange bleibt der Kampf unentschieden, doch endlich fällt Gretter und Oedun setzt ihm das Knie auf die Brust. Erbittert will er ihn würgen. Da springen die anderen zu und trennen die Streitenden. Alle und Besse greifen dem Gretter an die Schulter und suchen den Ergrimmten zu beschwichtigen.

„Ihr braucht mich nicht festzuhalten wie einen tollen Hund," spricht er. „Ein Knecht beherrscht sich nicht und packt zu; aber ein Edeling bezähmt seinen Zorn und sucht in Zukunft sich die Gelegenheit. Ich werde sie schon finden."

Der Streit wurde für diesmal beigelegt. Nach diesem Zwischenfall ging das Ballspiel friedlich fort. Ohnehin waren Oedun und Gretter ja Vettern.

Aber alle waren darin einig, daß Gretter im Verhältnis zu seinen 14 Jahren von überraschender Stärke sei.

Kapitel 4.

Ein Besuch.

Der Winter, welcher dieser Begebenheit folgte, war vergangen. Die Sonne kam wieder hoch und weckte neues Leben.

Der Edelhof Bjarg lag im Frühlingssonnenschein mitten unter den Wiesen, welche frisches Grün und neue Blumen schmückten.

Da stieg von den Bergen ein stattlicher Reisezug zu Pferde herab.

Der Anführer war schon vom Alter leicht gebeugt und weiß das Haar, aber die Wange frisch und die Faust griff noch kräftig in die Zügel.

Es war Torkel Krafla, der Schwager von Asmund Haerulang. Ihm folgten zahlreiche bewaffnete Knechte.

Torkel, reich und edel von Geburt, bekleidete das Amt eines Goden im Vatnsthale. Zu heidnischer Zeit Priester und Richter in einer Person, war nach Eintritt des Christentums das Priesterrecht den Goden abgenommen und auf die christlichen Bischöfe übertragen; doch Richter und Führer ihrer Harde (Bezirk) waren die Goden geblieben und genossen als solche großes Ansehn.

Der Reisezug bewegte sich auf Bjarg zu. Man wurde dort erwartet, denn die innige Freundschaft, welche beide Schwäger verband, hatte es zur festen Sitte gemacht, daß diese Besuche in jedem Frühling ausgetauscht wurden.

Asmund und Asdis hießen den Goden hoch willkommen. Und er hatte sich darauf eingerichtet 3 Tage hier zu bleiben. War doch vieles mit einander zu besprechen.

„Wie geht es deinen Söhnen, Asmund," fragte der Gast, „werden sie tüchtige Männer?"

„Atle, ja," sprach Haerulang. „Er erfüllt, was ich von ihm gehofft. Er ist vorsichtig, fleißig und gewissenhaft, in Kampf und Arbeit wohl geübt. Er soll den Hof einst erben und wird dadurch ein reicher Mann."

„Also auch ein nützlicher Mann und dir ähnlich," schloß der Gast. „Aber was sagst du von dem zweiten, was wird aus Gretter?"

Asmund senkte das Haupt und sein Blick ward düster.

„Nichts Gutes, fürchte ich, wird aus ihm," war seine Antwort. Er ist an Kräften stark, für seine Jahre auffallend stark, aber sein Gemüt ist hart und trotzig. Er hat mir schon schweren Verdruß bereitet."

„Das verspricht nichts Gutes," sagte Torkel, „Stärke ohne Weisheit bringt Gefahr!" —

Das Mahl in festlich geschmückter Halle war beendigt. Haus, Hof und Garten auf einem Rundgang waren besichtigt und belobt. Um Abend saßen die beiden Männer wieder im traulichen Zwiegespräch am Feuer.

„Wie halten wir es, Asmund, in diesem Sommer mit unserer Reise nach dem Thing?" begann Torkel das Gespräch.

„Manch' Jahr gingen wir zusammen hin," erwiderte Asmund.

„Und das waren frohe Fahrten!" versicherte Torkel. „Wenn nach „langer, eisiger Winternacht die Sonne gesiegt und festlich über den Himmel „schreitet, sodaß die Nacht kraftlos in ihrem Bette liegen bleibt und ein „ewiger Tag die Stunden aneinandersäumt; dann stiegen wir zu Pferde.

„— Es folgte der Knechte Schaar, die Pferde hoch bepackt mit Speise„vorrat für mehr als eine Woche! So ging es nach dem Thing!"

„Auf grünem Plan," fuhr Asmund aus der Erinnerung schildernd fort, „schlugen wir auf das Zelt und richteten uns ein in der luftigen Behausung!"

Von allen Seiten strömten herbei die Freunde. Es giebt ein Händeschütteln, Grüßen, Fragen. Man setzt sich hin. Das Trinkhorn kreist und besprochen wird im Freundeskreise zuvor, was später zum Beschlusse wird in dem Rat.

„Doch auch der Widersacher stellt sich ein," rief Torkel, „der Feind, der uns mit finstrer Stirn den Gruß versagt."

„So ist's," bestätigte Asmund, „denn auf dem Thing wird jeder

Streit verhandelt, der in dem abgelaufenen Jahre den Nachbar von dem
Nachbar trennte."

„Und jede Sühne wird gezahlt nach festem Recht, das, wenn auch
nicht geschrieben, ein jeder kennt von seinen Vätern her."

„Und der Gesetzessprecher sagt, was gilt. Er ist das Gewissen
und der Mund im Volke."

„Und wenn er hat gesprochen, fuhr Torfel fort, dann schweigt der
Thing. Die festgesetzte Sühne wird gezahlt, der Streit gilt für geschlichtet,
versöhnt reicht man sich die Hand!" —

„Ja, sagte Asmund, so war es alter Brauch auf Isenland!" —

„Und doch zum Thing kann ich dich diesen Sommer nicht begleiten."
versicherte Haerulang, „so gern ich's wollte. Das Alter fordert schon bei
mir sein Recht. Die weite Reis', das bunte Leben dort, bewegt und
schön, so lang man jung, doch sehr ermüdend für den Greis, der des
Hauses feste Sitte liebt. Dazu die Pflicht aufzumerken auf den vorge-
tragenen Streit, zu prüfen der Zeugen Wort, zu wägen nach Gebühr,
wer Recht, wer Unrecht hat und darnach im Gericht die Stimme abzugeben; sieh', das leistet der alte Kopf, der müde Leib nicht mehr! —
Laß mich zu Haus!" —

„Nun gut!" sprach Torfel, „so gieb mir einen deiner Söhne mit!
Uebertrag dein Stimmrecht! Das ist erlaubt! Der Sohn darf für den
Vater stimmen. Gieb Atle mit, er ist der Aeltere!"

„Den nicht." sprach Haerulang. „Ich kann ihn nicht entbehren. Er
ist mir, wie die rechte Hand, in Haus und Feld. Und du weißt, wie
viel zu thun ist, wie es gilt, die wenigen Tage des kurzen Sommers
fleißig auszunutzen! Aber den Gretter, den kannst du haben! Der wird
hier leicht entbehrt, da er jeder ernsten Arbeit Feind ist."

„Einverstanden! — So gieb mir den Gretter mit. Ich werde ihn
überwachen und anleiten!"

„Oh, er ist schlau genug, mir oft zu gerieben und zu findig. Unter
deinem Rath und Beistand wird er mit Leichtigkeit die durch das Gesetz
gebotenen Geschäfte an meiner Statt verrichten."

„Abgemacht!" schloß Torfel.

Nach Verlauf von dreien Tagen schied nun der Gode, mit manchem
Gastgeschenk bedacht, welches nach Landessitte Asmund und Asdis dem
Schwager mitgaben.

Der Sommer war nun da und die festgesetzte Reise nach dem Thing war fällig. Nach Verabredung sprach Torfel bei dem Edelhofe Bjarg vor, um Gretter abzuholen. Er kam mit dem stattlichen Gefolge von 60 Mann. Denn alle freien Bauern, welche unter sein Godeamt gehörten, hatten sich ihm angeschlossen, dazu die Knechte.

Gretter war bereit und stieg zu Pferde froh gemut; denn viel versprach er sich von dieser seiner ersten Reise in die Welt.

Mit herzlichen Worten nahm der Gode Abschied. Asmund, Asdis, Atle und die Leute standen lange und schauten grüßend dem Zuge nach, bis er hinter den Bergen verschwunden war.

Kapitel 5.

Die Reise nach dem Thing.

Man zog nach Süden, nach Thingvalla hin, wo um die Mitte des Juni aus allen Harden die Häuptlinge, die Bauern und das Volk zusammenströmten. Denn außer der gemeinsamen Gesetzesarbeit war hier Kurzweil genug zu finden.

Das Hochgebirge Twidaegra war zu überschreiten. Erst durch Wiesen, dann durch Gebüsch ging der Weg hinauf, an manchem Wassersturz vorüber, der von hoher Felsenstirn herniederdonnernd in die Tiefe schäumte. Dann ging es über nackte Felsen, der Blick ward frei und weit, und trunken sah das Auge über Feld und Wiesen hin, über die Höfe und Hütten der Menschen, welche wie zerstreutes Spielzeug tief unten zu den Füßen lagen. Und fern am Gestade blitzte auf das blaue Meer! — Bald hörten nun alle menschlichen Ansiedelungen auf. Die letzten waren die Saeter, kleine Hütten, in denen der Hirte für die kurzen

Sommerwochen sich einquartiert, um das Gras auf dem nahen Gebirgswiesen mit seinem Vieh abzuweiden. Endlich kam die Region des
Schnees, der auch im Hochsommer den Angriffen der Sonne widersteht.

„Laßt uns eilen," sprach Torkel, „schneidig weht der Wind hier
oben, der Baum kriecht nur noch als Strauch zu unseren Füßen und das
Moos verdrängt das Gras. Wir sind versorgt, wir haben Säcke, gefüllt mit Speisevorrath, an den Sätteln hängen; aber unseren Pferden
fehlt das Futter. Bald kommt der Abstieg, dann giebt es wieder Gras
und ein geschütztes Lager für uns zur Nacht!"

In der That, die kleinen Wasser rechts und links am Wege, welche
bisher dem Reisenden entgegenrieselten, liefen jetzt mit ihm, ein sicheres
Zeichen, daß der Kamm des Hochgebirges überschritten war, daß es
nun abwärts ging. Die Sonne hatte schon den Horizont erreicht, allein
sie senkte sich nicht in das Meer hinab. Es war Mittsommer und,
nachdem sie funkelnd den Rand des Meeres mit ihren Strahlen über-
gossen, stieg sie wieder königlich am Himmel aufwärts, ohne Nacht den
jungen Tag an den alten knüpfend.

Die Reisenden waren müde. Die Landschaft Fljostunga war erreicht
und ein günstiger Lagerplatz aufgefunden. Man sprang aus dem Sattel.
Die Männer, vom langen Sitzen müde, reckten ihre Glieder. Den Pferden
nahm man nur die Zäume ab, die Sättel nicht, und ließ sie laufen. Die
einen warfen sich zur Erde und rollten sich, die anderen schlugen vor
Freude hinten aus. Dann lief jedes, sein Gras zu suchen, wohin es
wollte.

Die Männer lagerten um ein schnell angezündetes Feuer und bereiteten aus den mitgenommenen Vorräten die Abendkost. Dann streckte
sich ein jeder hin ins Gras, mit seinem Friesmantel zugedeckt, und bald
war des Reisens Last und Lust im traumlosen, festen Schlaf vergessen.

Die Sonne stand schon hoch, als sie erwachten. Von den Knechten
besorgten die einen die Frühkost, die anderen gingen, nach den Pferden
suchen. Von diesen hatten manche sich weit verlaufen, und das Pferd,
von Gretter gestern geritten, war nun gar nicht aufzufinden. Endlich
fand sich auch dieses. Aber der Sattel war unter den Bauch gerutscht
und der Brotbeutel, an den Sattel geknotet, war verloren. Das Tier
hatte sich über Nacht hier und da gewälzt und, wer weiß, wo nun der
Ranzen lag? Doch missen ihn, das ging nicht! Für die ganze Reise
war das Brot darin; bei andern war nicht viel zu borgen, da jeder

nur so viel bei sich trug, als er selber brauchte, und auf dem Thingplatz gab es keine Speisehäuser, in denen man kaufen konnte.

Was thun? — Die übrige Reisegesellschaft, des Wartens müde, ritt voran, und Getter blieb mit seinem Gaul zurück, ihn am langen Zügel führend, um kreuz und quer die Gegend nach dem verlorenen Ranzen abzusuchen.

Da sieht er einen Mann quer über die Haide laufen. Er ruft ihn an und fragt: „Wer bist du, Freund?" —

„Skegge heiß ich, ich bin ein Knecht aus Aas im Dainsthal und gehöre zum Gefolge des Torkel."

„Die anderen sind schon vorauf! — Was hält denn dich zurück?"

„Ich habe meinen Ranzen hier verloren und muß ihn suchen," sagt Skegge.

„Just auch mein Geschick!" wirft Gretter ein, „auch mein Ranzen ging über Nacht vom Sattel los und muß hier irgendwo im Grase liegen. — Laß uns gemeinsam suchen! Vereintes Leid ist halbes Leid!"

„Ich bin's zufrieden," sagte Skegge.

Sie suchten nun gemeinsam, rechts und links hinspähend.

Der Eine stieß mit dem Fuß an etwas Hartes. „Hier ist er!" — Allein, es war ein Stein und nicht der Ranzen. Der Andere lief auf etwas Dunkles zu, das mitten auf dem Wege lag. Es war ein Erdhaufen!

So suchten sie lange vergebens.

Da setzte sich Skegge plötzlich in den Trab, bückte sich, schrie auf und hob einen dunklen Gegenstand in die Höhe. Es war der gesuchte Ranzen! —

„Meiner!" — rief Skegge.

Gretter eilt hinzu, befühlt, besieht den Sack von allen Seiten und sagt: „Nein, der meinige!" — „Ich erkenne ihn ganz genau!" —

„Kannst du's beweisen?" schreit Skegge, „denn viele Dinge sind sich ähnlich in der Welt, und doch nicht eins! —"

„Ich schwör's, der Sack ist mein!" — ruft Gretter und packt ihn an.

„Wie? Du willst mein Eigenthum mir hier entreißen?" schreit Skegge und hält mit beiden Händen fest.

Sie fangen an den Sack hin und her zu zerren und keiner will dem andern weichen.

Gretter, fast noch ein Knabe, der Andere ein ausgewachsener starker

Mann, und dennoch stemmt sich Gretter und packt den Sack und hält ihn fest und weicht dem Gegner keinen Schritt.

„Du meinst", schreit Skegge, „Gewalt geht hier vor Recht! — Weil dein Vater reich und mächtig ist und Ihr auf dem schönsten Hofe am Midfjord wohnt, darum soll ich, armer Schlucker, weichen? — Ich, der Knecht!"

„Das meine ich nicht," ruft Gretter. „Von Rang und Ehre ist hier nicht die Rede. Ein Jeder hab und halt das Seine! Aber dieser Sack ist mein!"

„Daß doch der Oedun hier wäre, dich zu würgen, wie letztes Frühjahr bei dem Ballspiel. Der hätt' dich ja erdrosselt damals, wären die andern nicht hinzugesprungen! — Er hätt's nur thun sollen!"

„Erdrossle du mich doch, wenn du es kannst! — Komm her!"

Und beide ließen nun den umstrittenen Ranzen fahren und stellten als Kämpfer sich einander gegenüber.

Skegge griff nach seiner Streitaxt, holte aus und hätt' den Gretter unweigerlich getötet, wenn dieser nicht mit seiner linken Hand, den Stiel der Axt packend, dicht über Skegge's beiden Händen, mit scharfem Ruck sie an sich riß, sodaß Skegge das Beil mußt' fahren lassen.

Nun nimmt Gretter die dem Gegner entwundene Waffe in seine beiden Hände, holt aus und zielt nach Skegges Kopf. Er trifft und treibt die Axt ihm tief in's Hirn, und tot fällt Skegge nieder.

Gretter nimmt den Sack, um den der Streit entstand, es war der seine, von der Wiese auf, wirft ihn quer über den Sattel, sitzt auf und reitet den anderen Reisegefährten nach.

Skegge war im Gefolge des Corkel bereits vermißt worden. Als Gretter zu ihnen stieß, fragten viele: „Wo ist Skegge?" — „Sahst du ihn nicht?" —

„Ein Troll hat ihn geholt! Die Axt, die Riesin des Kampfes, gähnte über seinem Kopfe. Sie biß ihn an. Ein Blutstrom quoll hervor. Und ich war bei dem Streite."

„Ein Troll? — Du bist ein Narr! — Bei hellem, lichtem Tage wagt kein Kobold sich heraus!"

„Die Sach' steht anders", sagte Corkel. „Ich fürchte, Gretter, du hast den Mann getötet. Sprich, wie's geschah?"

Nun erzählte Gretter wahrheitsgetreu den ganzen Vorgang. Corkel wiegte ernst sein graues Haupt und sagte:

„Skegge war mein Gefolgsmann. Er hat Verwandte und die werden Sühne verlangen. Nun, das Geld, das sie als Buße fordern, nehme ich auf mich. Ich will es zahlen!"
Es galt auf Island nämlich nicht als Schande, für den Mord eines Blutsverwandten sich durch Barzahlung abfinden zu lassen.

„Aber", fuhr Torkel fort, „wenn der Thing dich für den Totschlag mit Verbannung straft, das mußt du selber büßen, Gretter!"

„Was recht ist, will ich leiden", sprach Gretter.

„So steht dir's frei", schloß Torkel, „entweder nach Haus zu deinem Vater zurückzukehren, oder nach dem Thing zu kommen und dich daselbst den Folgen deiner That zu unterwerfen!"

Gretter sprach: „Laß mich mit dir ziehen!" —

Die Sache wurde von den Verwandten des Getöteten am Thing vor's Gericht gebracht und Gretter ward verurtheilt. Drei Jahre lang sollte er außerhalb Islands leben. Und Torkel haftete für die Vollziehung dieses Urteilsspruchs.

Der Thing war aufgelöst. Man ritt nach Hause. Die Häuptlinge nahmen den Weg über's Sledaas, ein Hochplateau, und Gretter war mit ihnen. Hier nahm man Abschied. Aus dem Sattel springend schüttelten die Recken zum Abschied sich die Hände. Gretter stand seitwärts. Im Grase lag ein großer Feldstein und Gretter kam die Lust an, an diesem Steine seine Kraft zu proben. Er umfaßte den Stein und hob ihn in die Höhe. Alle sahen es und staunten, daß ein so junger Mensch so große Kraft besaß. Heute liegt der Stein noch an jenem Platze und wird Grettershaf genannt.

Auch Gretter nahm hier Abschied von seinem Ohm und ritt nach Bjarg hinab. Befragt, erzählte er sein Schicksal.

Asdis und Atle standen tief bewegt. Aber der Vater Asmund nahm es mit Kälte auf und sagte nur: „Du wirst ein Ruhestörer werden!"

Gretter war 14 Jahre alt, als er den Skegge tötete.

Kapitel 6.

Der Abschied.

Verbannt! — Drei Jahre lang fern von der Heimat das Brot der Fremde essen müssen und nicht zurückkehren dürfen, weil jeder einen totschlagen kann, wie einen herrenlosen Hund, das war nun Gretters Los! —

Er hatte den Skegge getötet, ja, aber in der Notwehr! Skegge hatte den Streit begonnen, hatte ihn betrügen, ihm sein Eigentum entreißen wollen, ihn dann zuerst angegriffen! Da war denn in der Notwehr der tödliche Schlag gefallen! —

Gretter war roh und jähzornig, aber er war nicht schlecht. Den Frieden des Landes hatte er gebrochen, der schützende Friede des Landes wurde ihm dafür entzogen. Auf drei Jahre mußte er ins Ausland! Das war seine Strafe! —

Asmund hatte im Westen der Insel auf der Hvitaseite einen Freund, Namens Haflide. Im Fjord lag diesem ein schön gebordetes, starkes Schiff mit welchem er des Sommers Handel nach fremden Landen trieb.

Zu Haflide sandte Asmund Boten mit der Frage: „Willst du meinen Sohn, Gretter, in die Fremde mitnehmen?"

Haflide antwortete: „Ich habe gehört, daß der Gretter schwer zu bändigen ist. Aber um unserer Freundschaft willen will ich ihn mitnehmen."

Zur Abreise wurde nun auf Bjarg gerüstet. Der Vater wollte zur Aussteuer des Flüchtlings nichts weiter hergeben, als Kleidung und Speisevorrat, kein Geld und keine Waffen.

„Du warst mir ungehorsam und hast also keinen Anspruch auf meine Güte", sagte Asmund.

„Gieb mir, Vater, wenigstens ein Schwert mit in die Welt", bat Gretter.

„Nein!" sagte Asmund, denn ich bezweifle, daß du einen nützlichen Gebrauch davon machen wirst. Von mir erhältst du keine Waffen.

So schieden Vater und Sohn von einander kühl und unbefriedigt.

2*

Der Abschied.

Auch das Gesinde stand bereit, Abschied zu nehmen von dem Sohne des Hauses. Viele der Leute wünschten ihm glückliche Reise mit ihrem Munde, aber nur wenige glückliche Heimkehr in ihrem Herzen.

Nur Einer ging mit dem Verbannten noch ein Stück des Weges mit, umfaßte ihn zärtlich und sprach ihm Mut zu. Das war seine Mutter! —

„Du bist nicht so ausgerüstet zu dieser Fahrt, mein Sohn, wie ich es wünschte und wie es für einen Mann von deiner Geburt sich auch geziemt."

„Nein, Mutter, das bin ich nicht! — Ein Freigeborener trägt ein Schwert und ich habe keine Waffe!"

„Und du wirst ein Schwert in der Fremde brauchen! Mir ahnt das", sprach die Mutter.

Mit diesen Worten zog Asdis unter ihrem Mantel hervor ein bis dahin verborgen gehaltenes, kurzes Schwert, eine Waffe von köstlicher Arbeit und reichte sie dem Sohne.

„Nimm hin dieses Schwert, mein Sohn. Es stammt von meinem Großvater väterlicherseits, von Joekul. Er schwang es und vor ihm die übrigen Vatnsthalmänner. Allen brachte es Sieg! Nimm hin! Auch dir mag es von Nutzen sein!" —

„Mutter", rief Gretter, und umschlang Asdis unter Thränen, „Mutter, das ist ein köstlicheres Geschenk, als alle Schätze dieser Welt!" —

„Gottes Schutz und Segen über dich, mein armes Kind!" sagte die Mutter, ihn zärtlich an sich ziehend.

So schieden sie.

Gretter gürtete das Schwert um seine Hüften und stieg zu Pferde. Bald lag die Heimat hinter ihm.

Ohne Aufenthalt ritt er über das Gebirge hin, bis er im Westlande bei Haflides Hof ankam.

Der nahm ihn freundlich auf. Das Schiff lag schon segelfertig. — „Wie groß sind deine Reisemittel?" fragte Haflide.

„Ich habe keine", antwortete Gretter bitter. „Du siehst, daß reiche Leute einen armen Schlucker aus dem Hause schickten. Ich habe nur diesen Friesmantel und dieses Schwert."

„Das Schwert," sagte Haflide, und betrachtete aufmerksam die wertvolle Waffe, „ist besser als dein Mantel."

Die Norne des Goldes,
Die Mutter mein,
Reicht es mir heimlich
Aus ihrem Schrein! —
Wie wäre die Welt doch so kalt und trübe
Ohne den Trost der Mutterliebe! —

So sang Gretter.

Man sieht es deutlich, sprach Haflide, deine Mutter hat am besten für dich gesorgt.

Die Reise begann. An Bord stiegen Haflide, der Steuermann Baard sammt seinem jungen, anmutigen Weibe, Gretter und 20 Ruderknechte, von denen einige auch ihre Weiber mit hatten.

Das Schiff war ein Wikinger Fahrzeug, von starken Eichenplanken zusammengezimmert, am Bord wie am hohen Vorder- und Hintersteven mit Schnitzwerk reich geziert. Die Schilde der in den Waffen geübten Ruderknechte hingen längs Bord mit den Buckeln nach außen gekehrt als Zier. Das Schiff wurde getrieben durch Segel, und wenn der Wind ausblieb, durch Riemen. Gesteuert wurde es durch ein breites, geschnitztes Ruder, am Hintersteven rechtsseitig angebracht.

Sie steuerten um das Vorgebirge Reykjanes und nahmen dann den Kurs nach Süden. Bald versank die heimische Insel in ihrem Rücken, und vor ihnen lag das offene Meer. Der Wind frischte auf, man nahm die Riemen ein und hißte die Segel.

Gretter hatte sich auf Deck zur Seite des Rettungsbootes, geschützt gegen den Wind, ein bequemes Lager aus Friesdecken bereitet und streckte sich bequem hinauf. Die Hände unter den Kopf gelegt, starrte er hinauf in die Wolken des Himmels und hinab in die Wolken seines Herzens. Er war wortkarg und sprach mit niemand. Nur, wenn des Steuermanns junges Weib vorüberging, warf er ihr freundliche Blicke und ein heiteres Scherzwort zu, was sie beides gern annahm. Die Mannschaft bemerkte das und wechselte darüber spitze Worte. Es ärgerte sie, daß dieser Gretter, dieser Thunichtgut, Tag für Tag, so faul da lag und nicht mit zugreifen wollte. Und, wenn sie ihm darüber beißende Bemerkungen machten, so rächte er sich durch noch kräftigeres Salz. Er machte Spottlieder auf die Matrosen, denen der Stachel nicht fehlte.

Der Sturm wuchs und die See ging hoch. Das Schiff stampfte. Viel Wasser kam über, und unten im Schiffsraume zeigten sich Leckstellen.

Die Mannschaft arbeitete schwer, um des Wassers Herr zu werden. Pumpen gab es damals noch nicht. Man half sich mit Schöpfeimern. Unten gefüllt, wurden die Eimer an Stricken hinaufgezogen und oben über Bord ausgegossen. Eine saure Arbeit! Da wurden die Arme der Leute müde.

Auch jetzt noch lag Gretter unthätig da, unbekümmert um die Drangsale der andern. Nicht Spott-, nicht Drohworte brachten ihn auf die Beine.

Erst als Baards junges Weib ihn freundlich bat, er möchte mithelfen, sprang er auf und half. Ja, er stellte sich freiwillig an den schlimmsten Platz unten in den Schöpfraum und füllte die Eimer. Zwei Mann zogen sie herauf und gossen sie über Bord. Das ging wie der Wind. Aber es dauerte nicht lange, so waren die zwei Männer oben ganz erschöpft. Sie wurden abgelöst von vier Mann. Auch diese konnten kaum so schnell ausleeren, als Gretter schöpfte. Nach einiger Zeit wurden sie abgelöst von 8 Mann, Gretter bediente auch diese, und seine Arme wurden nicht müde. Nicht eher ging er vom Platze, als bis das Schiff unten ganz trocken war.

Alles staunte über Gretters große Kraft und von Stund' an sprach jeder mit Achtung von ihm. Die Spottlieder hörten auf und er half nun freiwillig, wo es not that.

Aber das Wetter wollte sich nicht bessern. Der Sturm kam stark und stärker aus Westen. Die See ging hohl. Dichter Nebel hing bis auf die Kämme der Wellen herab. Das Schiff arbeitete stark, und konnte seinen Kurs nicht halten, es trieb immer weiter nach Osten ab.

Eines Nachts bemerkten sie plötzlich, daß das Schiff mit seinem Hinterteil auf eine Klippe aufsetzte. Es gab furchtbare Stöße. Das Wasser drang stromweise durch ein großes Leck ein, und sie sahen sofort: „Wir sind verloren"!

Man machte das mitgeführte Rettungsboot flott. Die Weiber und alles Bewegliche, was man in der Dunkelheit erraffen konnte, wurden hineingebracht; dann setzte man ab.

Zum Glück war in der Nähe eine Insel mit flachverlaufendem Strande, die das Landen gestattete. Dorthin brachten sie während der Nacht ab. und zufahrend, alle Menschen mit ihren Sachen, so gut es eben ging. —

Als der Morgen graute, entstand die Frage: „Wo sind wir?" —

Einige von den Matrosen, welche in diesen Gewässern bekannt waren, sagten: „Wir sind in Sudmoer in Norwegen". Und als die Sonne aufging, sah man auch deutlich das festland und zwischen ihrem jetzigen Bergungsorte und dem festlande eine größere Insel, auf welcher die Dächer mehrerer Bauernhöfe und ein Edelsitz deutlich zu unterscheiden waren. Die Ortskundigen sagten: „Das ist ist die Haramsinsel!" Sie hatten recht. Und der stattliche Edelsitz gehörte einem mächtigen Häuptlinge, namens Torfin, dem Sohne des Kaar.

Auch von hier aus hatte man die Schiffbrüchigen bemerkt. Torfin befahl sofort das große Schiff in Bereitschaft zu setzen. Sechszehn Mann konnten auf ihm an jedem Bord niedersitzen und rudern. Dreißig Leute stiegen ein und ruderten durch die Brandung zu der Unglücksstelle hin. fast alle Kaufmannsgüter wurden geborgen. Dann sank das Schiff. Torfin holte nun alle gestrandeten Leute auf seinen Hof und bot ihnen mit echt nordischer Gastlichkeit Wohnung und Speise an: Haflide, den Schiffseigner, Baard, den Steuermann und sein junges Weib, den Gretter und sämtliche Schiffsknechte. Dort blieben sie eine volle Woche, erholten sich und trockneten ihre Waren. Dann reiste die Schiffsgesellschaft ab nach Süden und wird in dieser Saga nicht mehr genannt.

Nur einer blieb als Gast auf dem Hofe Torfins zurück. Es war der flüchtling, der Verbannte! Es war Gretter! —

Kapitel 7.

Das Hünengrab.

Torfin war einer der reichsten und vornehmsten Häuptlinge in ganz Norwegen. Ihm gehörte nicht allein die ganze Haramsinsel, sondern er hatte auch noch ausgedehnten Besitz auf dem festlande. Den beiden Jarlen Eirik Hakonson und Svein war er nahe befreundet. Im großen Rat des Landes, der Gesetz und Recht für

Norwegen regelte, hatte er Sitz und Stimme und seine Stimme dort war von Gewicht. Selbst von heiterer Gemütsart, sah er gerne auch andere fröhlich, liebte gute Gesellschaft und das kreisende Trinkhorn.

Der Edelsitz, auf dem er wohnte, erhob sich nahe dem Meere in herrlichen, stolzen Gebäuden, denen die Festhalle mit den an den Wänden ausgespannten, kunstvoll gewirkten Teppichen und das feste Schatzhaus, gefüllt mit Kostbarkeiten aller Art, nicht fehlten.

Gretter fühlte sich in dieser Umgebung fremd und gedrückt, mehr geduldet als gesucht.

Corfin gab dem Schiffbrüchigen, der, ohne Heimat, nicht wußte wohin? mit nordischer Gastfreundschaft das Brot an seinem Tische und die Lagerstatt in seinem Hause; aber er selbst liebte den wortkargen, linkischen, rothaarigen Gesellen nicht.

Gretter fühlte dies und zog sich noch mehr zurück. Das Weh der Fremde kam nun zwiefach über ihn. Er sehnte sich nach einem Freunde, nach Mitteilung und nach Trost. Er sehnte sich auch nach einer That, die seine grübelnden Gedanken bannen und Corfins Achtung ihm erzwingen sollte.

Beides, der Freund und die Gelegenheit zu rühmlichen Thaten, sollte sich finden.

Zu den Hintersassen Corfins auf der Haramsinsel gehörte auch Dedun, ein Bauer, schlicht und bieder, der seinen Hof Dindheim mit fleißiger Hand in bester Ordnung hielt. Hier suchte Gretter seinen Verkehr, hier ging es einfach zu, hier konnte er sich aussprechen, hier fand er Nahrung für sein Herz. Bald war er nur noch zu den Mahlzeiten in Corfins Hause, sonst aber bei Dedun und oft bis in die späte Nacht hinein.

Eines Abends spät trennten sich Gretter und Dedun. Sie traten aus der Pforte des Hofes. Die Luft war lind und die Nacht dunkel.

"Ich gehe noch ein Stück des Weges mit dir", sagte Dedun.

Indem sie hinschritten, leuchtete gegen Norden ein starkes Feuer auf, welches nicht wuchs, auch nicht abnahm, sondern mit gleichmäßiger Flamme brannte und, wie es schien, auf einem Hügel.

"Was bedeutet das?" fragte Gretter.

"Es ist besser du fragst nach diesem Feuer nicht", sagte Dedun ausweichend.

"Bei uns in Island würden wir sagen, unter diesem Feuer liegt ein Schatz vergraben", meinte Gretter.

„Vielleicht ein Schatz, vielleicht auch mehr als ein Schatz", sagte Dedun. „Es giebt Dinge, über welche der Mensch gut thut, nicht nachzugrübeln."

„Ich bin ohne Furcht. Sage, was du weißt."

„Nun gut! so höre."

„Diese Flamme brennt alle Nacht, wenn die Geisterstunde anbricht, über jenem Hügel dort auf der Landzunge gen Norden. Der Hügel ist ein Grab, und dieses Grab gehört Kaar, dem Alten, dem Vater des Torfin. Unter der Erde, so sagt man, sind starke Balken eingerammt, die eine Grabkammer umschließen. Dort sitzt der Tote, Kaar der Alte, auf seinem Stuhle, umgeben von seinen Schätzen. Aber seine Seele ist friedlos. Denn, seitdem er dort liegt, brennt Nacht für Nacht die Flamme auf seinem Grabe, und es spukt in der ganzen Umgegend."

„Torfin, der Reiche, zog seinen Nutzen daraus. Ein Bauer nach dem andern, von diesem Spuk geängstigt, bot seinen Hof zum Kaufe an. Torfin zahlte gut und nun gehört ihm die ganze Insel."

„Vormals also nur der Edelhof?" fragte Gretter.

„So ist's!" entgegnete Dedun, „der Alte hilft noch nach seinem Tode dem Sohne das Erbe weiten."

„Ich habe Lust, dieses Alten Bekanntschaft zu machen," sagte Gretter trocken.

„Mit solchen Dingen scherzt man nicht!", rief Dedun.

„Mein voller Ernst", erwiderte Gretter! „Morgen in aller Frühe bin ich in Vindheim. Halte Werkzeug bereit. Bei Tage will ich den Hügel aufgraben, bei Nacht in ihn hinabsteigen und den Alten besuchen."

„Wag' nicht dein Leben, Gretter!" sagte Dedun abwehrend, „mit Geistern kämpft man nicht. Und dann, denk' an Torfins Zorn. Es ist seines Vaters Grab, das du anrührst. Ich rate dir: Laß davon ab!" —

„Nur eine Probe, nichts weiter," sagte Gretter.

So schieden beide. Die Nacht verlief und früh am nächsten Morgen war Gretter schon zur Stelle. Das Werkzeug lag bereit.

Dedun begleitete schweigend seinen Freund und zeigte ihm die Stelle.

Auf einer Landzunge, ins Meer sich vorstreckend, vom Gischt der Brandung umtobt, von Klippen rings umstarrt, lag das Hünengrab, einsam und ernst.

Gretter setzte den Spaten in die Erde und fing an den Boden abzuräumen. Er grub einen Schacht und arbeitete eifrig, bis er, tiefer und tiefer kommend, endlich auf Holzwerk stieß. Dieses klang beim Aufstoßen hohl und verriet darunter den leeren Raum. Inzwischen war der Tag zu Ende gegangen und die Sonne sank. Im Westen glühten auf Himmel und Meer wie im zornigen Feuer.

Oedun hatte still dabei gestanden, ohne an der Arbeit teilzunehmen.

Gretter verlangte nun nach einer Axt, um ein Loch in die Bohlen zu hauen.

„Laß es nun genug sein," sagte Oedun.

„Halbe Arbeit ist keine Arbeit!" erwiderte Gretter.

„Unheimlich ist der Ort; die Nacht bricht an; mir graut," sagte Oedun.

„Und mich gelüstet es zu sehen, was unter diesen Balken steckt. Gieb her!" rief Gretter.

Er ergriff die hinabgereichte Axt, und unter den wuchtigen Schlägen entstand in der Bohlenlage ein Loch, groß genug, um eines Menschen Körper durchzulassen.

„Nun ein Tau!" gebot Gretter. „Mach's oben fest und paß gut auf, daß es nicht losläßt. Ich steige jetzt an diesem Seil hinab!" —

„Gretter," bat Oedun, „steig nicht hinab. Es kostet dir dein Leben!"

„Laß mich! Ich muß mich erkundigen, wer hier unten wohnt!" rief Gretter. Inzwischen war es Nacht geworden. Der Wind ächzte in den Klippen, und hohl schlug die Brandung auf das Ufer. Gretter drückte seinen Körper durch das Loch im Balkenwerk hindurch und ließ sich langsam an dem Seil hinab. Ein häßlicher Modergeruch kam ihm entgegen. Endlich hatte er Boden unter den Füßen. Er ließ das Tau nun los und tastete, beide Hände vorstreckend, in der Finsternis umher, forschend, wie groß der Raum und was sein Inhalt? Nun stieß er mit dem Fuß an das Gerippe eines Pferdes, dann faßte seine Hand die Kante eines Stuhles. Auf diesem saß ein Mensch. Gretter glitt mit seinen Handflächen am Toten herab, vom Kopf zum Bart, vom Bart zur Brust, bis zu den Füßen. Die Füße standen auf einem Schrein. Er klopfte an die Wand des Kastens. Der gab einen Klang, wie von Silber.

„Der Schatz!" sprach Gretter mit gedämpfter Stimme zu sich selbst.

Vorsichtig versuchte er nun den Schrein unter den Füßen des toten Mannes hervorzuziehen. Es gelang. Der Kasten war sehr schwer.

Mit beiden Händen anpackend, trug er ihn dorthin, wo das Ende des Seils herabhängen mußte. Er fand es.

In diesem Augenblicke packte Jemand ihn, den Gretter, von hinten an. Er ließ den Kasten fallen und drehte sich um. Zwei starke Arme schlangen sich um seinen Leib, und ein kalter Hauch durchdrang ihn. Es entstand ein Kampf. Sie griffen einander nicht sanft in die Hüften und rangen miteinander. Alles, woran sie stießen, zerbrach. Der Hügelbewohner kämpfte angriffsweise, Gretter hielt sich in der Verteidigung. Endlich sah er, daß es hier gelte, seine Kräfte ganz zu gebrauchen. Nun schonte keiner von beiden mehr den anderen. Ringend zerrten sie sich hierhin, dorthin. Wo das Pferdegerippe lag, packten sie sich am schärfsten an und fielen wechselseitig in die Kniee.

Endlich stürzte der Hügelbewohner rücklings über, und unter dem Sturze gab es einen donnergleichen Krach.

Dedun, der oben am Seile stand und horchte, glaubte, daß Gretter gestorben sei, verließ den Platz und, von Grauen überwältigt, floh er nach Hause.

Gretter war nicht tot. Er war der Sieger. Der Höhlenbewohner lag zu seinen Füßen. Nun setzte ihm Gretter das Knie auf die Brust und griff nach seinem Schwerte. Es war das Schwert Joekulsnaut, das die Mutter ihm scheidend in die Hand gedrückt. Nun sollte dieses Schwert ihm den ersten Dienst leisten. Mit seiner scharfen Schneide hieb er dem Höhlenbewohner nach dem Halse, sodaß der Kopf von dem Rumpf sich trennte. Er ergriff den Kopf und stellte ihn sorglich dem todten Manne an das Ende seines Rückens.

Nach altnordischem Glauben verhinderte diese Aufstellung des Kopfes das fernere Spuken des Toten.

Kaar, der Alte, trug ein kurzes Schwert umgegürtet. Gretter schnallte es ab und warf den Gurt um seine Schulter. Dann griff er nach dem Kasten und trug den Schatz nach dem Tauende hin. Jetzt rief er nach Dedun hinauf. Keine Antwort! Er wiederholte lauter den Ruf. Vergeblich! Er rüttelte an dem Zeil. Niemand erwiderte das Zeichen.

„Beide Hände brauche ich, sprach er zu sich selbst, um an dem Seil hinaufzuklettern! Und der Schatz? — Wie bring' ich den hinauf?"

Tastend fand er einen Riemen in der Grabkammer. Er prüfte seine Stärke und legte ihn um den Kasten. Das Ende des Riemens aber schlang er um seinen Arm. So stieg er am Tau hinauf.

Oben wehte frisch die Morgenluft, und die Sterne erbleichten vor dem aufflammenden Frührot. Gretter reckte sich und schlug fröstelnd die Arme in einander. Die Glieder waren ihm ganz steif geworden von dem Ringen mit dem alten Kaar. Dann zog er den Schatz an dem Riemen vorsichtig in die Höhe. Er lud den schweren Kasten auf die Schulter und ging nach Torfins Hof hin.

Hier saß der Hausherr mit seinen Leuten bereits beim Frühmahle. Als Gretter in die Halle trat, sah Torfin ihn zornig an und fragte:

„Was hast du denn so Dringendes zu thun, daß du dich nach anderer Leute Speisezeit nicht richten kannst?" —

Gretter antwortete: „Viele Kleinigkeiten fallen vor über Nacht!" und setzte den schweren Kasten auf den Tisch. Den Deckel klappte er auf. Gold und Silber lag gehäuft darin. Dann zog er Kaars Schwert unter dem Mantel hervor und legte es oben über den Schatz.

Torfin's Augenbrauen hoben sich, als er dieses Schwert sah; denn es war ein Kleinod seines Hauses, vererbt von Geschlecht zu Geschlecht, von hohem Alter und kostbarster Arbeit.

„Wo hast du diesen Schatz her?" fragte Torfin.

Gretter sang:

Zu deinem Ahn
Stieg ich hinab
Und holte den Schatz
Aus seinem Grab.
Die Flamme täuschte die Hoffnung nicht! —
Das wagt nur ein Mann!
Kein feiger Wicht! —

Torfin antwortete: „Man sieht, vor Kleinigkeiten ist dir nicht bange, denn niemand hat bisher die Lust verspürt, jenen Hügel aufzubrechen. Aber, weil ich weiß, daß Geld und Gut, in der Erde verscharrt, schlecht angewandt sind, und weil du mir den Schatz brachtest, so will ich dir keine Vorwürfe machen."

Und das Schwert ergreifend, welches einst sein Vater trug und so liebte, daß er es selbst im Tode nicht missen wollte, strich er zärtlich mit der Hand über die Klinge hin und sagte: „Um dieses Schwertes willen sei dir verziehen! — Es ist ein großer Schatz!" —

Gretter sang:
>Ich nahm dies Schwert
>Nach rasendem Kampf
>Von der Seite des Toten! —
>Die kostbare Lohe der Helme,
>Gieb sie zum Lohn
>Dem redlichen Boten! —

Torfin antwortete: „Du bittest auf schöne Weise um das Schwert. Aber bevor du es erhältst, mußt du noch eine zweite That thun, welche die Leute preisen. Mein Vater, so lange er lebte, wollte selbst mir dieses Kleinod nicht lassen! Darum nahm er es mit in sein Grab. Jetzt soll es mein sein!"

Gretter sang:
>Wem dies Schwert noch wird zu eigen,
>Das laß die Zukunft uns zeigen! —

Torfin nahm den Schatz und setzte ihn in sein Schatzhaus, das Schwert aber hing er auf am Kopfende seines Bettes.

Kapitel 8.

Die Berserker.

Weihnachten war nahe, das herrliche Fest. Und, wenn irgendwo, so mischten sich hier noch lange die altheidnischen Vorstellungen mit den neuen christlichen Gedanken. Die heidnischen Vorstellungen von dem Weihnachtsfest waren diese gewesen: Nach langer Winternacht erwacht der Sonnengott Freyer wieder. Seine Scheibe entzündet sich. Das Geburtsfest der Sonne beginnt in der Nacht zum 25. December und dauert 13 Tage lang bis zum 6. Januar, wo der Sieg des Lichtes sichtbar wird und die neue Zeit beginnt.

In diesen heiligen 12 Nächten verlassen die Götter ihre himmlischen Burgen und halten Umzug auf Erden. Sie segnen die Wasserquellen und segnen die Fruchtbäume. Die Menschen jubeln der Ankunft der himmlischen entgegen. Sie schöpfen von dem geweihten Wasser und heben es in Krügen auf. Sie schütteln die Obstbäume, daß sie für das kommende Jahr den Segen empfangen und fruchtbar werden. Sie zünden Freudenfeuer auf den Bergen an. Und die Erde flimmert in ihrem winterlichen Glanze. In Wald und Feld wird es auf dem Schneeboden immer frischer und lichter. Die Sonne spiegelt sich wieder in tausend Eiskrystallen. Die Bäume sind bis zu den äußersten Zweigen in feinkörnigen Reif gehüllt, und auf Bergeshöhen und in Thalgründen sieht man ausgebreitet das eine, weite, große, strahlende Schneegefilde. Das ist das Julfest der Alten, so genannt von Hjol, dem Rade der Sonne.

Mit Leichtigkeit trat die christliche Vorstellung ein in diesen überlieferten Gedankenkreis und füllte die heidnische Form aus mit ihrer Offenbarung.

Christus, das Licht der Welt, der Trost der Heiden, geboren in der Nacht zum 25. December, überwindet die Mächte der Sünde, der Schuld und des Todes und bringt der sündigen Welt Erlösung und Frieden. Am 6. Januar, welcher zum Epiphaniasfest wurde, kamen die drei Könige des Ostens, die Erstlinge der Heidenwelt, und sinken im Gebet nieder an der Krippe zu Bethlehem.

So war Anfang und Ende gefunden für eine christliche Feier, die sich genau dem Rahmen des heidnischen Festes anschloß. Lange wogten noch heidnische und christliche Vorstellungen durcheinander. Aber das bindende Band für beide war ein und dasselbe, die Freude und der Jubel über den Sieg des Lichtes im Bereich der Natur, wie im Reich der Gnade. „Mache dich auf und werde Licht, denn dein Licht kommt und die Herrlichkeit des Herrn geht auf über dir!" —

Corfin bereitete sich zur Feier des Weihnachtsfestes vor. Nicht auf seinem Edelhofe auf der Haramsinsel wollte er es diesmal feiern, sondern auf seinen Besitzungen am Festlande. Hier sammelten sich leichter die vielen geladenen Gäste, von denen die meisten in dortiger Gegend wohnten.

Zu keiner Zeit des Jahres öffneten sich soweit die gastlichen Thore eines nordischen Hauses, als in der Weihnachtszeit. Dann herrschte auf Herrensitzen wie in Hütten allenthalben Behagen und Heiterkeit. Aller Streit ruhte. Bei frohen Gelagen vereinigten sich die Sippen. Knechte

feierten und jeder Fremdling, wo er auch einkehrte, war als Gast willkommen. Bier und Met kreisten im Trinkhorn. Julbrot und Julgrütze
wurden aufgetragen, und als Festbraten wurde in die Halle gebracht ein
ganzer gebratener Eber, Freyers Tier. Der Hausvater erhob sich, legte
feierlich seine rechte Hand auf des Ebers Kopf und gelobte, ein ehrlicher
Verwalter seiner Güter, ein treuer Gatte, Vater und Herr im Hause für
das kommende Jahr zu sein. Die Gäste wiederholten dann, ein jeder
für sich, Handauflegung wie Gelübde.

Torfin hatte diese Festfreude verdient, denn er kam von harter Arbeit.

Der Jarl von Norwegen Eirik Hakonson wollte eine Reise machen
zu seinem Schwager Knut, dem Mächtigen, König von England. Die
Regierung sollte in dieser Zwischenzeit übergehen auf seinen noch minder-
jährigen Sohn Hakon, dem als Vormund zur Seite trat sein Ohm, der
Jarl Soein, Eirik's Bruder.

Um diese Ordnung zu bestätigen, war der große Rath des Landes
versammelt worden, die Lehnsmannen und die unabhängigen reichen
Bauern, zu denen auch Torfin gehörte.

Eirik hatte sich der Regierung seines Landes stets mit großem
Nachdruck angenommen. Und eine feste Hand that not, denn freche
Räuber störten des Landes Frieden.

Berserker, welche ihren Namen führten von ber (bloß oder nackt)
und serker (Panzer), weil sie ungeharnischt in den Kampf gingen, indem
ihre Wut ihnen die Schutzwaffe ersetzte; diese hatten in Norwegen den
Raub zu einer Art von Recht erhoben. Um hellen Tage zogen sie vor
die Edelhöfe und forderten den Besitzer zum Zweikampf heraus und,
wenn er unterlag, so verlangten sie als Kampfpreis sein Weib, oder
sein Gut. So ertrotzten und erfochten sich viele dieser umherziehenden
Berserker ein Stück Land, ein Mädchen, oder, was sie sonst begehrten.

Eirik beschloß nun, den Zweikampf für Norwegen ganz zu ver-
bieten, und erklärte alle Berserker, welche irgendwo den Frieden stören
sollten, für vogelfrei. Dieser Gesetzentwurf wurde gleichfalls dem großen
Rate vorgelegt, welcher sich vor Weihnachten um Jarl Eirik versammelt hatte.

Torfin, ein kluger und beredter Mann, war mit besonderem Nachdruck für das Zustandekommen dieses Gesetzes eingetreten.

In der Verhandlung über dasselbe wurden in Sonderheit genannt
zwei Brüder, welche unter den Berserkern die wildesten waren: Thorer

Coemb und Oegmund, der Böse. Sie stammten aus Halogaland und waren größer und stärker, als alle anderen Männer. Wo sie hinkamen, da brach der Schrecken aus, da raubten und plünderten sie. Sie entführten verheiratete Frauen, behielten sie bei sich einige Wochen und brachten sie dann ihren Männern wieder zurück.

Es geschah besonders auf Corfins Antrag, daß Thorer Coemb und sein Bruder Oegmund, der Böse, sofort des Landes verwiesen und für vogelfrei erklärt wurden. Den so Verurteilten blieb das nicht verborgen, wem sie in Sonderheit diese Verbannung zu danken hatten.

Die gesetzgebende Versammlung war zu Ende. Jarl Eirik ging, wie beschlossen, nach England, Svein ergriff die Zügel der Regierung und Corfin kehrte auf seinen Edelhof nach der Haramsinsel zurück.

Er rüstete sich nun zur Weihnachtsfahrt.

Corfins Frau wollte diesmal nicht mitreisen. Ihre Tochter, schon völlig erwachsen, war krank. Zu ihrer Pflege blieb die Mutter zurück. Das Schiff auf dessen Bordseiten je 16 Mann sitzen und rudern konnten, wurde flott gemacht, und mit 30 Freigeborenen schiffte sich Corfin ein. Die Fahrt ging nach dem Slysfjord, wo sein Edelhof lag. Hier erwartete er viele Gäste.

Gretter blieb zum Schutz der Frauen zurück und zwar nur mit acht Hausknechten. Das konnte man wagen, denn diese 13 Tage des Weihnachtsfestes waren eine allgemein anerkannte, durch Gesetz und Brauch geheiligte Friedenszeit.

Es war der Tag vor dem Feste. Draußen war klares Wetter und Windstille. Die Tochter des Hauses war schon so weit genesen, daß sie, begleitet von ihrer Mutter, im Freien auf und ab gehen konnte.

Auch Gretter stand am Ufer und folgte mit seinen Augen den Schiffen, welche längs der Küste nordwärts und südwärts fuhren, alle gefüllt mit geputzten, jubelnden Menschen, welche der Stätte ihrer Einladung, dem Weihnachtsschmause, zueilten. Schon neigte sich die Sonne zum Untergang. Da sah Gretter ein Schiff auf die Haramsinsel zusteuern. Es war nicht groß, aber von Steven zu Steven sah er Schilde längs Bord gestellt, sodaß der Rand des einen Schildes stets den des andern deckte. Dazu war das Schiff über Wasser bunt bemalt. Die Insassen ruderten sehr stark und steuerten geradesweges auf Corfins Hof zu.

Um Strande stand die Schiffsscheuer, ein geräumiger Schoppen, unter welchen man das Schiff brachte zum Schutz gegen die Witterung, wenn es nicht gebraucht wurde.

Sobald das fremde Schiff den Grund berührte, sprang die Besatzung ins Wasser. Gretter zählte sie. Es waren 12 Mann. Sie benahmen sich auffallend dreist, denn sie hoben ohne Umstände ihr Schiff in die Höhe und trugen es aus der See auf den Strand. Dann liefen sie zu der Schiffsscheuer hin, unter welcher das große Schiff Torfins stand. Niemals hatten weniger als 30 Mann dieses große Schiff nach der See hinabgezogen. Aber diese 12 Mann zogen es mit dem ersten Ruck bis an den Strand. Dann faßten sie ihr eigenes Schiff und hoben es in die Scheuer. Es kam dem Gretter so vor, als wenn diese Leute auf dem Hofe nicht willkommene Gäste sein würden. Dazu war er allein im Hause mit nur acht Knechten.

Sofort machte er sich seinen Plan. Er ging den Fremden freundlich entgegen, begrüßte sie sehr gewandt und fragte, wer sie seien und wie ihr Anführer heiße? Der Verlangte trat vor und sagte:

„Ich heiße Thorer mit dem Beinamen Toemb und das ist mein Bruder Degmund. Die Uebrigen sind meine Gesellen. Ich hoffe, daß euer Hausherr uns kennt! — Ist Torfin zu Hause?"

Gretter sagte: „Ihr seid Glückskinder! — Denn, wenn ihr die Leute seid, für welche ich euch halte, dann seid ihr zur guten Stunde gekommen. Der Hausherr ist fort mit allen seinen Männern und kommt erst nach dem Weihnachtsfeste zurück. Aber die Hausfrau und die Tochter sind zu Hause. Und, wenn ich hier einen Schimpf zu rächen hätte, keine bessere Gelegenheit könnte ich mir dazu wünschen! — Dazu findet sich hier alles in Hülle und Fülle, Bier und Speisen und was sonst das Herz erfreut."

Thorer hatte den Redestrom des Gretter nicht unterbrochen. Dann wandte er sich zu Degmund und sagte:

„Treffen wir es nicht gerade so, wie ich es vorausgesagt? Das paßt gut, um an Torfin Rache zu nehmen für seinen Anteil an unsrer Verbannung. Und dieser Mann hier in seiner Geschwätzigkeit kommt uns dabei trefflich zu statten!"

„Freund, dein Name?"

„Gretter!"

„Nun Freund Gretter, man braucht sich keine Mühe zu geben, um allen Bescheid von dir zu bekommen!" —

Gretter erwiderte: „Jeder Mann ist Herr über seine Zunge. Und nicht mit Worten bloß will ich euch hier bedienen. Für eure Bewirtung auch will ich sorgen, so gut ich es vermag. Kommt nun mit mir in das Haus!"

„Wir nehmen es mit Dank an!"

Als sie den Hof betreten hatten, nahm Gretter die Hand des Thorer und führte ihn in die Stube.

„Macht es euch hier bequem! Ihr werdet müde und durstig sein von dem vielen Rudern. Oder wollt ihr erst die nassen Kleider ablegen?"

Die Hausfrau war nebenan in der Halle. Sie ließ die Wandteppiche aufhängen und alles schön in Ordnung bringen zum morgenden Weihnachtsfeste.

Als sie Gretter nebenan so geläufig und so freundlich sprechen hörte, was sonst doch nicht seine Art war, stand sie still und horchte. Dann ließ sie durch eine Magd ihn zu sich rufen und fragte:

Wen empfängst du denn darinnen so zuvorkommend?"

Gretter erwiderte: „Hausfrau, es ist ratsam Gäste gut zu empfangen! — Hier ist gekommen der Bauer Thorer Toemb mit 12 Mann, die wollen das Weihnachtsfest bei uns feiern. Und das trifft sich gut, denn wir sind hier im Haus nur sehr wenige."

Die Hausfrau erwiderte: „Ich rechne den Thorer nicht zu den Bauern, noch zu den rechtschaffenen Leuten, sondern zu den Räubern und ärgsten Bösewichtern. Ich für mein Teil hätte mit Freuden die Hälfte meiner Habe dafür hingegeben, wenn sie nicht gekommen wären, zumal jetzt wo der Hausherr fort ist. Und du, Gretter, wenn du so freundlich mit ihnen thust, dann lohnst du nur schlecht dem Torfin dafür, daß er dich als einen schiffbrüchigen und landfremden Mann in sein Haus aufnahm, und den ganzen Winter wie einen Freigeborenen behandelt hat."

Gretter erwiderte: „Es ist besser, Hausfrau, den Gästen die nassen Kleider auszuziehen, als mich zu schelten. Dazu wird sich noch genug Gelegenheit finden!"

Durch dieses erregte Zwiegespräch angelockt, trat Thorer Toemb selbst in die Halle ein und sagte:

„Hausfrau, sei nicht so böse! Es soll nicht dein Schade sein, daß dein Mann nicht zu Hause ist. Einer von uns soll seine Stelle bei dir vertreten. Auch deiner Tochter und den Mägden soll es an Gesellschaft nicht fehlen!"

„Das war männlich gesprochen," sagte Gretter. „So hat denn hier niemand ein Recht, sich über sein Schicksal zu beklagen!"

Alle Weiber rannten nun aus der Halle, überwältigt von Zorn und Scham.

Gretter aber wandte sich zu den Berserkern und sprach: „Macht es euch bequem. Gebt her, dessen ihr euch entledigen wollt, eure nassen Kleider und eure Waffen. Waffen erregen immer die Furcht der Weiber. Und so lange die Weiber Furcht haben, werden sie euch nicht gefällig sein!"

„Ich scher' mich dem Teufel um das Murren der Weiber, sagte Thorer. Aber du bist ein ganz anderer Kerl, als all die anderen Leute hier auf dem Hofe. Laß uns Kameradschaft machen!"

„Das steht bei euch"! sagte Gretter. „O, ich verstehe mich darauf, zwischen Leuten und Leuten einen Unterschied zu machen."

Darauf legten die Berserker auch die Waffen ab.

„Nun zu Tisch!" rief Gretter. „Und vor allem einen guten Trunk, denn ihr seid ohne Zweifel vom Rudern durstig!" —

„Hol's der Teufel, das sind wir!" riefen alle Berserker durcheinander, „und keiner soll sich dabei lumpen lassen!"

„Aber wo ist der Keller?"

„Den zeig ich euch," sagte Gretter. „Oder, noch besser, ihr macht mich zu eurem Mundschenk. Ich weiß im Keller Bescheid und hol euch vom Besten herauf."

„Einverstanden!" riefen alle.

Gretter stieg nun in den Keller hinab und holte Bier herauf und zwar von dem stärksten, welches da war.

Er schenkte davon voll ein und sparte nicht. Sie aber spülten es nur so in großen Zügen herunter.

So saßen sie lange Zeit bei einander und Gretter erzählte, während sie zechten, ihnen seine lustigsten Geschichten, so daß die Stimmung immer lauter und wilder wurde.

Von den Leuten des Hofes aber zeigte sich niemand. Es fühlte keiner Lust unter diese Gesellschaft sich zu mischen.

Da sagte Thorer: „Ich habe noch keinen Fremden angetroffen, den ich so schnell lieb gewonnen habe, als wie dich, Gretter. Sage mir, womit können ich und meine Kameraden deine Dienste hier lohnen?"

Gretter erwiderte: „Zur Zeit kann ich den Lohn noch nicht abmessen. Aber, falls wir, wenn ihr hier abzieht, noch so gute Kameraden sind als jetzt, dann wollen wir Brüderschaft schließen. Zwar bin ich Keinem von euch an Stärke gleich, aber ich bin auch kein Feigling. Ich werde nie von großen Unternehmungen abraten!" —

Die Berserker schlugen zustimmend mit ihren Fäusten auf den Tisch und riefen: „Auf der Stelle wollen wir Brüderschaft schließen!"

Aber Gretter wehrte ab und sagte: „Ein Trunkener weiß nicht, was er thut. Darum wollen wir uns damit nicht beeilen. Vielleicht überlegt ihr es euch noch anders!"

„Oho!" schrien sie alle durch einander, „wir ändern unsere Meinung nicht!" und klopften dabei dem Gretter derb, vertraulich auf die Schulter.

Der Tag neigte sich nun zum Abend und es fing an dunkel zu werden. Da bemerkte Gretter, daß seine Gäste nach und nach anfingen vom Trinken schläfrig zu werden.

„Scheint es euch nicht an der Zeit, zu Bette zu gehen?" fragte Gretter.

Thorer erwiderte mit lallender Zunge: „Mir scheint's!" — „Und ich werde jetzt mein Versprechen einlösen, welches ich der Hausfrau gab!" —

Gretter ging nun aus der Stube und rief laut in der Vorflur hinaus: „Geht jetzt zu Bett, ihr Weiber, so befiehlt der Bauer Thorer!"

Die Weiber wünschten dem Gretter dafür alles Böse und ihr Jammern klang wie das Heulen vieler Wölfe.

In demselben Augenblick traten die Berserker aus der Trinkstube.

Gretter fragte sie: „Wollen wir nicht in die frische Luft gehen? Ich werde euch noch das Schatzhaus des Torfin zeigen!"

Sie willigten ein.

Das Schatzhaus war ein sehr großes und festes Gebäude auf eingerammten Pfählen frei über dem Erdboden errichtet. Zu seiner Thür, die in festen Schlössern lag, führte eine breite Treppe, mit einem Geländer versehen.

Gretter schloß das Schatzhaus auf und sie traten ein.

Im Innern zeigte er ihnen die reichen Schätze. Dabei hin- und hergehend, fingen die Trunkenen an raufluftig zu werden und stießen den Gretter neckend und lachend hin und her.

Er, auf diese Scherze eingehend, wich ihren Püffen aus, indem er bald seitwärts bald rückwärts sprang.

So merkten sie es nicht, daß er allmählich sich zur offenen Thür hinzog. Und, einen günstigen Augenblick benutzend, sprang er ganz zur offenen Thür hinaus und warf diese dröhnend in das Schloß. Draußen schob er dann noch die schweren Riegel vor.

Die Trunkenen begriffen nicht sofort die Lage. Sie hielten es für Scherz, für Zufall. Und bei den mitgenommenen Fackeln besahen sie weiter eifrig die Kostbarkeiten des Torfin, überlegend, wie sie alles morgen unter sich verteilen und einsacken wollten. So verging eine gute Zeit.

Gretter lief alsbald zum Wohnhause zurück und, die Hand auf der Thürklinke, schrie er aus Leibeskräften: „Wo ist die Hausfrau?"

Diese antwortete nicht aus Furchtsamkeit.

Gretter schrie weiter: „Wo sind die Waffen? — Hier ist ein guter Fang zu machen!"

Jetzt antwortete die Hausfrau: „Waffen sind schon da! Aber, wozu willst du sie brauchen?"

„Davon später!" sagte Gretter. „Jeder thue jetzt, was er vermag, denn die Gelegenheit ist günstig!"

„Gott helfe uns in Gnaden aus dieser großen Not!" flehte die Hausfrau. Dann sagte sie schnell: „Ueber Torfins Bette hängt der große Spieß, den Kaar der Alte trug, auch Helm und Harnisch und das kurze Schwert. Gute Waffen, wenn gut der Muth ist, der sie trägt!" —

Gretter gürtetete das Schwert um und griff nach Helm und Spieß. Dann rannte er wieder hinaus.

Die Hausfrau befahl nun den Knechten: „Folgt jenem braven und muthigen Manne!"

Vier von ihnen ergriffen Waffen und folgten. Die anderen Vier wagten es aber nicht.

Den Berserkern wurde die Zeit in dem Schatzhause doch nun zu lang. Gretters Abwesenheit fiel ihnen auf und sie schöpften Verdacht von möglicher Treulosigkeit und Verrat. Sie gingen zur Thür und rüttelten an derselben. Sie war fest verriegelt. Sie untersuchten nun die bretternen Seitenwände und rissen an den Planken, so daß alles krachte und knackte. Endlich gelang es ihnen, ein Loch durchzubrechen und sie kamen auf die Gallerie hinaus, von dort aus auf die Treppe. Hier kam die Berserkerwuth über sie alle und sie heulten wie Hunde.

In demselben Augenblick stürmte Gretter herbei und aus aller Macht warf er den Spieß auf Thorer, gerade als dieser über das Geländer springen wollte. Der Wurf traf und der Spieß drang dem Thorer mitten durch die Brust so wuchtig, daß er hinten zwischen den Schulterblättern wieder hinausfuhr. Hinter Thorer stand Oegmund, sein Bruder, der vorwärts drängte. So kam es, daß der Spieß, welcher aus Thorers Rücken

hervorschoß, auch ihm in die Brust ging. Beide Brüder sanken also auf
diesen einen Wurf des Gretter tot zu Boden. Jetzt sprang ein jeder der
Uebrigen über das Geländer, wo er gerade stand. Gretter griff einen
nach dem andern an. Entweder hieb er nach ihnen mit dem Schwerte,
oder er stach nach ihnen mit dem Spieß. Sie verteidigten sich, da sie
waffenlos waren, mit Knütteln, welche auf dem Hofe lagen, oder, was
sie sonst erraffen konnten. Und es war ihrer großen Kräfte wegen lebens-
gefährlich in ihre Nähe zu kommen. Da tötete Gretter ihrer zwei. Die
vier bewaffneten Hausknechte kamen jetzt erst näher. Sie hatten nämlich
nicht darüber einig werden können, welche Waffen ein jeder von ihnen
anlegen sollte. Sie gingen nun vor, wenn die Berserker, von Gretter be-
drängt, zurückwichen, ergriffen aber die Flucht, wenn jene wieder Front
machten. Da waren im Ganzen nun sechs von diesen Räubern gefallen
und Gretter war ihr Bezwinger gewesen. Die sechs Uebrigen flohen
nach der Schiffsscheuer hin und bewaffneten sich dort mit ihren Ruderstangen. Gretter verfolgte sie dorthin. Hier in der Schiffsscheuer entbrannte noch einmal ein heißer Kampf und Gretter bekam so starke
Schläge von ihnen mit den Ruderstangen, daß er nahe daran war ver-
stümmelt zu werden.

Unterdessen standen die Hausknechte auf dem Hofe und prahlten mit
ihren Heldenthaten. Die Hausfrau befahl ihnen zu gehen und nach Gretter
zu sehen. Dazu waren sie aber nicht zu bewegen.

In der Schiffsscheuer tötete nun Gretter noch zwei Berserker. Die
letzten Vier räumten dann auch diesen Platz und flohen nach verschiedenen
Richtungen aus einander, je zwei und zwei.

Die Zwei, denen Gretter auf den Fersen folgte, flüchteten über Feld
bis auf den Hof des Oedun und verschanzten sich dort in einer Scheune.
Hier entbrannte nun ein letzter, heißer Kampf; aber auch hier blieb
Gretter Sieger und tötete Beide.

Er war nun völlig erschöpft und ganz steif in seinen Gliedern von
der großen Anstrengung.

Die Nacht war schon stark vorgerückt. Dichte Schneeflocken fielen und
es war schneidend kalt. Deshalb vermochte Gretter nicht mehr nach den
zwei übrigen Berserkern zu suchen. Er ging darum nach dem Hofe Torfins
zurück. Die Hausfrau hatte in den Fenstern des oberen Stockwerks Licht
angezündet, damit der Heimkehrende die Richtung nicht verfehle. Dank
dieser Aufmerksamkeit fand Gretter mitten in diesem Unwetter sich nach Hause.

Als er die Schwelle betrat, ging die Hausfrau ihm entgegen und bewillkommte ihn herzlich.

„Du haſt, ſagte ſie, eine rühmliche Heldenthat gethan und mich, mein Kind und unſer Geſinde vor einem Schimpf bewahrt, deſſen Folgen wir nie hätten verſchmerzen können!"

Gretter antwortete: „Mir ſcheint, daß ich jetzt ungefähr derſelbe Mann bin, wie geſtern Abend, als ihr mich ſo ſehr ſchaltet!" —

Die Hausfrau entſchuldigte ſich: „Wir kannten dich noch zu wenig und wußten nicht, daß du ein ſo großer Held biſt. Alles, was ich habe, ſteht zu deinen Dienſten, ſoweit es mit Ehren geſchehen kann. Aber ich weiß gewiß, daß, wenn Torfin zurückkehrt, er dich für deine Heldenthat noch beſſer lohnen wird!" —

Gretter ſagte: „Vorläufig iſt keine Belohnung nöthig; deine Freundlichkeit aber nehme ich an! Dieſe Nacht, hoffe ich, werdet ihr ungeſtört von den Räubern ſchlafen können." —

Gretter, obwohl ihm Alles zu ſeiner Stärkung angeboten wurde, trank doch nur ein wenig und legte ſich dann vollbewaffnet dieſe Nacht ſchlafen.

Des Morgens, als es dämmerte, bot man die Inſaſſen der Inſel auf und ſuchte nach den zwei noch übrigen Berſerkern, die geſtern Abend entſchlüpft waren. Um ſpäten Nachmittag fand man ſie endlich unter einem Felſen verſteckt. Sie waren aber bereits geſtorben, teils vor Kälte, theils an den empfangenen Wunden.

Darauf ſchaffte man alle erſchlagenen Berſerker an den Strand und begrub ſie dort gemeinſchaftlich. Alle Bewohner der Inſel waren nun ſehr froh, daß ſie von dieſen Gäſten befreit waren.

Als Gretter vom Strande nach Hauſe kam und die Hausfrau ihm entgegentrat, ſang er:

„Zwölf Bäume, geknickt von meiner Hand,
Zwölf Rieſen von mir in den Tod geſandt;
Was ſahſt du Großes in dieſer Welt,
Wenn dieſe That dir nicht gefällt?!" — —

„Gewiß ſind nur wenige unter den jetzt lebenden Männern," ſagte die Hausfrau, „die an Stärke dir gleichkommen!" —

Sie nötigte den Gretter auf dem Hochſitze in der Halle Platz zu nehmen, wo sonst nur der Hausherr saß und erwies ihm damit alle Ehre. Inzwischen nahte die Zeit, wo man Corfin von seiner Reise zurückerwarten konnte.

Kapitel 9.

In allen Ehren.

Nach dem Weihnachtsfeste rüstete nun Corfin zur Heimfahrt und gab vielen seiner Gäste beim Scheiden werthvolle Geschenke mit. Dann brach er mit seinem Gefolge auf. Als die Haramsinsel in Sicht war und sie dem Landungsplatze sich näherten, bemerkten die Ruderknechte ein Schiff am Strande stehen und erkannten es sofort als das große Schiff Corfins. Corfin fiel das sehr auf, da er dieses Schiff in der Scheuer zurückgelassen hatte und er ahnte nichts Gutes.

„Nicht Freunde sind es gewesen, die hier inzwischen gehaust haben," sprach er zu seinen Leuten besorgt und sprang als der Erste an das Land.

Sofort eilte er nach der Schiffsscheuer hin, sah das fremde, bunt bemalte Räuberschiff darin stehen und erkannte es als das Eigenthum der Berserker.

„Hier sind böse Dinge in unserer Abwesenheit vorgefallen," sagte er; „und ich wollte die ganze Insel und alle meine Habe darauf hingeben, wären sie nicht geschehen."

„Wie meinst du das?" fragten die Leute.

„Hier haben gehaust die ärgsten Spitzbuben, welche Norwegen kennt: Thorer Toemb und Oegmund der Böse. Sie waren es, die hier gelandet sind. Und auf den Isländer — auf den verlasse ich mich nicht!"

Auch auf dem Edelhofe hatte man rechtzeitig Corfins Ankunft bemerkt. Die Hausfrau wollte ihrem Gatten stracks entgegeneilen, aber nicht ohne Gretter, der jetzt den Ehrensitz im Hause einnahm.

„Ich gehe nicht hinab," sagte Gretter. „Ich kann hier warten, bis Corfin heraufkommt."

„Mein Mann wird in größester Sorge sein, wenn er unten am Strande das fremde Schiff im Schuppen und das unsrige draußen findet," sprach die Hausfrau.

„Das kann mir gleich sein, ob dein Mann sich unten beunruhigt oder nicht. Wir haben hier oben auch Unruhe genug gehabt, während er sein Weihnachtsfest feierte," sprach Gretter.

„So erlaube, daß ich allein an den Strand gehe."

„Es steht dir frei, zu gehen wohin du willst!"

Die Hausfrau eilt schnell dem Corfin entgegen und umfing ihn auf das herzlichste.

„Gott sei gelobt, daß ich dich unverletzt in meinen Armen halte," sagte Corfin. „Und wie geht es dem Kinde?"

„Alles gut!"

„Ihr seid in Not gewesen?"

„In großer Not! Beinahe wäre uns ein solcher Schimpf zugefügt, daß ich ihn nimmer hätte verschmerzen können!" —

„Und woher kam die Hilfe?"

„Dein Wintergast schützte uns! Das, sage ich dir, das ist ein Held!"

„Erzähle," bat Corfin dringend. „Hier ist ein Stein. Laß uns niedersitzen!"

Nun erzählte die Hausfrau umständlich, wie alles zugegangen war, und rühmte Gretters Mut, Klugheit und große Kraft.

Corfin hörte schweigend zu, bis sie geendigt hatte. Dann sagte er nachdenklich:

„Das ist ein wahres Wort: Lange muß man einen Mann prüfen, um ihn zu ergründen! — Wo ist Gretter?" —

„Im Hause."

Dann gingen sie gemeinsam zum Hofe hinauf. Corfin trat auf Gretter zu, umarmte ihn herzlich und dankte ihm mit vielen Worten wegen seines braven Verhaltens.

„Das versichere ich dich," sagte er, „auf mich kannst du rechnen. Ja, ich wünsche du kämst einmal in Not und brauchtest so recht einen Freund, damit ich dir zeigen könnte, daß ich zu jedem Opfer für dich bereit bin. Es steht dir frei, so lange und so oft bei mir dich aufzuhalten, als du magst. Und alle meine Leute sollen dir mit der größten Achtung begegnen!"

Gretter dankte dafür und sagte: „Ich hätte diese deine Freundlichkeit auch früher brauchen können!" —

Den Winter hindurch blieb nun Gretter auf Torfins Hofe und wurde mit der größten Auszeichnung behandelt. Ja, durch diese Heldenthat wurde er über ganz Norwegen ein berühmter Mann, zumal an den Orten, wo der Mutwille und die Rohheit dieser Berserker schwer empfunden waren.

Als der Frühling anbrach, fragte Torfin den Gretter nach seinen Plänen für die Zukunft.

„Ich will nordwärts nach Vagar, um die Meßzeit dort zuzubringen!"

„Gut! da steht dir so viel Geld zu Gebote, als du haben willst," sagte Torfin.

„Danke! vorläufig brauche ich nur das Reisegeld!"

„Zu deinen Diensten steht alles, was ich habe."

Als das Schiff bereit lag, welches Gretter nordwärts bringen sollte, und er von den Frauen sich verabschiedet hatte, begleitete ihn Torfin persönlich auf das Schiff. Zum Abschiede reichte er ihm dort das herrliche Schwert, welches Gretter aus Kaar, des Alten, Grabe geholt hatte und das Torfin für sein größtes Kleinod erklärte. „Nimm dies als Andenken von mir hin," sagte Torfin. „Du hast jetzt die zweite That hier gethan, welche die Leute preisen und preisen werden. Und komm wieder zu uns, so oft du magst, besonders aber, wenn es dir schlecht ergeht und du meiner Hilfe bedarfst!" —

Das waren die letzten Worte Torfins. So schieden sie.

Gretter reiste nordwärts nach Vagar.

Die Fahrt ging längs der Küste beständig zwischen kleinen Inseln hindurch, die wie ein Gürtel das Festland begleiten. Dieses stieg himmelan in Felsenterrassen auf denen dunkle Wälder von grünen Moosflächen, und diese wieder von Schneegipfeln abgelöst wurden, welche im Glanz der Sonne aufblitzten.

Bald fuhr man an Höfen vorbei so nahe, daß man das Hundegebell hören, die Hantierungen der Menschen beobachten und die Gebäude fast mit Händen greifen konnte.

Bald wich das Land wieder in Buchten zurück, Fjorde, welche

tief in die Felsen einschneiden, und, an den braunen, senkrecht abfallenden
Wänden vorbei, glitt das Schiff auf stahlblauer Flut.

Viele Fahrzeuge, bald unter Riemen, bald unter Segel, begegneten
ihnen; denn die kurze Zeit der langen Sommertage kauft hier jeder aus
zu Freundesbesuchen, wie zur Erledigung von Geschäften.

Je näher man Vagar kam, je belebter wurde die Wasserstraße.

Hier war Meßzeit. Die Produkte des Nordens, kostbare Felle,
Wallroßzähne, dem Elfenbein fast ebenbürtig, getrocknete und gesalzene
Fische, Thran, bald aus der Leber der Dorsche gepreßt, bald aus den
dicken Speckseiten der Wallrosse und Wallfische gekocht, tauschte man aus
gegen die Erzeugnisse des Südens. Und neben dem Kaufherrn kam der
Vergnügungsreisende hierher. Denn zur Meßzeit sammelte sich in Vagar
allerlei fahrend Volk, welches Vorstellungen gab.

Und auch manchem aus der Fremde zugereisten Freunde begegnete
man auf diesem Markte. Genug, Vagar war zur Meßzeit ein Platz so
gut für Geschäfte, wie für Kurzweil.

Gretter wurde hier von vielen Fremden, zu denen die Kunde seiner
Heldenthat gelangt war, mit Achtung und Wärme begrüßt. Man
sammelte sich um ihn, man suchte seine Bekanntschaft, man wetteiferte,
ihn einzuladen, nicht bloß zum kurzen Trunk, sondern auch zum längeren
Aufenthalt daheim.

Er lehnte ab. „Ich gehe zurück zu meinem Freunde Torfin,"
sagte er. So mietete er denn im Herbste einen Platz auf einem Küstenfahrer, welcher einem Manne, Namens Thorkel, gehörte. Der wohnte in
Salft auf Halogaland und war ein sehr angesehener Bauer. Als Gretter
bei Thorkel abstieg, empfing ihn dieser sehr gut und bot ihm Winteraufenthalt in seinem Hause an. Gretter, durch seine Freundlichkeit gewonnen, gab die Weiterreise zu Torfin auf und blieb diesen Winter in
Thorkels Hause.

Kapitel 10.
Die Bärenschlacht.

Thorkels Haus war sehr gastfrei. Zu den Söhnen des Hauses gesellten sich Vettern und Neffen, welche wochenlang hier verweilten. Im Winter ruhte der Ackerbau und die Schifffahrt und so vereinigte sich denn das junge Volk zu Kampfspielen und Jagdabenteuern.

Gretter war mitten unter ihnen und alle erkannten seine überlegene Stärke an. Nur Einer nicht. Es war Bjoern, ein jüngerer Mann aus angesehener Familie und Thorkel verwandt. Er war gleichfalls Wintergast hier im Hause. Sein Charakter war nicht angenehm. Er war aufbrausend und jähzornig, eitel und hochmütig. Er besaß eine scharfe Zunge und sprach gerne Übles von den Leuten, sodaß mancher schon um seinetwillen das gastliche Haus Thorkels hatte verlassen müssen.

Mit Gretter stand Bjoern auf gespanntem Fuße. Er sah auf jenen, als auf einen armen Flüchtling, hochmütig hinab und ließ es an spitzen Reden nicht fehlen. Gretter, gewandt im Wort, wie in den Waffen, schenkte seinem Gegner nichts. Die Spannung zwischen Beiden wuchs und wartete nur auf eine Gelegenheit zum Ausbruch.

Ein reißender Bär hatte sein Winterlager verlassen und zeigte sich oft in der Nähe von Thorkels Gehöft. Er war so wütend, daß er weder Vieh noch Menschen schonte, sobald er beide antraf. Täglich gingen Nachrichten ein von Verlusten und Thorkel, der reichste Mann der Gegend, litt auch an Heerden und an Leuten den meisten Schaden durch diese Bestie. Bjoern und die anderen jungen Leute, Gretter ausgenommen, hatten oft spät Abends vor dem Hause allerlei Kurzweil getrieben und Lärm dabei gemacht. Die Leute sprachen:

„Durch solches Getöse gereizt, ist der Bär so wütend geworden!" —

„Ihr habt mir die Bestie hergelockt durch euren Unfug! Nun könnt ihr dieselbe auch wieder vertreiben!" sagte Thorkel eines Tages zu Bjoern und seinen Spielgesellen.

„Gut! Das ist uns ein willkommenes Abenteuer!" erwiderte Bjoern. „Laßt uns zunächst den Versteck des Raubtieres aufsuchen!"

Gretter beteiligte sich absichtlich an diesem Unternehmen nicht, weil

Bjoern sich zum Anführer aufwarf, und das mit der ihm eigenen Prahlerei.

Das Suchen hatte Erfolg. Die Gegend war überaus felsig. Fast senkrecht stürzten sich von dem Hochplateau die steinernen Wände in den Fjord hinab. In einer dieser Felswände war eine Höhle, deren Oeffnung dem Meere sich zukehrte.

Dort hauste der Bär.

Aber der Zugang war überaus schwierig. Ein schmaler Steg führte zwischen Klippen hinab. Vor der Höhle war nur ein kleiner Vorplatz zum Eintritt in dieselbe und zwar ohne alle Brustwehr. Ungeschützt senkte sich der Absturz ins Meer, welches in beträchtlicher Tiefe um die scharfen Klippen brandete.

Wer hier hinabstürzte, war unrettbar ein Kind des Todes.

Der Bär wohnte in diesem schier unzugänglichen Felsenneste. Ueber Tag hielt er sich still, aber des Nachts brach er aus. Keine Hürde war stark genug, die Schafe vor ihm zu schützen. Und kein Hirte wagte es, dem Raubtier sich entgegen zu werfen.

Bjoern kehrte mit seinen Gesellen von der glücklichen Suche zurück. Der Schlupfwinkel war aufgefunden.

"Sei froh!" sagte er zu Thorkel, "das Nest des Bären haben wir! Damit ist die Hauptsache gethan!" Und nun beschrieb er mit vielen Worten die Felsenhöhle und deren gefährlichen Zugang.

"Gut!" sagte Thorkel, wir wissen nun, wo der Feind steckt. Aber wer wird ihn überwinden?"

"Überwinden! Das nehme ich auf mich!" prahlte Bjoern. "Paßt auf, wie dieses Spiel zwischen mir und meinem Namensvetter enden wird!"

Bjoern heißt nämlich im Norwegischen der Bär.

Gretter war bisher bei alledem ein stummer Zeuge gewesen und that auch jetzt, als wenn er von Bjoerns Prahlereien nichts hörte.

In der nächsten Zeit schlich sich Bjoern des Nachts, wenn alles im Hause schlief, wiederholt hinaus und blieb geraume Zeit fort. Die Kameraden merkten es, zischelten darüber und beschlossen, ihm aufzupassen.

Seine nächtlichen Besuche, das kam heraus, galten dem Bärenlager, aber immer kehrte Bjoern unverrichteter Sache zurück.

Eines Nachts wiederholte er diesen Gang. Er hatte seinen großen Schild mitgenommen. Bjoern erreichte den schmalen Pfad, der von der Hochfläche abwärts zu dem Bärenlager führte. Er horchte und aus der

Die Bärenschlacht.

Tiefe herauf hörte er deutlich das Brummen der Bestie. Sie hatte also ihr Lager noch nicht verlassen. Bjoern legte sich nun quer über den Weg und zog seinen großen Schild, wie eine Decke, über sich. Es war sein Plan, unter dem Schilde hervor den über ihn hinweg schreitenden Bären zu verwunden und, glückte es, ihn tödlich ins Herz zu treffen.

Der Bär witterte die Nähe eines Menschen und darum verschob er einige Zeit seinen nächtlichen Raubzug. In diesem Warten wurde Bjoern müde. Ihn übermannte der Schlaf und er schlief unter seinem großen Schilde fest ein. Der Bär stieg nun aufwärts. Als er an die Stelle kam, wo der schlafende Mann lag, beschnupperte er den Schild, faßte ihn mit seiner Tatze, zog ihn weg und stieß ihn über den Felsenrand hinab.

Bjoern erwachte davon, sprang entsetzt auf und lief aus Leibeskräften nach Hause. Nur mit knapper Not entkam er der verfolgenden Bestie.

Seine Kameraden hatten aus einem Versteck den ganzen Vorgang belauscht. Am nächsten Morgen holten sie den halbzerschmetterten Schild aus den Klippen herauf, zeigten seine Risse und Sprünge umher als die angeblichen Wunden aus der großen Bärenschlacht und es gab nun der Spottreden und des Gelächters genug.

Weihnachten war nahe. Es fror stark. Das Futter wurde draußen knapp und die Ausbrüche des Bären wurden immer frecher. Dem entsprechend waren auch die Verluste Thorkels an seinen Herden größer. Und nichts war bisher erreicht trotz Bjoerns Prahlerei.

Da bot Thorkel eines Tages sieben der Stärksten unter seinen Leuten auf.

Die Bärenschlacht sollte nun in allem Ernst geschlagen werden.

In Thorkels Gefolge befanden sich auch Gretter und Bjoern. Gretter trug einen langen zottigen Mantel zum Schutz gegen die Kälte. Den warf er oben ab, als es zum Abstieg kam.

Dem Bären in seiner Höhle beizukommen, war sehr schwer. Der Zugang war schmal, steil abfallend und bot wenig Deckung. Nur einer hinter dem anderen konnte hinab. Bjoern trieb die Leute an, vorzugehen; aber sich selbst hielt er unter Deckung.

Die Verwegensten drangen vor und stießen mit ihren Speeren in die Höhle hinein. Aber der Bär wich diesen Stößen geschickt aus, ohne selbst zum Angriff überzugehen.

So verlief der Vor- und Nachmittag und man beschloß, ohne etwas erreicht zu haben, den Rückzug.

Die Bärenschlacht.

In diesem Augenblick ergriff Bjoern Gretters langen zottigen Mantel, der, von ihm abgeworfen, oben lag und schleuderte ihn die Felswand hinab. Er fiel gerade vor der Höhle des Bären nieder.

Die Bestie griff nach dem Kleide, zerrte es in die Höhle hinein und stampfte es wüthend unter seine Füße. Als Gretter auf die Hochfläche kam, suchte er dort seinen Mantel. Die Blicke und Finger der Anderen zeigten ihm den Weg. Er bückte sich über die Felsenwand und sah, wie der Bär soeben unten sein Kleid zerzauste.

„Wer von euch hat mir den Streich gespielt?" fragte Gretter die Gesellen.

Bjoern trat hervor und antwortete keck: „Der es einzugestehen wagt!"

„Also du!" sagte Gretter. „Nun, das verschlägt mir für heute wenig. Gehen wir ohne Mantel nach Hause!" —

Unterwegs platzte dem Gretter der Gurt an seinem Wams. Er entschuldigte sich und blieb zurück.

Bjoern sagte zu seinen Begleitern spottend: „Paßt auf, Gretter bleibt nur zurück, um seinen Mantel aus der Bärenhöhle herauf zu holen. Er will sich die Ehre geben, den Bären allein abzufangen, den wir Achte vergebens angriffen. Er soll ja auch der Kerl dazu sein, obgleich ich noch keine Heldenthat von ihm sah, und besonders heute nicht!" —

Thorkel dämpfte Bjoerns Spott und sagte: „Bjoern, ich weiß nicht, wozu du taugst? aber das weiß ich, daß du an Gretters Tapferkeit und Muth nicht hinaufreichst. Uebrigens hüte deine Zunge! Er könnte es dir einmal derb eintränken!" —

Bjoern warf den Kopf in den Rücken und sagte: „Auf Kommando lernte ich es bisher nicht, meine Worte setzen!"

Gretter war weit zurückgeblieben. Ein Hügel lag nun zwischen ihm und den Genossen. Er beschloß in der That umzukehren und allein dem Bären den Kampf anzubieten.

Gretter zog sein Schwert Joekulsnaut, die Gabe und das Andenken seiner Mutter. Er knotete einen Riemen um des Schwertes Knauf, warf den Riemen um sein Handgelenk und konnte nun nach Bedarf im Kampf zum Schwerte greifen oder auch die nackten Fäuste frei gebrauchen. So gerüstet stieg er den schmalen Felsenpfad zum Bärenlager hinab. Sobald der Bär des Mannes ansichtig wurde, sprang er in größester Wut auf und griff den Gretter an, indem er mit der linken Pfote nach ihm schlug.

Gretter parierte den Schlag mit seinem Schwerte, holte dann selbst

Die Bärenschlacht.

zum Hiebe aus und durchschlug des Bären linke Klaue oberhalb des Gelenkes. Abgetrennt fiel die Klaue zu Boden. Der Bär hob nun die rechte Pfote zum Schlage auf und stützte dabei seinen schweren Körper auf den linken blutigen Stumpf.

Er vergaß, daß dieser kürzer geworden war, verlor das Gleichgewicht und fiel dabei in Gretters Arme. Dieser ließ das Schwert nun fallen, welches am Riemen hängen blieb, griff mit beiden Fäusten nach des Bären Ohren und hielt die Bestie mit steifen Armen von sich ab, sodaß er nicht von ihr gebissen werden konnte.

Gretter hat später selbst gesagt, daß dies, seiner Meinung nach, die größeste Kraftprobe in seinem Leben gewesen ist.

Der Bär machte nun viele Anstrengungen, seinen Kopf aus den eisernen Griffen seines Gegners heraus zu winden. Dabei drehte er seinen dicken Leib zerrend hin und her. Bei einem dieser Seitensprünge kam er auf dem schmalen Vorplatz seiner Höhle dem Felsenrand zu nahe, verlor das Gleichgewicht und stürzte in die Tiefe, Gretter mit sich ziehend, der des Bären Ohren nicht fahren lassen wollte.

Es war ein Todesweg.

Aber der Leib des Bären, schwerer als der des Gretter, bewirkte, daß jener mit seinem dicken, zottigen Pelz zu unterst, und Gretter obenauf zu liegen kam.

Das war Gretters Rettung.

Der Bär war durch dieses Aufschlagen auf die Felsen furchtbar zerquetscht. Das Beißen hatte er verlernt, aber noch lebte er. Gretter war unverletzt. Er griff nach seinem Schwerte und durchstach des Bären Herz.

So endete die Schlacht.

Nun kletterte Gretter wieder zur Höhle hinauf und holte sich seinen Mantel. Dieser war ganz zerfetzt. Aber zerrissen, wie er war, warf Gretter ihn um die Schultern, das schönste Siegeszeichen! Dann raffte er des Bären abgeschlagene Klaue auf und schob sie unter sein Wams! — So ging er nach Hause! —

Thorkel saß in der großen, von Fackeln beleuchteten Halle am Trinktisch mit seinen Gästen und Mannen.

Als Gretter in die Thüre trat, richteten sich aller Blicke auf ihn.

Das Haar zerzaust, das Wams blutbespritzt, die Fetzen des Mantels in langen Strähnen von der Schulter fallend, so stand er da, heldenhaft und drollig zugleich.

Den jungen Leuten stach der zerfetzte Mantel vor allem in die Augen und sie brachen in ein helles Lachen aus.

Gretter schritt auf den Trinktisch zu, zog unter dem Wams hervor des Bären blutige Tatze und warf sie zwischen die Zechenden auf den Tisch. Jetzt begriff man den Zusammenhang und alles verstummte.

Dieses Verstummen war die größte Huldigung für Gretter. Die Ahnung des Großen, was geschehen war, überwältigte die Versammlung und schloß allen den Mund.

Thorkel fand zuerst das Wort, erhob sich und rief: „Wo ist nun mein Vetter Bjoern? Niemals sah ich deine Waffen so gut anbeißen, Freund! — Ich verlange jetzt von dir, daß du dem Gretter eine Ehrenerklärung giebst wegen des Schimpfes, den du ihm angethan hast mit dem Mantel!" —

„Eine Ehrenerklärung?" rief Bjoern hochfahrend. „Darauf kann Gretter bei mir lange warten. Ist es mir doch gleich, wie er meine Worte wägt und nimmt!" —

Gretter sang:

> Der Gott des Kampfes beschlich den Bär,
> Wenn's dunkelte, mit voller Wehr! —
> Doch, brummt das Tier, so kneift er aus
> Und flüchtet eilend sich in's Haus,
> Es floß kein Blut! —
> Niemand sah mich das Tier beschleichen.
> Ein Tritt! — Ein Griff! — Da mußt es weichen!
> Hab' du nur Mut!! —

„Ich weiß es wohl, auf wen deine Sticheleien gehen," schrie Bjoern dazwischen. „Aber du verstehst deine Worte so zu setzen, daß andere dabei stets zu kurz kommen."

Thorkel trat besänftigend dazwischen und sagte: „Gretter hat vollen Grund, dir, Bjoern, zu zürnen. Aber, das bitte ich, laßt den Streit hier ruhen. Ich werde dir Gretter für den Schimpf, welchen dir Bjoern anthat, volle Sühne zahlen. Dann sollt ihr versöhnt sein!" —

Bjoern lehnte das ab. „Du kannst dein Geld besser anwenden, als zu Sühnegeldern für mich. Mein Blut fließt noch sicher in meinen Adern. Was zwischen mir und Gretter vorfiel, das laß uns beide allein mit einander ausmachen!"

„Topp! — Ich bin das zufrieden!" sagte Gretter.

„Nun Gretter", sprach Thorkel, „dann bitte ich um eins, thu' dem Bjoern nichts zu Leide, so lange ihr hier die Gäste meines Hauses seid!" — „Das soll geschehen," sagte Gretter.

Bjoern warf sich in die Brust und prahlte: „Ich werde ohne Furcht stehen und gehen, wo auch immer Gretter mir begegnen mag!"

Um Gretters Lippen spielte bei diesen Worten ein verächtliches Lächeln, allein er schwieg.

Kapitel 11.

Der Zweikampf.

Im nächsten Frühjahr zog Gretter mit einem Küstenfahrer nordwärts, nach herzlichem Abschied von Thorkel, dessen Haus er in aller Freundschaft verließ. Sein Ziel war wiederum Vagar. Bjoern ging nach England. Er führte dorthin eines der Schiffe Thorkels, mit dem Auftrage, Waren in England einzukaufen. Das hielt ihn den ganzen Sommer dort fest. Gegen den Herbst segelte er heimwärts.

Gretter verweilte in Vagar, bis die Handelsflotte absegelte. Dann reiste er mit einem Küstenfahrer südwärts. Sie segelten bis zu einem Hafen, namens Gaulkar, welcher am Ausgang des Drontheimer Fjords liegt. Hier warfen sie Anker und schlugen ihre Zelte am Lande auf. Kaum waren sie damit fertig, so sahen sie ein anderes Schiff, von Süden kommend, in den Hafen einbiegen. Es war ein Englandfahrer, der nahe bei dem ihrigen vor Anker ging. Die Besatzung kam an Land.

Gretter und seine Kameraden schritten auf die Ankömmlinge zu, um sie zu begrüßen. Sie erkannten Thorkels Schiff und Thorkels Leute unter Bjoerns Führung.

Der Zweikampf.

„Es trifft sich gut", redete Gretter den Bjoern an, „daß wir uns hier am dritten Orte treffen. Jetzt können wir unsere alte Rechnung sofort ausgleichen. Zeig nun, wie du einst prahltest, daß du stärker bist, als ich!" —

„Hatten wir jemals einen Streit?" warf Bjoern unsicher ein, „ich entsinne mich dessen nicht! Indessen, sollte ich jemals dich beleidigt haben, so bin ich bereit, Reugeld zu zahlen, so hoch, daß du damit zufrieden sein kannst!"

Gretter sang:

> Wer brach mit der Faust des Bären Kraft? —
> Wer riß den Mantel aus seiner Haft? —
> Ich prahle nicht! —
> Wer nahm mein Kleid mir wider Recht? —
> Und warf es in des Bären Nest! —
> Du! — Feiger Wicht! —

„Laß es gut sein!" sagte Bjoern. „Ich habe mit Geld schon größere Beleidigungen abgekauft, als diese!" —

„Und mich," erwiderte Gretter, „wagten bisher nur wenige so zu beschimpfen, als du. Für erlittenen Schimpf aber Geld zu nehmen, ist nicht meine Art! Einer von uns beiden soll heute diesen Platz nicht lebend verlassen. Und ich erkläre dich für eine feige Memme, wenn du es nicht wagst, mit mir zu fechten!" —

Bjoern sah nun wohl ein, daß er dem Kampfe nicht ausweichen konnte, ging auf sein Schiff und waffnete sich.

Als beide sich gegenüber standen, stürzten sie auf einander los und kämpften mit der größten Erbitterung. Doch dauerte der Kampf nicht lange. Gretter war so sehr viel stärker. Und bald lag Bjoern tot auf dem Sande.

Bjoerns Kameraden führten das Schiff zurück zu Thorkel und erzählten das Vorgefallene. Thorkel war nicht überrascht, sondern sagte:

„Mich wundert nur, daß es nicht schon früher zum Kampfe zwischen beiden gekommen ist, denn Bjoern hat den Gretter über Gebühr gereizt und beleidigt. Der Ausgang konnte ja niemals zweifelhaft sein!"

Gretter ging zu seinem Freunde Torfin und erbat nun dessen Schutz.

„Ich freue mich," sagte dieser, „daß du jetzt einen Freund brauchst. Bleibe bei mir, bis jene Sache ausgeglichen ist!" —

Der Jarl Svein hielt sich auf dem Hofe Stenker in Drontheim auf, als ihm Bjoerns Ende im Zweikampf gemeldet wurde. In seinem Gefolge diente Bjoerns Bruder, Namens Hjarande. Dieser war über die Nachricht, daß sein Bruder von dem Isländer erschlagen sei, sehr erbittert und erbat von seinem Herrn, dem Jarl, Beistand, um den Übelthäter mit allem Nachdruck zu verfolgen.

Svein willfahrte ihm, sandte Boten zu Torfin und forderte den Gretter vor Gericht.

„Ich begleite dich," sagte Torfin. Und beide machten sich reisefertig.

Sie kamen nach Drontheim, stellten sich dem Jarl, und dieser berief eine Gerichtsversammlung, in welcher Hjarande die Anklage stellte.

Die nähere Untersuchung ergab, daß Gretter von Bjoern oft gereizt und schwer beleidigt sei.

Dann ergriff Torfin das Wort und sprach:

„Jarl Svein, du siehst hier einen Mann vor dir stehen, der sich um „Norwegen wohl verdient gemacht hat. Er hat mit seiner Hand die „Berserker erschlagen, welche uns überfielen, unsere Frauen beschimpften, „unsere Höfe bedrohten. Die hat er durch seine Klugheit und Stärke „bezwungen und damit dem Norden unseres Landes den inneren Frieden „zurückgegeben!" —

Der Jarl erwiderte: „Es ist wahr, was du sagst, Torfin. Gretter hat unser Land von einer schweren Plage befreit!" —

„Ich selbst", fuhr Torfin fort, „bin bei Gretter in tiefer Schuld. Ich bin darum bereit als Reugeld jede Summe für ihn zu zahlen, welche die Erben Bjoerns zufrieden stellen kann!" Der Jarl sprach: „Ich rate dir, Hjarande, diesen Vorschlag anzunehmen, zumal Gretter so stark und der Kampf mit ihm ungleich ist!" —

Hjarande lehnt es ab. „Ich will meinen Bruder nicht in meinem Geldbeutel mit mir herumtragen. Entweder räche ich Bjoern im Kampfe, oder ich teile sein Schicksal. Nur das Schwert kann hier entscheiden!" —

Damit endete die Gerichtsverhandlung. Torfin hielt es nun für geraten, den Gretter nicht allein in Drontheim umhergehen zu lassen; sondern er beauftragte seinen Vetter Arnbjoern, den Gretter auf Schritt und Tritt zu begleiten. „Es ist gewiß", sagte Torfin, „daß Hjarande dir heimlich nach dem Leben strebt!" —

Kapitel 12.

Das Gericht.

Eines Tages gingen Gretter und Arnbjoern in den Straßen von Drontheim spazieren. Auf diesem Gange kamen sie an einem Thorweg vorbei. In diesem Augenblicke stürzte aus dem Thorweg hervor ein Mann mit erhobener Streitaxt, den Griff von beiden Händen umklammert. Mit ausgeholtem Hiebe zielte er nach Gretters Kopf, der sorglos dahin schlenderte. Arnbjoern sieht es, erfaßt die Gefahr und giebt dem Gretter einen Stoß in den Rücken, sodaß dieser vorwärts taumelnd, in die Kniee fällt. Auf diese Weise streift nur die Axt Gretters Schulter und schält ein Stück von seinem Fleische ab. Gretter springt auf die Füße, dreht sich um und zieht sein Schwert. Er erkennt seinen Angreifer. Es ist Hjarande.

Die Axt, von dem Schulterblatte abgleitend, war im wuchtigen Schlage so tief in den Erdboden eingedrungen, daß Hjarande längere Zeit brauchte, sie los zu rütteln. In diesem Augenblicke hieb Gretter nach Hjarande mit seinem Schwerte, und dieser Hieb trennte ihm den Arm von der Schulter.

Da stürzten aus dem Thorweg fünf Kerle hervor, dem Hjarande zur Hilfe.

Gretter und Arnbjoern stellten sich ihnen zum Kampfe gegenüber, zwei gegen sechs.

Der Kampf dauerte indessen nur kurze Zeit und endete damit, daß Hjarande und seine Begleiter sämtlich fielen bis auf einen Mann, der entkam, um das Geschehene dem Jarl Svein zu melden.

Der Jarl war über diesen Vorfall sehr erzürnt und berief sogleich eine Gerichtsversammlung auf den nächsten Tag.

Gretter stellte sich, begleitet von Torfin.

„Du bist einer neuen Uebelthat angeklagt,“ sagte der Jarl, „am gestrigen Tage hier auf den Straßen Drontheims begangen an Bjoerns Bruder Hjarande und vier seiner Gesellen!" —

„Ich gestehe die That zu," sagte Gretter. „Aber ich handelte in der Notwehr. Ich kann an meinem Leibe die Spuren aufzeigen, daß ich von hinten meuchlings angegriffen bin. Und ich hätte meinen Tod gefunden, wenn mich Arnbjoern nicht gerettet hätte!"

„Es ist schade", sagte der Jarl, „daß du nicht erschlagen bist, denn du wirst noch das Grab vieler Männer werden, wenn du am Leben bleibst!" —

Besse aus Island hielt sich damals zum Besuch beim Jarl auf. Er und Gretter waren Jugendfreunde. Besse vereinigte seine Bitten mit denen Torfins und beide drangen in den Jarl, er soll eine Geldstrafe bestimmen und dann dem Gretter Friede und Sicherheit im Lande verbürgen.

„Das ist gegen Recht und Herkommen", sagte der Jarl, „hier einen „Vergleich zu schließen, ohne daß Gunnar, Bjoerns und Hjarandes Bruder, „zugegen ist. Bestürmt mich nicht! Daß Äußerste, was ich gewähren „kann, ist dieses: Bis zum kommenden Frühjar soll Gretter Friede und „Sicherheit im Lande verbürgt sein. Dann will ich einen Gerichtstag „halten und Gunnar soll seine Ansprüche geltend machen!" —

Das Frühjahr kam.

Gunnar war Hausbesitzer in Tunsberg. Dorthin beschied der Jarl, der sich selbst um diese Zeit in jener östlichen Gegend aufhielt, den Gretter und den Torfin. Beide folgten. In derselben Stadt wohnte auch Gretters ältester Bruder Thorstein Dromnund, der, in früheren Jahren von Island nach Norwegen ausgewandert, sich hier niedergelassen hatte. Er nahm den Gretter in sein Haus auf und versprach ihm allen Beistand, riet aber dringend, vor dem tückischen Gunnar wohl auf der Hut zu sein.

Wie notwendig das war, sollte sich bald zeigen.

Gretter hielt sich geflissentlich zurück. Er durchschlenderte nicht die Straßen der Stadt, wie in Drontheim; er wollte jeden Zusammenstoß mit Gunnar vermeiden.

So blieb er denn zu Hause, oder, wenn er ausging, suchte er geschlossene Räume auf.

Eines Tages saß er in einer Trinkbude, hatte seine Waffen abgelegt und über sich an die Wand gehängt. Das gefüllte Trinkhorn stand vor ihm.

Da plötzlich wird die Thüre dieser Trinkbude so hart aufgestoßen, daß sie fast zerspringt, und herein stürmen vier vollbewaffnete Männer.

Es war Gunnar mit seinen Genossen.

Sie stürzen auf den nichts ahnenden Gretter zu. Dieser springt auf und greift nach seinen Waffen, die über ihm an der Wand hängen. Dann zieht er sich in die Ecke der Trinkbude zurück, sucht Deckung hinter seinem Schilde und haut mit dem Schwerte um sich.

In dieser gedeckten Stellung war es schwer, ihm beizukommen. Einer seiner Schwertstreiche trifft Gunnars Knecht, der davon genug hatte.

Gretter dringt nun aus seiner Ecke vor und geht von der Vertheidigung zum Angriff über. Die Drei ziehen sich gegen die Thüre zurück. Hier fällt der zweite Begleiter Gunnars. Jetzt suchen Gunnar und sein letzter Mann zu entkommen. Doch dieser stolpert über die Schwelle und fällt, den Weg versperrend. Gunnar, dadurch aufgehalten, sucht sich mit seinem Schild zu decken, aber Gretter trifft ihn und haut ihm beide Hände an der Handwurzel ab. Er fällt auf den Rücken und empfängt dann von Gretter den Todesstoß. In diesem Augenblick kommt Gunnars Mann auf die Beine, läuft fort und meldet das Vorgefallene dem Jarl.

Jarl Svein wurde sehr zornig und ließ sogleich ein Gericht in der Stadt zusammentreten.

Als Torfin und Thorstein Drommund das erfuhren, sammelten sie alle ihre Verwandten und Freunde und zogen mit einem starken Gefolge vor Gericht.

Torfin trat zuerst vor den Jarl hin und sprach: „Deshalb bin ich „hergekommen, daß ich Vergleich und rühmlichen Ersatz anbiete für die Tot„schläge, von Gretter begangen. Und Euch, mein Herr, allein überlasse „ich die Entscheidung in dieser Sache, auf die Bedingung hin, daß dem „Manne hier Frieden und Sicherheit verbürgt werde."

Der Jarl antwortete sehr ungnädig: „Spät wirst du, Torfin, müde, „für diesen Gretter um Frieden zu bitten. Doch meine Meinung ist diese, „daß du dich einer schlechten Sache hier annimmst. Gretter hat drei „Brüder, einen nach dem anderen, erschlagen, welche sämtlich von so „männlicher Gesinnung waren, daß keiner von ihnen den anderen in seinem „Geldbeutel tragen wollte. Und es nützt dir, Torfin, diesmal nichts, für „Gretter zu bitten. — — — — —

Ich will nicht Gesetzlosigkeit in Norwegen einführen, indem ich für solche Verbrechen Geldbuße zulasse!"

Da trat Besse, der Sohn des Skaldtorfu, vor den Jarl hin und bat gleichfalls um einen Vergleich für Gretter.

„Ich biete", sagte er, „mein Geld und mein Gut an, damit dieser „Vergleich zu Stande komme; denn Gretter ist aus vornehmer Familie „und mein Jugendfreund. Ihr könnt, mein Herr, gewiß auch einsehen, „daß es besser ist, einem Manne das Leben zu schenken und sich dadurch „den Dank vieler Männer zu verdienen, als diesen einen Mann zu fordern „und dabei Gefahr zu laufen, ihn nicht in eure Gewalt zu bekommen. „Denn seiner Freunde sind viele, und sein Anhang ist mächtig. Es ist „ein ehrenvolles Anerbieten für den Richter, die Größe des Reugeldes be- „stimmen zu dürfen. Weiset, mein Herr, dieses nicht zurück!"

Der Jarl erwiderte: „Besse, dein Sinn ist edel und dein Arm ist stark; aber dennoch kann ich mich nicht bequemen, das Gesetz des Landes zu kränken, indem ich Totschlägern das Leben schenke!"

Endlich trat Thorstein Drommund vor den Jarl, begrüßte ihn und machte auch Vorschläge zu Gunsten eines Vergleiches für Gretter.

„Ich bin sein Bruder, Herr, sprach er, und bitte gleichfalls unter Anerbietung meines Gutes um Leben und Frieden für den Bruder!"

„Daß du sein Bruder bist", antwortete der Jarl, „habe ich nicht ge- „wußt. Du beweisest aber deine Liebe zu ihm, indem du ihm helfen „willst. Das ist recht und gut. Doch wir haben nun einmal beschlossen, „zwischen euch keinen Unterschied zu machen. So lehne ich denn auch „deine Bitte ab. Für diesen dreifachen Totschlag nehme ich kein Reugeld „an, sondern fordere bestimmt Gretters Leben. Ich will es haben, wo „immer sich die Gelegenheit dazu bietet, und koste es mir, was es „wolle!" —

Damit stand der Jarl entschlossen vom Stuhle auf und verließ die Gerichtsversammlung.

Kapitel 13.
Heimwärts.

Torfin und Gretter, Thorstein Drommund und Besse mit ihrem Anhange gingen nun nach Hause und rüsteten sich, denn sie waren entschlossen, um keinen Preis Gretter, ihren Freund und Bruder an den erzürnten Jarl auszuliefern.

Als der Jarl davon Kunde erhielt, befahl er allen seinen Mannen sich zu waffnen, stellte sich an deren Spitze und führte sie vor das Thor der Stadt hinaus.

Hier fanden sie bereits Torfin und seine Leute in Schlachtordnung aufgestellt. Vor der Front standen Torfin, Gretter, Thorstein Drommund und Besse, bis an die Zähne bewaffnet, hinter ihnen eine große Menge gewaffneter Knechte, eine Schaar, der Macht des Jarl ebenbürtig, wenn nicht überlegen und an Entschlossenheit des Willens ihm gleich.

Bevor das Zeichen zum Kampf gegeben wurde, forderte der Jarl noch einmal die Auslieferung des Gretter. Ebenso bestimmt wurde diese von den Gegnern verweigert und dafür das alte Anerbieten, Reugeld zu zahlen, erneuert.

Der Jarl wollte davon nichts hören.

Torfin und Thorstein aber erklärten:

„Es wird dir große Mühe kosten, den Gretter lebend in deine „Hände zu bekommen, denn wir alle stehen hier bereit, ihn zu decken und „sein Schicksal zu teilen. Man wird dich später schelten, wenn wir alle „hier erschlagen auf dem Sande liegen, daß du das Leben dieses einen „Mannes so teuer erkauft hast!" —

„Und ich", sagte der Jarl, „werde keinen von euch schonen, sondern meinen Willen durchzusetzen wissen!" —

Es wäre nun wirklich zum Kampfe zwischen den beiden Parteien gekommen, hätten nicht andere wohlgesinnte Männer sich ins Mittel gelegt. Sie machten dem Jarl Vorstellungen und baten ihn, es nicht zum Äußersten kommen zu lassen. „Die Gegner sind stark und ihr Anhang groß. Der Ausgang ist zweifelhaft. Sie werden dir große Verluste zufügen, bevor du sie überwältigen wirst!" —

Der Jarl sah dieses ein und ließ sich nun besänftigen. Man steckte die Schwerter in die Scheide. Dann nahmen die Unparteiischen die Verhandlung wieder auf und suchten einen Vergleich herzustellen.

Corfin, Thorstein und Besse forderten für Gretter sicheres Geleit und boten dafür eine Geldsumme an.

Der Jarl sagte:

„Das sollt ihr wissen, daß ich das für keinen Vergleich ansehe, was wir auch hier beschließen mögen. Gebe ich nach, so geschieht es einzig und allein deswegen, weil ich den Kampf gegen meine eigenen Landsleute nicht will. Doch, das sollt ihr merken, daß ihr in dieser Sache wenig rücksichtsvoll euch gegen mich gezeigt habt!" —

Corfin antwortete: „Durch euer Nachgeben, mein Herr, legt ihr auch die größeste Ehre ein; auch überlassen wir es vollkommen eurem Ermessen, die Höhe der Geldbuße zu bestimmen!" —

Endlich gab der Jarl nach und verbürgte dem Gretter Frieden und Sicherheit, doch nur unter der einen Bedingung, daß er mit nächster Gelegenheit Norwegen verlasse und nach Island zurückkehre.

„Seid ihr mit dieser Entscheidung zufrieden?" fragte er. Sie sagten: „Ja, wir sind es!" —

Außerdem zahlten sie dem Jarl ein hohes Reugeld, sodaß er damit zufrieden war.

Dann trennten sich die Parteien, aber ihr Abschied von einander war doch nur kühl.

Gretter umarmte seinen Bruder und seinen Freund Besse, herzlich dankend für die empfangene Hilfe, und reiste dann mit Corfin nordwärts ab.

Corfin gewann durch diesen nachdrücklichen Schutz, den er Gretter geleistet, und durch die Tapferkeit, mit der er dem mächtigen Jarl widerstanden hatte, in ganz Norwegen großes Ansehen.

In Corfins Hause wurde Gretter mit aller Freundschaft gehegt und gepflegt, bis die Gelegenheit sich fand, auf einem Kaufmannsschiffe nach Island zurückzukehren. Zum Abschied schenkte Corfin dem Gretter noch viele Kostbarkeiten, als Festkleider, einen gemalten Reitsattel und einen silberbeschlagenen Pferdezaum. So trennten sie sich als gute Freunde und Corfin bat den Gretter: „Komm wieder zu uns, falls du noch einmal gen Norwegen steuerst!" —

Es war Sommer und Gretter, legte die Seereise rasch und glücklich zurück. Den Blick in die blaue Flut gesenkt, und die Brust voll des Erlebten, sang er den zurückgelassenen Freunden ein Danklied:

> Torfin, du edler Held,
> Zu den Walküren gesellt,
> Stiegst mir zur Rettung herab,
> Als schon wühlte mein Grab
> Hel, das finstere Weib! —
>
> Und ihr Beiden vereint,
> Herzensbruder und freund,
> Kräftig an Schild und Speer
> Dämpftet des Königs Heer,
> Mir zu thun kein Leid! —

Island tauchte in der Ferne auf. Er durfte sein Vaterland jetzt wieder betreten; denn die drei Jahre seiner Verbannung, mit denen er einst fürs Skegge's Totschlag bestraft war, waren vorüber.

Im Skagafjord landeten sie, ziemlich weit östlich von Bjarg, dem Edelhofe seines Vaters. Gretter nahm sofort ein Pferd und ritt heimwärts. Hier hatte sich inzwischen der Familienkreis um einen Spätling vermehrt. Ein vierter Sohn, den man Illuge genannt hatte, war den Eltern geboren.

Asdis streckte dem heimkehrenden Gretter beide Hände warm entgegen, auch Asmund Haerulang empfing ihn viel freundlicher, als der Abschied gewesen war. Atle aber, der den Betrieb des Hofes jetzt mit dem Vater leitete, sah zu dem jüngeren Bruder, dem der Ruf seiner Heldenthaten bereits vorangeeilt war, mit Bewunderung hinauf.

Gretter war unbestritten auf Island, wie in Norwegen der stärkste Mann, trotz des jugendlichen Alters von 17 Jahren, die er zählte.

Kapitel 14.

Auf Oedunsstaetten.

Seit jenem Ballspiele, an dem einst der Vierzehnjährige teilgenommen, waren nun drei Jahre vergangen. Die damaligen Teilnehmer, unter denen Gretter der jüngste gewesen, waren bereits Männer geworden, und saßen einige schon selbständig auf ihren Höfen.

Auf Oedunsstaetten.

Unter ihnen befand sich auch Oedun. Gegen diesen hatte Gretter vor drei Jahren im Ringkampf den Kürzeren gezogen. Oedun wohnte auf Oedunsstaetten im Vidithale als selbständiger Bauer, genoß allgemeinste Achtung und galt als der stärkste Mann auf dem Nordlande.

Um so mehr gelüstete es den Gretter, ihn wieder zu sehen und seine Kräfte an ihm zu messen.

Es war um die Zeit der Heuernte.

Gretter suchte sich ein gutes Pferd aus, legte den gemalten Reitsattel und den silberbeschlagenen Zaum auf, beides die Geschenke von Torfin. Er selbst zog seine kostbarsten Kleider an und waffnete sich mit Waffen von vorzüglicher Arbeit.

So stieg er zu Pferde und ritt von Bjarg nach Oedunsstaetten hinüber. Der Weg war nicht weit, und bereits am Vormittage kam er dort an. Nur wenige Leute waren auf dem Hofe, denn alles war draußen bei der Heuernte.

„Wo ist Oedun, euer Herr?" fragte Gretter auf den Hof reitend.

„Der ist auf das Gebirge geritten nach der Saeter (Sennhütte) und holt Mundvorrat!"

„Wann erwartet ihr ihn zurück?"

„Jeden Augenblick kann er kommen!" —

„So bleib' ich!" —

Gretter nahm den Zaum seinem Pferde ab und ließ es grasen auf einer fetten Wiese, die unmittelbar am Hofthor lag. Er selbst ging in das Haus seines Vetters und trat in das leere Wohnzimmer. Hier warf er sich auf eine Bank, die mit einem Bärenfell bedeckt war und schlief fest ein.

Bald darauf kam Oedun zurück. Er führte an der Leine zwei Pferde, beladen mit Lebensmitteln, und am Sattelknauf des dritten, auf dem er selbst ritt, hingen zwei Ledersäcke, gefüllt mit Skyr, einem weichen Käse, den man in Schnitten zum Brote aß. Er nahm die Last den Pferden ab und trug die Skyrbeutel in das Haus. Aus dem hellen Tageslicht in den Dämmerschein der Stube eintretend, war sein Auge geblendet und er sah den schlafenden Gretter nicht, noch weniger dessen ausgestrecktes Bein, welches, von der Bank herabgeglitten, quer über dem Fußboden lag.

Darüber stolpernd, stürzte Oedun zu Boden, die Skyrbeutel unter sich, welche davon zerplatzten.

„Was ist das für ein Lümmel, der da liegt?" rief Oedun ärgerlich, indem er aufstand.

„Das ist Gretter, Asmunds Sohn aus Bjarg," rief Gretter, den der Sturz des Oedun geweckt hatte.

„Du benimmst dich wie ein Narr hier! Was willst du?"

„Mit dir einen Gang thun!" —

„So laß mich erst meine Lebensmittel bergen!" —

„Thu' das, wenn du niemand anders für dieses Geschäft hast."

Oedun bückte sich, raffte den aufgeplatzten Skyrsack auf und schleuderte ihn dem Gretter in's Gesicht.

„Das zum Gruß!" —

Gretter, festlich gekleidet, wurde durch den weichen Käse von oben bis unten besudelt. Das erschien ihm als ein weit größerer Schimpf, als wenn er von Oedun eine tiefe Wunde bekommen hätte.

Gretter sprang auf und packte den Oedun. Sie rangen mit einander und schonten sich nicht.

Oedun merkte bald, daß Gretter jetzt viel stärker geworden war und mehr Kraft hatte als er.

Während des Ringens rissen sie sich in der Stube hin und her. Tische und Bänke fielen um. Das gab ein großes Getöse. Endlich stürzte Oedun zu Boden. Gretter lag als Sieger auf ihm und umklammerte Oeduns Leib mit eisernen Griffen.

In diesem Augenblicke wurde die Thüre aufgerissen, und in dem Rahmen derselben erschien die hohe Gestalt eines kräftigen Mannes, bekleidet mit einem roten Mantel und einen blitzenden Helm auf dem Haupte.

Mit festem Schritt trat der Fremde auf den Menschenknäul, am Fußboden liegend zu, und fragte: „Wer ist das?"

Gretter nannte seinen Namen. „Aber wer bist du, der mich fragt?"

„Ich heiße Barde," sagte der Eingetretene.

„Bist du Barde, Gudmundsohn aus Asbjoernsnes?" —

„Getroffen", sagte Barde, „aber was machst du hier?" —

„Ich und Oedun spielten zum Zeitvertreib."

„Das ist doch ein sonderbarer Zeitvertreib", sagte Barde. „Aber ich weiß, ihr beiden seid einander sehr unähnlich! Du Gretter bist rücksichtslos und voller Übermut, Oedun dagegen ist sanft und verträglich." —

„Laß ihn sofort aufstehen!" —

Gretter sagte: „Mancher Mann mischt sich ohne Not in die Geschäfte anderer und versäumt dabei die eigenen. Näher läge es dir, scheint mir, die Tötung deines Bruders Hall zu rächen, als dich hier in meine und Oeduns Sachen zu mischen!" —

„Ob Hall gerächt wird, oder nicht, soll die Zukunft zeigen," sagte Barde. „Doch jetzt fordere ich, daß du den Oedun in Frieden läßt, denn er ist ein ehrlicher Mann."

Gretter ließ nun den Oedun los, aber widerwillig.

„Was war die Ursache eures Zankes?" fragte Barde.

„Oedun hat mich vor drei Jahren gewürgt, als ich noch ein Knabe war", sagte Gretter. „Hüte dich, daß er dir zum Lohne für deine Hilfe von heute nicht auch einmal die Kehle zuschnürt!" —

„Ich wußte nicht, daß du Ursache hattest, dich an Oedun zu rächen," sagte Barde. „Aber ich rate euch, vergeßt das Geschehene und macht Frieden!" —

Das geschah nun auch, zumal Gretter und Oedun Vettern waren. Aber Gretter konnte doch weder dem Barde noch dessen Brüdern diese Einmischung in seine Angelegenheiten je vergeben.

Gretter stieg nun zu Pferde und ritt zusammen mit Barde fort.

Unterwegs sagte er zu seinem Begleiter: „Ich habe gehört, daß du in diesem Sommer einen Kriegszug nach dem Borgarfjord beabsichtigst. Ich biete dir dazu meine Begleitung an, obgleich du diese Hilfe nicht verdient hast!" —

„Von Herzen gerne nehme ich, Gretter, dein Anerbieten an," sagte Barde.

Dann trennten sie sich.

Indessen nach wenigen Schritten machte Barde wiederum kehrt, ritt dem Gretter nach und sagte zu ihm:

„Ich muß noch eine Bedingung stellen, nämlich diese, daß mein Pflegevater Thorarin mit deiner Begleitung einverstanden ist. Denn er hat über alles, was diesen Kriegszug betrifft, zu bestimmen.

Gretter antwortete: „Mir scheint, das ist deine Sache. Ich wenigstens mache meine Unternehmungen niemals von dem Gutdünken anderer abhängig. Und das sage ich dir: Ich werde es dir sehr übel nehmen, wenn du meine Begleitung ausschlägst!" —

„Ich fühle mich an die Zustimmung meines Pflegevaters gebunden," erwiderte Barde. „Du erhältst also Nachricht. Sollte sie anders ausfallen, als du wünschest, so nimm es gelassen auf!" —

Sie trennten sich. Gretter ritt nach Bjarg zurück, und Barde Gudmundsohn zu seinem Pflegevater Thorarin, mit dem Beinamen der Fromme.

Als er dort eintrat, fragte ihn dieser: „Hast du dir zu deinem Zuge nach dem Borgarfjord Unterstützung gesichert?" —

„Ja," sagte Barde freudig. „Ich habe zum Verbündeten einen Mann gefunden, der mir mehr helfen wird als drei andere!" —

Thorarin schwieg eine Weile, dann sagte er ernst: „Du meinst doch nicht den Gretter, Asmundssohn?" —

„Der Kluge errät immer das Richtige," sagte Barde. „Ja, er ist es, mein lieber Pflegevater, und niemand anders."

„Wahr ist es," bemerkte Thorarin, „Gretter zeichnet sich vor allen Männern hier im Lande durch seine Stärke aus und kaum wird jemand ihn im Kampfe überwinden. Aber mehr als Stärke bedeutet doch das Glück. Und ich bezweifle sehr, ob Gretter das Glück auf seiner Seite hat. Du Barde brauchst aber zu deinem Unternehmen Leute, welche von Unglück nicht verfolgt werden. Gretter darf daher, wenn meine Stimme hier durchdringt, an diesem Zuge nicht teilnehmen!" —

„Ich hätte nicht geglaubt, mein lieber Pflegevater, daß du mir das versagen würdest, einen Mann mit mir zu nehmen, der mutig ist und tapfer, mehr als drei andere, und der vor keiner Gefahr zurückbebt. Laß es uns nicht so genau nehmen mit dem, was du Glück nennst!" —

„Dein Vorhaben wird dir gelingen, mein Sohn, wenn du mir folgst, sagte Thorarin entschieden; aber es wird mißlingen, wenn du ungehorsam bist!"

So wurde denn an Gretter ein Bote geschickt mit ablehnendem Bescheid.

Dieser war nicht wenig ergrimmt darüber und zog Kundschaft ein, wann die Rückkehr Bardes und seiner Genossen aus dem Südlande zu erwarten sei. —

Um die bestimmte Zeit ritt er nach dem Hofe Thoreyjargnup, welcher hart an der Heerstraße lag, die von dem Südlande nach dem Norden führte. Er nahm Stellung auf einem Hügel, von dessen Spitze aus man die beiden Enden leicht übersehen konnte.

Bald kamen auch sechs gewaffnete Reiter herauf. Es waren Barde und seine Genossen. Die Reiter hatten den Hof Thoreyjargnup hinter sich, und der Weg stieg nun steil an. Barde blickte auf und sah Gretter auf seinem Posten.

„Kennt ihr den Mann dort auf dem Berge, groß von Wuchs und stark bewaffnet?" fragte er seine Begleiter.

„Nein, wir kennen ihn nicht!" war die Antwort.

„Ich glaube, es ist Gretter, Asmund's Sohn," sagte Barde. „Seine Absicht ist gewiß keine friedliche. Denn ohne Zweifel zürnt er mir, weil ich seine Begleitung zu diesem Kriegszuge ausschlug. Dabei haben wir sämtlich tiefe Wunden und werden uns schlecht verteidigen. Eyjulf, reite zum Hofe dort zurück und hole einige Mann zur Hilfe, damit wir gerüstet sind."

Eyjulf sprengte zum Hof zurück. Barde aber ritt mit seinem Gefolge weiter. Als sie die Höhe erreicht hatten, stieg Gretter vom Pferde und stellte sich mitten vor sie hin auf den Weg.

Nach kurzem Gruß fragte er: „Was giebt's Neues?"

Barde berichtete über den Verlauf seines Kampfes am Borgarfjord.

„Was für Männer hast du bei dir?" fragte Gretter.

„Meine Brüder und meinen Schwager Eyjulf."

„Jetzt hast du dich durch dein Schwert von der üblen Nachrede der Leute da unten befreit," sagte Gretter. „Zieh es noch einmal gegen mich. Ich habe Lust zu prüfen, wer von uns beiden der Stärkere ist?" —

„Ich habe dringendere Geschäfte, als mich mit dir ohne die geringste Ursache hier auf der Landstraße herumzuschlagen!" —

„Ich glaube Barde, dir ist bange! Wagst du nicht einen Gang mit mir?" —

„Glaube von mir, was du willst", erwiderte Barde. „Aber dir gereicht es nicht zum Ruhme, deinen Übermut zu steigern, der jetzt schon alle Grenzen überschreitet, und später dich verderben wird!" —

Dem Gretter gefiel diese Weissagung nicht. Aber er überlegte sich doch den Angriff, da er nur einer gegen sechs war. Außerdem bemerkte er von dem Hofe Thoreyjargnup Leute heraufkommen unter Eyjulfs Führung, augenscheinlich dem Barde zu Hilfe.

Gretter stieß darum sein Schwert in die Scheide, ließ die Reisigen an sich vorbeiziehen und kehrte zu seinem Pferde zurück.

Sie trennten sich ohne Gruß.

Gretter sagte später: „Ganz allein will ich gegen drei, auch gegen vier Mann fechten, aber gegen mehr als vier nur dann, wenn es mein Leben gilt!" —

Ziemlich mißmutig nach diesem mißlungenen Handstreich kehrte Gretter nach Bjarg zurück und lag unthätig zu Hause, voll Verdruß, seine Kräfte nirgends erproben zu können. Er spähte allenthalben aus nach einer Aufgabe, des Kampfes wert.

Kapitel 15.

Der Roßkampf.

Eine besondere Vorliebe hatte der Isländer für das Pferd. Pferdezucht und Pferdepflege wurden mit Fleiß und Verständnis betrieben und das Reiten von Kind auf geübt. Die Vornehmen hätten den Pferderücken gerne als ihr Adelsvorrecht behauptet, allein sie drangen mit diesem Anspruch nicht durch. Vornehm und Gering, Männer und Weiber, Alt und Jung, alle ritten und ließen sich das nicht nehmen. Kinder schon tummelten ihre Rosse und Knaben führten Kavalleriescheingefechte mit einander auf. Ja, im Isländischen Rechte gab es eine Bestimmung, daß der für blödsinnig und für erbunfähig erklärt werden sollte, welcher nicht einen Sattel regelrecht aufzulegen und ein Pferd nach Vorschrift zu besteigen verstünde. Man förderte geradeso wie bei uns die Pferdezucht durch Wettrennen, bei denen Preise ausgesetzt und gewettet wurde, was den Ehrgeiz so stachelte, daß die Besiegten zuweilen sich freiwillig den Tod gaben.

Neben dem Wettrennen stand der Roßkampf.

Zwei Hengste wurden gegen einander losgelassen und mit Worten wie mit Stößen zugespitzter Stangen zum Kampfe angefeuert. Die Tiere bissen wütend auf einander los, und wessen Pferd das andere zum Weichen oder gar zum Stürzen brachte, der hatte gesiegt. Dieser Sport war auf Island so beliebt, daß nicht bloß einzelne Pferdezüchter in diesen Kampf eintraten, sondern auch ganze Gemeinden. Sie ritten mit ihren Pferden auf. Jeder suchte sich seinen Gegner, mit dessen Hengst sich der seinige verbeißen sollte, und gewählte Richter entschieden über den Sieg. Oft endete aber diese Lustbarkeit, wie auch das Ballspiel, mit Rauferei und sogar mit Totschlag.

Atle schlug dem heimgekehrten Bruder zur Belustigung solch einen Pferdekampf vor. Er besaß einen ganz vorzüglichen Kampfhengst aus der Nachkommenschaft der Kingala. Als Gegner meldeten sich die beiden Brüder Kormak und Torgils mit ihrem braunen Hengst von dem Hofe Mel am Midfjord. Wir kennen diese bereits aus dem dritten Kapitel unseres Buches als Teilnehmer des dort beschriebenen Ballspieles. Sie wollten aber ihren Hengst nicht selbst vorführen, sondern hatten dazu auserselen ihren Vetter Odd mit dem Beinamen Umagaskald, der einsame Skalde. Odd war aber nicht mehr der schüchterne Jüngling von vor drei Jahren, sondern ein unruhiger Kopf, unbändig und übermütig.

Als Kampfplatz war auserselen die Ebene von Reykir, welche ein breiter und reißender Fluß durchströmte, der in den Midfjord sich ergoß. Hier hatten sich denn auch andere Besitzer mit ihren Kampfhengsten eingefunden und Zuschauer aus dem Hrutafjord, wie aus dem Vatnsthale, waren zugegen, also eine große Versammlung.

„Wer wird deinen Hengst vorführen?" fragte Gretter seinen Bruder Atle, als sie von Bjarg aus zum Kampfspiele aufbrachen.

„Der Mann ist noch nicht bestimmt!" entgegnete Atle.

„Laß mich das thun!" bat Gretter.

„Dann aber kaltes Blut, mein Junge," sagte Atle. „Denn wir haben es hier mit rauflustigen Leuten zu thun!"

„Laß sie nur kommen," erwiderte Gretter. „Wer die geziemenden Grenzen überschreitet, wird es büßen!" —

Die beiden Pferde wurden vorgeführt. Sie waren sehr aufgeregt und, losgelassen, rasten sie voller Wut gegen einander. Zuerst suchte jedes der Tiere seinen Kopf unter des Gegners Brust zu schieben, diesen hochzuheben und dann rücklings überzuwerfen; doch hier ohne Erfolg! — Dann zogen sie sich wieder von einander zurück.

Nach einer Pause, in der sie sich mit erbitterten Blicken maßen, erfolgte nun unter furchtbarem Gebrüll Angriff auf Angriff. Wie Teufel schlugen sie hinten aus und bissen sich, wo sie einander nur packen konnten, so daß bald der Körper eines jeden mit Blut bedeckt war.

Die Führer auf beiden Seiten, Odd und Gretter, hielten ihre Pferde bald am Schweif zurück, bald trieben sie dieselben wieder mit spitzen Stangen zum Angriff, auf diese Weise in den Kampf mit eingreifend. Nach dem Pferde des Gegners indessen zu schlagen, oder zu stechen und so dem eigenen Tiere zu helfen, das war durch die Kampfesregeln streng untersagt.

Dennoch that das Odd und stach nach Gretters Hengst, wenn dieser gut angepackt hatte.

Gretter gab sich den Schein, als ob er das nicht merkte.

Die Pferde waren unterdessen kämpfend bis an den Rand des Flusses gekommen, der mit starkem Gefälle, breit und tief, die Ebene durchströmt.

Da stach Odd wieder mit seiner Stange nach Gretters Hengst, fehlte aber das Ziel und traf dafür Gretters Schulter. Sie wurde, wenn auch nur leicht, verwundet.

In dem Augenblicke bäumten sich beide Pferde gegen einander kämpfend auf.

Gretter lief unter ihnen hindurch auf die andere Seite, auf welcher Odd stand, gab diesem den empfangenen Stoß aber mit dem stumpfen Ende seiner Stange zurück und zerbrach ihm dabei drei Rippen. Der Stoß war so gewaltig, daß außerdem Odd über den Flußrand hin in den Strom stürzte und mit ihm zugleich sein Hengst, den Odd am Zügel hielt.

Einige sprangen in den Fluß nach, um Mann und Pferd zu retten.

Jetzt entstand ein allgemeines Rennen und ein Schreien.

Kormak und seine Leute griffen zu den Waffen. Dasselbe thaten die Männer von Bjarg.

Als aber die aus dem Hrutafjord und aus dem Vatnsthale das sahen, traten sie dazwischen, beschwichtigten die Aufgeregten und verhinderten so den Kampf.

Doch die Erbitterung blieb in den Herzen zurück.

Als die beiden Brüder nach Hause ritten, sagte Gretter zu Atle: „Bruder, der heutige Kampf ist nur vertagt. Wir treffen uns wieder, wenn es nach meinem Willen geht."

———

Kapitel 16.
Das Gespensterhaus.

Im Forsaeluthale, welches sich vom Vatnsthale westlich abzweigt, wohnte ein schlichter, aber sehr wohlhabender Bauer, Namens Thorhall. Sein Urgroßvater Friedmund hatte bei der Besiedelung Islands dieses Thal in Besitz genommen, dessen Kinder und Enkel nun nach und nach zu Reichtum an Vieh, namentlich an Schafen, gelangt waren.

Thorhalls Frau hieß Gudrun, Sohn und Tochter waren Grim und Thurid, beide fast erwachsen.

Es war ein glücklicher Familienkreis. Nur eins störte ihren Frieden. Es spukte auf dem Hofe, und es fiel dem Thorhall aus diesem Grunde sehr schwer gute Dienstleute zu bekommen.

Er fragte bei vielen an, was er unternehmen sollte, um das Gespenst los zu werden, aber niemand wußte einen schicklichen Rat.

Thorhall ritt jeden Sommer nach dem Althing.

Während im Mai jedes Jahres die 13 Bezirke der Insel sich einzeln zu ihren kleineren Thingen vereinigten, sammelte der Althing die Abgeordneten des ganzen Landes in der Mitte des Juni und dauerte etwa vierzehn Tage lang bis in die ersten Tage des Juli.

Sein Versammlungsplatz war die mit Gras bestandene Ebene, welche sich am östlichen Rande des Sees Thingwallavatn hinzieht, unweit der heutigen Hauptstadt von Island, Reykjavik. Diese Ebene, auf der einen Seite durch den See gedeckt, wird auf den drei übrigen Seiten durch aufsteigende Felswände umschlossen, welche nur ein einziger Engpaß durchbricht, der treppenartig aufsteigt.

Alles dieses macht die Thingvalla zu einem imposanten und leicht zu verteidigenden Sitzungssaale.

Der Oexarafluß, in einem herrlichen Wasserfall in die Ebene sich hinabstürzend, durchströmt sie. Zu beiden Seiten der Oexara liegen die Häuschen der Thingmänner. Ihre Wände sind aus Steinen und Lehm aufgeführt und oben oft nur durch ein Stück ausgespanntes Williram, ein grobes Wollengewebe, gedeckt. Im Mittelpunkt der Ebene stand der

Gesetzesberg, eine aufspringende, breite Felsklippe, der von der Natur dargebotene, erhöhte Präsidentenstuhl. Auf ihm befand sich der Platz des Gesetzsprechers, des Vorsitzenden im Althing, der zugleich der vornehmste Mann im ganzen Lande war. Sein Amt beruhte auf der Wahl des Althings. Auf drei Jahre gewählt, war der Gesetzsprecher stets wieder wählbar. Und nicht viele Männer eigneten sich für dieses hohe Amt. Denn der Gesetzsprecher mußte alle Gesetze des Landes in seinem Kopfe haben und auswendig hersagen können. Dieses geschah in drei Abschnitten, verteilt auf die drei Jahre seiner Amtsperiode und zwar jedesmal auf dem Althing. Auf diese Weise sollte ein jeder durch Anhören die Gesetze des Landes sich einprägen. Ein geschriebenes Gesetzbuch bekam Island erst 1117.

Glückliche Zeit! Ohne Akten, ohne Folianten und ohne Druckerschwärze! Und glückliche Menschen von so gutem Gedächtnis! —

Der erste konstituierende Althing für Island wurde um das Jahr 929 abgehalten und er kam dann regelmäßig jährlich einmal um die Mitte des Juni zusammen.

Diese Versammlung vereinigte in sich die höchste gesetzgebende, sowie auf die höchste richterliche Gewalt des Landes, indem sie als Berufungsinstanz alle diejenigen Rechtshändel entschied, welche auf den 13 Sonderthingen des Landes nicht hatten geschlichtet werden können.

Die Beschlüsse des Althings wurden auf die einfachste Art bekannt gemacht, indem die Häuptlinge, von ihm heimgekehrt, jeder in seinem Bezirk die Bauern versammelte und mündlich das Beschlossene ihnen kundgab.

Diese Zeit des Althings, fallend in die herrlichen Tage des Juni, wenn die Sonne, unterbrochen durch keine Nacht, ihre unermüdlichen Strahlen der Erde zusendet, war die Hochsaison auf Island, die Zeit ernster, parlamentarischer Arbeit und zugleich die Zeit freundschaftlichen Wiedersehens und froher Lustbarkeit.

Und welch ein Blick! wenn man auf dem Gesetzesberge stand, im Rücken die schneebedeckten Gipfel des Gebirges Skjaldbreid, das Auge reichend bis an die blaue Flut des Thingwallavatn, zu den Füßen die grüne, sonnenbeglänzte Ebene mit den vielen Zelten und Hütten der Thingmänner und dem bunten Gewühl geschmückter, froher Leute. Hier das Volk, in einer ernsten Ratsversammlung zusammenstehend, dort in fröhlich plaudernden Gruppen umherwandelnd Frauen und

Jungfrauen; hier die Schwertklingen im lauten Beifall zur Rede an die Schilde tönend, dort das Jauchzen der Mädchen und die Liebeslieder der Jünglinge.

Nein, kleine Leute waren es nicht, die sich hier in Tingwalla jährlich versammelten.

Thorhall besaß gute Pferde und er ritt jeden Sommer nach dem Althing.

Einstmals begab er sich dort nach dem Zelte des Gesetzsprechers Skapte Thoroddsohn, um dieses klugen Mannes Rat zu erbitten, wie er das Gespenst aus seinem Hause los werden könnte? Denn Skapte stand in dem Rufe, stets befolgenswerte Ratschläge zu geben, wenn man sich an ihn wandte.

Der Gesetzsprecher empfing in seinem Zelte auf dem Gesetzesberge den Thorhall freundlich.

„Was giebt es neues?" fragte er den Eintretenden.

„Ich bin hergekommen, dich um deinen Rat zu bitten," sagte Thorhall ehrerbietig.

„Nur wenig vermag ich darin! Doch sag' an, was du begehrst!" —

„Ich kann keinen Schafhirten in meinem Dienste behalten. Einige werden durch wunderbare Unglücksfälle mitten in ihrer Arbeit weggerafft, andere laufen aus Furcht davon. Jetzt bin ich soweit, daß ich keinen Hirten mehr habe!"

„Es haust gewiß ein böser Gnom auf deinem Gehöft," sagte Skapte. „Indessen, ich werde dir einen Schafhirten empfehlen, der ohne Furcht ist. Sein Name ist Glam, er stammt aus Schweden. Letzten Sommer ist er hier zugewandert. Groß und stark ist er an Gestalt, aber sein Wesen ist schroff und abstoßend. Er hat wenig Freunde."

Thorhall sagte: „Seine Sitten sind mir gleichgiltig, wenn er nur pünktlich seinen Dienst thut!" —

„Kann ein so mutiger und starker Mann, wie dieser Glam, deine Schafe nicht hüten, dann kann es kein anderer," sagte Skapte.

Mit herzlichem Dank verabschiedete sich Thorhall.

Es war kurz vor der Auflösung des Althings und alle Welt rüstete sich zur Abreise.

Thorhall vermißte zwei seiner falben Pferde und machte sich auf, sie zu suchen. Ein Häuptling hätte das nicht gethan, aber Thorhall war ja auch nur ein einfacher Bauer.

Er ging nach Sledaas hinauf längs des Felsens Urmannsfelt.

Da trat ihm ein Mann aus dem Walde entgegen, der führte auf einem Pferde Reisigbündel. Er war von riesenhaftem Wuchs, hatte große, blaue, hervorquellende Augen, und sein Haar war von wolfsgrauer Farbe. Sein Anblick erweckte Grauen.

Thorhall prallte zurück, als er ihn sah, hatte aber gleich den Gedanken: „Das ist der mir von Skapte empfohlene Schafhirte!"

Auf seine Frage: „Wer bist du?" antwortete der Fremde: „Ich heiße Glam!" — „Und deine Beschäftigung?" fragte Thorhall. „Ich bin Schafhirte!" — „Willst du in meinen Dienst treten?" fragte Thorhall. „Skapte hat dich mir abgetreten!" — „Abgetreten?" bemerkte erstaunt und rauh der Fremde. „Mein Dienst ist ein freier und wird dir nur unter der Bedingung nützlich sein, daß ich aus freiem Antriebe zu dir komme. Übrigens bin ich sehr kurz angebunden, wenn es nicht alles nach meinem Willen geht!" —

„Auf dergleichen lege ich kein Gewicht," sagte Thorhall einlenkend. „Tritt den Dienst nur bei mir an!" —

„Das soll geschehen," sagte Glam. „Aber ist bei dir auf dem Hofe auch alles richtig?" —

Thorhall erzählte nun offen, daß es bei ihm spuke.

„Vor leeren Gespenstern fürchte ich mich nicht," sagte Glam. „Im Gegenteil, das lockt mich, in deinen Dienst zu kommen!" —

„Du wirst Mut und Kraft nötig haben, um Stand zu halten," sagte Thorhall.

„Ich komme," sagte Glam kurz. „Doch wann erwartest du mich?" —

„Zu Anfang des Winters," sagte Thorhall.

„Abgemacht!" —

So schieden sie.

Thorhall fand seine beiden Falben und ritt nach Hause, nachdem er Skapte für seinen guten Rat noch einmal gedankt hatte.

Der Sommer war nun vorüber, und Nordwinde, welche kalt durch die Thäler strichen, meldeten den Winter an.

Zur bestimmten Zeit stellte sich Glam auf Thorhalsstaetten ein und übernahm seinen Dienst. Er versah ihn ohne Mühe. Seiner groben Stimme folgten die Schafe und vor seiner Stärke schienen sich alle Gespenster zu verstecken. Aber niemand auf dem Hofe mochte den Glam leiden und am wenigsten die Hausfrau.

Es war in Thorhallstaetten eine christliche Kapelle. Denn um das Jahr 1000, wenige Jahre vor Gretters Geburt, war auf dem Allthing das Christentum als Landesreligion angenommen. Aber Glam ging niemals zur Kirche, auch sah man ihn nie seine Gebete sprechen. Ja, die Leute auf dem Hofe sagten zu einander: „Der Glam glaubt an keinen Gott!" —

Das grub die Kluft zwischen ihnen und dem unheimlichen Gast nur noch tiefer. Der Tag vor Weihnachten kam heran. Glam stand an diesem Tage früh auf und verlangte sein Essen.

Die Hausfrau sagte: „Am heutigen Tage pflegen christliche Leute zu fasten, denn morgen ist der erste Weihnachtstag!" —

Glam erwiderte: „Ihr treibt viele lächerliche Dinge ohne den geringsten Nutzen. Ich glaube nicht, daß die Leute jetzt besser sind, als ehedem, da man von solchen Narrenspossen noch nichts wußte. Im Gegenteil, sie waren damals, als sie Heiden genannt wurden, viel vernünftiger, als heute. Ich will mein Essen haben, heut' so gut, als sonst, und kein Geschwätz dazu."

Die Hausmutter warnte noch einmal: „Ich weiß gewiß, daß es dir heute übel aufschlagen wird, wenn du eine so unchristliche That begehst!" —

Glam forderte augenblicklich sein Essen.

„Sonst sei auf das Schlimmste gefaßt, Frau," drohte er.

Gudrun wagte nun nicht mehr zu widersprechen und fügte sich.

Als Glam sich satt gegessen hatte, ging er mit den Schafen hinaus, trotzig und in übelster Laune.

Die Luft war dick und nebelschwer. Es fielen große Schneeflocken. Nach allen Windrichtungen hin hörte man ein Heulen und Pfeifen in der Luft. Und gegen Abend wurde das Wetter noch schlechter.

Vormittags hörte man noch deutlich von oben herab die grobe Stimme des Schafhirten. Nachmittags wurde sie schwächer und schwächer. Gegen Abend fiel nun der Schnee ganz dicht, und es erhob sich ein Sturm.

Die Leute kamen aus dem Vespergottesdienst zurück, aber der Glam war noch nicht zu Hause.

Thorhall wollte nach ihm suchen lassen, aber Schneesturm und Finsternis verhinderten es.

Auch über Nacht war Glam nicht nach Hause gekommen, und man verschob nun das Nachsuchen nach ihm bis hinter den Vormittagsgottesdienst des ersten Weihnachtsfeiertages.

Als die Leute hinausgingen, zu suchen, fanden sie die Schafheerde zersprengt. Einige Tiere steckten im Sumpfe, vom Schneesturm durchpeitscht, andere lagen oben im Gebirge, zusammengedrängt unter vorspringenden Felsen.

Von Glam war keine Spur.

Endlich hoch oben im Thale entdeckten sie eine Stelle, wo der frischgefallene Schnee zerstampft war und abgetretene, hart gefrorene Erdschollen umherlagen. Hier hatte augenscheinlich ein heftiger Ringkampf stattgefunden. Nicht weit davon lag denn auch der Glam. Er war tot, sein ganzer Körper schwarzblau angelaufen und der Leib hoch auf geschwollen bis zur Dicke eines Ochsen.

Ekel und Schauder ergriff die Leute bei diesem Anblick.

Sie versuchten den Leichnam aufzuheben, um ihn nach dem Friedhof zu bringen. Aber sie vermochten es nicht. Der Körper des Toten war schwerer als Eisen.

Nach Hause zurückgekehrt, meldeten sie Thorhall den Befund.

„Woran ist eurer Meinung nach der Glam gestorben?" fragt Thorhall die Leute.

„Wir fanden von dem Orte aufwärts, wo ein Ringkampf stattgefunden hatte, das ganze Thal entlang große Blutlachen. Darum meinen wir, daß der böse Geist, welcher früher im Thale hauste, den Glam getötet, aber selbst so schwere Wunden im Kampf bekommen hat, daß er daran verblutete. Und in Wirklichkeit erschien seit jener Zeit der Gnom nicht wieder. Am zweiten Weihnachtstage wiederholte man den Versuch, mittelst eines Schlittens, vor den Pferde gespannt waren, den Leichnam des Glam auf den Friedhof zu schaffen, aber selbst Pferde vermochten ihn nicht von der Stelle zu ziehen.

Am dritten Weihnachtstage ging der christliche Priester in seinem Ornate hinaus, den Leichnam zu holen.

Nun war er ganz verschwunden.

Suchten die Knechte ihn, so lag er an seiner Stelle offen da. Kam der Priester, ihn zu holen, dann war er fort.

Dieses Versteckspieles müde, verscharrte man endlich ohne Sang und Klang den Glam, wo er gerade lag, in ungeweihter Erde. Einige Zeit nachher wollten Leute den Glam wieder gesehen haben.

„Er war stets ein Verächter der Kirche," sagten sie; „darum hat er nun im Grabe keine Ruhe!" —

Bei hellem Tage sah man ihn leibhaftig über den Hof, gehen und des Nachts rumorte es auf den Dächern wie von schweren Fußtritten, daß die Balken knackten. Weiber fielen in Ohnmacht, Männer rannten wie besessen davon. Und das ganze Thal war der Meinung: „Dieses ist ein schweres Unglück für uns!"

Im nächsten Sommer landete ein Schiff am Nordstrande. Es führte als Passagier mit sich einen Ausländer, Namens Torgoet, knochig, groß und von der Stärke zweier Männer.

Er war los und ledig, besaß nichts und suchte einen Dienst.

Thorhall ritt zum Schiff hinab, den Mann zu mieten, welcher auch gerne zusagte.

„Aber der Platz auf meinem Hofe ist kein Platz für einen Feigling," sagte Thorhall ehrlich. „Es spukt dort."

„Ich verliere den Mut nicht, wenn ich Gespenster sehe," sagte der Fremde. „Das muß schon etwas sehr arges sein, was mich bange macht!" —

„Gut, so komme zu mir!" Sie wurden handelseinig.

Thorgoet kam auf den Hof, verrichtete seinen Dienst als Schafknecht geschickt, treu und willig und war bei allen beliebt.

Glam huschte oft über den Hof und polterte des Nachts auf dem Dache, aber Thorgoet sagte gelassen: „Der Bursche muß mir näher kommen, wenn ich mich fürchten soll."

Thorhall warnte: „Es ist besser, daß ihr euch mit einander nicht einlaßt."

„Ihr seid doch wunderlich furchtsame Leute hier," meinte der Knecht. „Glaubt nicht, daß ich tot auf den Rücken falle, wenn ich von diesem Glam sprechen höre."

Unterdessen verlief der Winter ohne besondere Zwischenfälle bis zum Weihnachtsfeste. Am heiligen Abende zog der Schafhirte, wie üblich, hinaus mit dem Vieh. „Gott behüt' dich heute", sagte die Hausmutter, „daß wir nicht wieder dasselbe Unglück erleben, als vor einem Jahr."

„Sei ohne Sorge, liebe Hausmutter," erwiderte der Knecht. „Und komme ich nicht wieder", setzte er scherzend hinzu, „nun, dann habt ihr eine Geschichte mehr euch zu erzählen!" —

Zuversichtlich ging er fort.

Das Wetter war kalt mit starkem Schneegestöber.

Thorgoet pflegte sonst in der Dämmerung nach Hause zu kommen, aber an diesem Abend kam er nicht.

Die Leute gingen zum Vespergottesdienst und kamen wieder heim. Thorgoet war noch immer nicht zur Stelle. Nun fürchteten alle ein Unglück. Der Hausvater wollte noch denselben Abend suchen lassen, aber die Leute weigerten sich, bei Nacht ihr Leben zu wagen und mit Gnomen und Kobolden sich einzulassen.

Doch am ersten Weihnachtstage nach dem Kirchgang und dem Mittagsessen begann das Suchen nach dem vermißten Schafhirten. Alle waren überzeugt, sein Verschwinden hänge mit dem Glam zusammen, und so suchte man zuerst die Gegend ab, wo Glams Grabhügel lag.

Hier fand man denn auch den Thorgoet mit gebrochenem Genick und zerschmetterten Beinen.

Man hob ihn auf, brachte ihn in die Kirche und begrub ihn christlich auf dem Friedhofe.

Der Glam dagegen spukte fortan nur noch ärger, als zuvor, auf dem Hofe.

Alle Leute kündigten dem Thorhall den Dienst und zogen ab bis auf einen alten Futterknecht, der auf dem Hofe geboren war und sich von seiner Herrschaft nicht trennen wollte.

„Was soll aus dem armen Vieh werden, wenn auch ich fortgehe?" sagte er.

Der Winter neigte sich zu Ende. Da ging die Hausmutter eines Morgens in den Kuhstall, um die Kühe zu melken, was sie nun selber thun mußte, da alle Mägde fortgelaufen waren. Als sie den Stall betrat, hörte sie ein großes Gepolter und lief erschrocken zurück, den Hausherrn zu rufen. Beide kamen und riefen mit lauter Stimme nach Ole, dem alten Futterknecht. Er gab keine Antwort. Nun gingen sie durch den Stall in die Scheune. Auf der Schwelle der Scheune lag der Knecht regungslos. Sie befühlten ihn und fanden sein Kreuz gebrochen.

Nun ergriff den Thorhall und sein Weib Gudrun ein furchtbares Grauen. Sie rafften ihre wertvollsten Stücke zusammen, die sie bergen konnten, und verließen nun selbst mit ihren Kindern in eiligster Flucht den Hof, um den Rest des Winters bei Verwandten zuzubringen.

Auf dem leeren Hofe wütete der Glam weiter. Alles Vieh, welches zurückgeblieben war, erdrosselte er. Ja selbst auf die Nachbarhöfe sprang der Spuk über und Reisenden, die durch das Thal zogen, tötete er das Pferd unter dem Sattel und den Hund an der Seite. Die ganze Gegend kam in Verruf.

In den dunklen Tagen war der Spuk am ärgsten. Wenn die Sonne stieg, ließ er nach.

Um die Mitsommerzeit wagte es Thorhall, wieder auf seinen verödeten Hof zurückzukehren. Es war ihm nun doppelt schwer Leute zu bekommen; aber er richtete sich ein, so gut es eben ging. So lange die Sonne hochstand, war es erträglich, aber mit Einbruch des Herbstes brach der Schrecken wieder los.

Da traf den Thorhall und sein Weib Gudrun der allerschwerste Schlag. Ihre einzige Tochter Thuried, von der beständigen Angst erschöpft, zehrte ab und starb trotz aller Pflege hin. Alles Sorgen, alles Flehen war umsonst. Das ehemals blühende Forsaeluthal schien unrettbar der Verwüstung preisgegeben.

Kapitel 17.

Der Stärkere über den Starken.

Gretter hatte nach jenem Pferdekampf unthätig zu Hause gesessen, verdrossen, daß sich kein Abenteuer ihm darbot. Der Sommer war zu Ende und die ersten Schneeflocken meldeten den Winter. Er ritt ins Vidithal hinab zu Oedun.

Oedun, der an jenem Julitage Gretters eiserne Griffe gespürt hatte, war durch das Geschenk einer herrlichen Streitaxt ganz versöhnt und beide nun wieder gute Freunde. Gretter übernachtete auf Oedunsstaetten und ritt dann weiter in's Vatnsthal. Dort wohnte seiner Mutter

Bruder Joekul. Dieser verband mit der Bewirtschaftung seines Hofes auch Handelsreisen nach fremden Ländern, war reich und stark, aber auch hochmütig.

Gretter wurde als Neffe herzlich aufgenommen und blieb drei Tage dort. Alles war in dieser Gegend voll von den bösen Streichen des Glam und von es den Verwüstungen auf Thorhallstaetten. Gretter erkundigte sich genau nach allen einzelnen Umständen.

„Ich glaube ihr übertreibt," sagte er.

„Nein, alles die buchstäbliche Wahrheit," erwiderte Joekul.

„Nun, so hat der rechte Mann gefehlt, um den Spuk zu bändigen. Ich habe Lust hinüber zu reiten und dieses Glam Bekanntschaft zu machen."

„Thu' das nicht," sagte Joekul! „Bist du jetzt auch der stärkste Mann auf Island, so ist es doch etwas anderes mit Gnomen und Trollen zu kämpfen, als mit Menschen. Hier mag ehrliche Kraft entscheiden, dort siegt List und Teufelei. Und wenn du dein Leben dabei verlierst, welch ein Kummer für deine Eltern! Laß das, Gretter!"

„Oh, es ist nicht das erste Mal, daß ich solch einen Kampf wage," warf Gretter ein.

„Und der Ausgang?" — „Es glückte mir!" —

Nun erzählte er kurz seinen Besuch im Hünengrabe und seinen Kampf mit Kaar, dem Alten.

„So will ich auch hier nach Thorhallstaetten hinüber und selbst zusehen, wie es dort steht."

„Ich sehe", sagte Joekul, „es ist vergeblich, dir zu raten! Der Tapfere ist nicht immer der Weise!"

„Und nicht jeder Prophet ist erleuchtet," gab Gretter zurück.

Sie trennten sich verstimmt ob dieser Stachelrede.

Auf Thorhallstaetten wurde Gretter sehr freundlich empfangen.

„Wohin die Reise?" fragte der Wirt, als sie beim Trinkhorne saßen.

„Bei dir zu nächtigen, war mein Wille,"

„Sehr willkommen!" Doch es hat bisher den meisten die Lust gefehlt, hier die Nacht zu bleiben. Du weißt vielleicht nicht, daß es hier auf dem Hofe spukt. Und es würde mir leid thun, wenn dir, meinem Gast, hier ein Schaden zustieße. Geht es dir selbst nicht an's Leben, so weiß ich doch gewiß, du verlierst dein Pferd. Bisher ging es allen so, die hier nächtigten!"

„Kommt es auf ein Pferd an?" sagte Gretter. „Das ist leicht ersetzt!" —

„Gut, so bleibe," rief Thorhall froh, „und sei mir herzlich willkommen! —

Gretters Pferd wurde nun in einen festen Stall geführt, und ein starkes Schloß vor die Thür gehängt.

Früh ging man zu Bette. Aber dem gespannt horchenden Ohre des Gretter, der noch lange wach blieb, nahte kein Laut, kein Gepolter auf den Dächern, kein Aufstoßen der Thüren. Alles blieb die ganze Nacht hindurch vollkommen still. Als am nächsten Morgen man sich begrüßte, sagte Thorhall vergnügt: „Dein Hiersein, Gretter, hat uns Glück gebracht. Nach langer Zeit wiederum die erste ruhige Nacht! Doch, wie mag es deinem Pferde gegangen sein? Das laß uns sehen!"

Sie schlossen den Stall auf, beklopften und untersuchten das Tier von allen Seiten, fanden aber keine Spur von Verletzung an ihm.

Gretter sagte: „Entweder hört die Spukerei nun für längere Zeit auf, oder der Glam kommt nächste Nacht wieder. Ich werde darum noch eine Nacht hier bleiben und beobachten, was geschieht!"

„Nichts Lieberes kannst du mir erweisen," sagte der Wirt.

Gretter blieb, und auch diese kommende Nacht verlief alles ruhig. Der Glam kam nicht auf den Hof. Wer war froher als Thorhall? Die Zukunft hellte sich wieder vor seinen sorgenvollen Blicken auf.

Nun sah man nach Gretters Pferd. Freilich, hier stand es übel genug. Der Stall war erbrochen. Das Pferd war an die Thüre gezerrt. Seine vier Beine waren zerschmettert.

„Verlaß mich jetzt," sagte Thorhall, „wenn dir dein Leben lieb ist, Gretter. Der Tod ist dir gewiß, wenn du bleibst; denn Glam wird dich die nächste Nacht selbst anpacken!"

„Sehen will ich doch den Schelm," erwiderte Gretter gemütlich. „Dieses Sehen ist, meiner Treu, der geringste Schadenersatz für den Verlust meines Gauls!"

„Mich gelüstet wenig nach diesem Anblick," sagte Thorhall schaudernd.

Und nun erzählte er, wie der Glam schon damals ihm solch ein Grauen eingeflößt hätte, als er aus dem Walde auf ihn zutrat. Vollends jetzt, wo von jenem Kerl nur noch der Teufel übrig ist, der schon damals in ihm steckte. „Doch jede Stunde, die du hier bei mir bleibst, Gretter, ist mein Trost!" — —

Der Tag neigte sich und man legte sich zu Bette.

Gretter aber wollte in dieser Nacht seine Kleider nicht ausziehen. Völlig gewaffnet warf er sich auf eine Bank, dem Bette Thorhalls gegenüber. Er deckte sich mit seinem Friesmantel zu, wickelte den einen Zipfel desselben um die Füße, den andern zog er sich über den Kopf, doch so, daß er durch den Schlitz hindurch alles übersehen konnte, was im Zimmer vorging. Dann stemmte er seine Füße fest gegen die starke Seitenlehne der Bank.

Im Zimmer brannte trübe ein Licht und warf seinen matten Schein auf die Umgebung.

Wie wüst und unheimlich sah doch alles hier aus.

Die Stubenthür, mehrfach geborsten, war geflickt und mit neuen Brettern übernagelt. Dach und Seitenwände des Zimmers zeigten starke Risse und Löcher, notdürftig mit altem Hausrat zugestopft und zugestellt. Die Möbel waren aus den Ecken gerückt und beschädigt. Kein Stück des Hausrats war heil und ganz. Alles sah verwahrlost und ruinenhaft aus. Über diese Verwüstung warf das Nachtlicht seinen bleichen Schein und ließ alles noch spukhafter erscheinen.

Ein Drittteil der Nacht war schon vorüber.

Da hörte Gretter auf dem Hofe ein gewaltiges Dröhnen. Mit schweren Schritten stieg jemand auf das Dach und stampfte oben umher, so daß alles Gebälk knickte und knackte. Dann stieg es wieder vom Dache herunter und näherte sich der Hausthür. Diese wurde aufgestoßen. Ein Ungetüm trat ein. Als es sich zur ganzen Höhe aufreckte, reichte der riesenhafte Kopf bis in den Dachfirst hinauf. Die einzelnen Abteile des Schlafhauses trennten von einander nur niedrige Scheidewände aus Holz. Der nach oben spitz zulaufende Luftraum des Daches war allen gemeinsam.

Auf den Querbalken, welcher von Seitenwand zu Seitenwand unter dem Dachraum hinlief, legte das Gespenst die gekreuzten Arme und grinste in das Zimmer hinein. Der Hausherr ließ keinen Laut von sich hören und Gretter wickelte sich fester in seinen Mantel.

Glam bemerkte, daß etwas wie ein graues Bündel dort auf der Bank lag. Er schritt durch das Schlafhaus hindurch auf die Bank zu und griff in den Mantel.

Gretter stemmte seine beiden Füße fest gegen die Bankpfosten und hielt das Kleid stramm über sich.

Glams Griffe vermochten nichts.
Dann griff Glam zum zweiten Male zu.
Auch diesmal gab der Mantel nicht nach.
Nun griff das Gespenst zum dritten Male und zwar mit beiden Händen. Jetzt gab der Mantel nach, und Gretter, der seine Decke fest umklammert hielt, kam dadurch aufrecht zum Sitzen.

Glam packte den einen Zipfel an, Gretter den anderen, so zerrten sie. Der Mantel riß in der Mitte durch und blieb zur Hälfte in Beider Händen. Das Gespenst betrachtete den Fetzen in seiner Hand, verdutzt über die Kraft des Gegners.

In diesem Augenblick sprang ihm Gretter an den Leib, umklammerte des Gegners Hüften und suchte durch den Druck der Fäuste den Rücken ihm ein zuknicken.

Das Ungetüm aber packte Gretters beide Schultern an. So hielten sie sich gefaßt und rangen mit einander. Alles wich, wohin sie stießen. Hier zersplitterten Bankpfosten, dort zerschellten Tische. Gretter stemmte seine Füße fest, wo immer nur er einen Halt finden konnte. Aber das Ungetüm war riesenstark. Es zerrte den Gretter endlich aus dem Schlafhause heraus.

Auf der Diele fing der Kampf mit verstärkter Heftigkeit wieder an. Das Ungetüm wollte den Gretter ins Freie hinausschleppen. Dieser umklammerte mit seinen Füßen, was nur erreichbar war, und widersetzte sich aus voller Macht. Denn er sprach bei sich selbst: „Kann ich schon hier im Hause kaum mich wehren, so bin ich draußen verloren, wo mir jeder Rückhalt fehlt!"

Schon riß das Gespenst ihn zu der Hausschwelle hin. Die Thür stand offen und der Mond warf auf die Diele seinen hellen Schein.

Die Hausschwelle war von Stein und unter ihr der Boden hohl. Gretter hakte seine beiden Füße unter die Steinschwelle und hielt sich so fest. Das Gespenst zerrt mit aller Wucht. Es beugt sich hinten über. Es verliert das Gleichgewicht. Es fällt. Es schlägt mit seinem Rücken hart auf den Boden auf, so daß der ganze Hof davon erdröhnt, und Gretter, wie eine Katze, springt auf das liegende Ungetüm und umklammert seine Brust.

In diesem Augenblick fliehen die Wolken und legen die Mondscheibe frei. Ihr Strahl fällt auf die verzerrten Züge des Gespenstes. Gretter sieht in die furchtbar rollenden Augen und, vom Todesschreck gepackt, sinkt er ohnmächtig an der Brust des Ungetüms zusammen.

Gretter hat später selbst gesagt, daß dieses der furchtbarste Augenblick seines Lebens gewesen ist.

Nun öffnet Glam den Mund und spricht, wie aus einem hohlen Grabe heraus, folgende Worte:

„Gretter, du hast dich sehr gemüht mir zu begegnen, nicht zu „deinem Gewinn. Du bist stark. Aber erst die Hälfte jener Stärke hast „du erreicht, die dir vom Schicksal bestimmt war. Du solltest doppelt „so stark werden, als du bist. Nun du mir ins Auge sahst, sind deine „Kräfte gebunden. Ich kann dir nicht nehmen, was du hast, aber ich kann „verhindern, daß deine Stärke noch wächst. Bleibe, wie du bist. Viele „werden noch vor dir erzittern. Aber nicht Ruhm, sondern Verbannung „wird dein Los. Was du angreifst, wird dir mißlingen. Einsam und „elend wird dein Ende sein!" —

Als das Gespenst diese Worte ausgestoßen hatte, erwachte Gretter aus seiner tiefen Betäubung. Er sprang auf, riß das Schwert von seiner Seite und schlug Glam damit den Kopf ab.

Vorsorglich stellte er diesen Kopf an den Rücken des Ungetüms, nach altnordischem Aberglauben das Mittel, ferneres Spuken des Getöteten zu verhindern.

Jetzt kam der Hausherr heraus und, als er das Riesengespenst kopflos an der Erde liegen sah, und Gretter als den Stärkeren über dem Starken, da pries er laut Gottes Gnade und dankte Gretter mit den allerherzlichsten Worten.

Das Nächste, was sie thaten, war, den Leichnam des Ungetüms zu verbrennen. Die Asche thaten sie in einen Sack und vergruben diesen tief unter die Erde. Darauf gingen sie in das Haus zurück und der Tag ergraute.

Gretter legte sich zur Ruhe. Seine Glieder waren wie zerschlagen, und er sank in einen tiefen, bleiernen Schlaf.

Thorhall schickte Boten zu all seinen Nachbarn und rief sie zusammen. Er erzählte die Ereignisse der verwichenen Nacht und den errungenen großen Sieg. Aller Meinung war: „Gretter hat nicht seinesgleichen an Mut und an Stärke auf der Welt!" —

Aus seinem tiefen Schlaf erwachend, stand Gretter auf, neu gestärkt. Er fand an seinem Bette kostbare Kleider liegen, Thorhalls Geschenk. Denn nur noch Fetzen von seiner alten Kleidung hatte er abgestreift, als er nach dem Kampfe zu Bette ging.

Nach kräftiger Mahlzeit drückte er Thorhall und seinem Weibe Gudrun zum Abschiede die Hand. Ein stattliches Pferd wurde vorgeführt. „Nimm das zum Andenken von mir, sagte Thorhall, und dazu unseren heißesten Dank!" —

So schieden sie.

Auf dem Hofe Aas im Vatnsthale hielt er an. Der Bauer Thorwald begrüßte ihn und hörte den Bericht über seine letzte That.

„Ja, es war die härteste meiner Kraftproben und die Länge des Kampfes machte ihn so heiß!"

„Füg zum Mut die Mäßigung," sagte Thorwald. „Überwinde nicht bloß Riesen, sondern überwinde auch dich selbst, Gretter, dann bist du der Held von Island!" —

„Dein Rat ist weise", sagte Gretter, „aber ich fürchte, nach diesem Siege über den Glam bin ich noch leidenschaftlicher geworden, als ich war, und würde jetzt noch schwerer Beleidigungen ertragen!" —

Er ritt nach Bjarg zurück. Sein Thatendurst war fürs erste gestillt und der Winter stand vor der Thüre.

Gretter spürte nach jenem Ringkampf eine große Veränderung in seinem Wesen.

Er war dunkelscheu geworden! Wenn der Tag erlosch und die Nacht heraufzog, dann ergriff ihn eine unerklärliche Angst. Er hatte Furcht, allein zu sein, oder durch das Dunkle zu gehen. Er glaubte allenthalben seltsame Gesichter zu erblicken. Dann floh er vor sich selbst. Dann ergriff ihn der Durst nach Menschen und nach Gemeinschaft.

„Das hat mir der Glam angethan," sagte er. „Glam hat mir seine Augen gegeben!" —

Gretter war damals, als er den Glam besiegte, zwanzig Jahre alt! —

Kapitel 18.
Abermals nach Norwegen.

Im kommenden Frühjahr kam ein Schiff nach Island und brachte seltsame Kunde aus Norwegen. Dort hatte ein Thronwechsel stattgefunden. Der Jarl Svein war nach der für ihn unglücklichen Schlacht von Naes flüchtig geworden und hatte das Land verlassen. An seiner Stelle ward Olaf Haraldssohn, den die Geschichte später den Heiligen nennt, König über ganz Norwegen.

Viel Merkwürdiges wußte man von diesem neuen Könige zu erzählen, besonders aber dieses, daß er in seinen Hofstaat auch Ausländer aufnehme, jeden hervorragenden, streitbaren Mann, weß Geschlechtes und welcher Abkunft er auch sei.

Gleichwie einst König Arthus von England — 550 — alle tapferen Helden seiner Zeit aus weit entlegenen Landen an seine Tafelrunde zog und um sich vereinigte, so in seiner Weise auch König Olaf.

Das stachelte auch viele junge Isländer an zum Aufbruch nach Norwegen, dort ihr Glück zu versuchen; nicht zuletzt unsern Gretter mit seiner eisenfesten Faust und mit seinem nach Thaten dürstenden Herzen. Und er hatte um so mehr Hoffnung, von König Olaf nicht abgewiesen zu werden, als Olafs Urgroßmutter Gudbjoerg eine Schwester seines Urgroßvaters Onund Holzfuß gewesen war. So bestand zwischen ihnen Vetterschaft.

Und einmal in das Gefolge des Königs aufgenommen, hoffte er bestimmt durch rühmliche Thaten sich dort Geltung zu verschaffen.

Ein fremdes Schiff hatte bei Gaaser im Isafjord überwintert und wollte nun nach Norwegen zurück.

Gretter belegte auf ihm einen Platz und traf die Vorbereitungen zur Abreise. Asmund, der Vater, war nun schon recht alt und so schwach, daß er kaum noch das Bett verließ. Die Mutter Asdis dagegen, noch sehr rüstig, leitete, unterstützt von Atle, die Wirtschaft. Der viel jüngere Bruder Illuge war noch ein Kind. Alle waren mit der Abreise des Gretter nach Norwegen einverstanden.

„Gretter ist stark und thatenfroh," sagte die Mutter, und braucht für seinen Ehrgeiz ein höheres Ziel, als das kleine Island ihm bieten kann. Laßt ihn zurückgehen dahin, woher unser großer Ahn, der Wiking Ufeig stammt, dem sie dem Beinamen „Klumpfuß" gaben.

Wohl ausgerüstet, und von den Segenswünschen aller begleitet, verließ diesmal Gretter das väterliche Haus und ritt nach dem Isafjord hinauf. Auf demselben Schiffe hatte auch der junge Thorbjoern Ferdalang Passage genommen.

Die Thorbjoerns, reich und stolz, im Süden der Insel wohnend, waren den Leuten auf Bjarg feind und namentlich dem Gretter, auf dessen große Kraft und wachsenden Ruhm sie voll Neid hinsahen.

„Gretter hat nicht den geringsten Mut, wenn die Übermacht ihm nicht zur Seite steht!" Das hatte einst Ferdalang bei einem öffentlichen Gelage spottend gesagt. Und dieses herausfordernde Wort hatte seinen Weg gefunden zu den Trinktischen auf Bjarg und die Mißstimmung dort nur verschärft.

Daher rieten die Freunde dem Ferdalang: „Reise nicht auf demselben Schiff zusammen mit Gretter. Ihr beide auf einer Planke, nein, das giebt nichts Gutes!" —

„Pah! das sollte meinen Reiseplan ändern? Sprecht mir nicht davon! Beschlossen ist beschlossen!" sagte Ferdalang und machte sich reisefertig.

Er kam aber so spät zum Fjord hinab, daß das Schiff bereits unter Segel lag.

Am Strande von Gaaser lag ein Holzschoppen mit Lagerräumen und einem Obdach für die Matrosen. Dort sollte von den Leuten soeben die Abendmahlzeit eingenommen werden. Die Matrosen waren an den Strand gelaufen, um sich die Hände zu waschen.

Da sprengte Thorbjoern Ferdalang herbei, ein stolzer, kraftvoller Edeling.

„Was giebts Neues, Herr," fragten die herzuspringenden Matrosen, als sie dem Recken Pferd und Bügel hielten.

„Nichts von Belang! — Es müßte denn sein, daß der alte Asmund auf Bjarg neulich gestorben ist."

„Da hat ein biederer Bauer die Welt verlassen," sagten die herumstehenden Leute. Aber sprich, „woran starb der Greis?"

„Ein geringes Ding brachte den Recken ums Leben. Er fand seinen Tod, indem er, wie ein Hund, vom Rauch der Badestube erstickte.

Ein großer Schade ist das nicht, denn der Alte war schon kindisch geworden!" —

"Du sprichst ungebührlich von solch einem Manne, sagten die Leute; und dem Gretter gefällt es sicher nicht, wenn er das hört!" —

"Das soll mir gleich sein," brauste Ferdalang auf. "Gretter muß sein Schwert höher schwingen, wenn ich vor ihm mich fürchten soll!" —

Gretter, der in der Bude saß, hatte durch die leichte Bretterwand hindurch jedes Wort gehört; aber er hatte sich bezwungen und war dem hochmütigen Manne nicht in die Rede gefallen.

Nun trat er hinaus, die Stirn gerunzelt, die Hand am Schwertknauf.

"Das weissage ich dir", Ferdalang, sprach Gretter, "daß du am Rauch "der Badestube nicht ersticken wirst und vermutlich zu keinem hohen "Alter kommst. Ich finde es ungeziemend, über unbescholtene Leute so "zu spotten."

"Und ich, erwiderte Ferdalang, brauch keinen Lehrmeister, am wenigsten dich!"

Gretter sang:

> Freche Zungen
> Freche Leute
> Werden bald
> Des Todes Beute.

"Dein Sprüchlein ist ungefährlich und bringt mir den Tod nicht um eines Haares-Breite näher," höhnte Ferdalang.

"Meine Weissagungen gehen gemeinhin bald in Erfüllung!" rief Gretter.

Dann riß er sein Schwert aus der Scheide und führte einen wuchtigen Schlag gegen Ferdalang. Der wollte sich decken, that es aber so ungeschickt, daß Gretters Schwert ihm die Handwurzel durchschnitt, und so tief in den Hals eindrang, daß der Kopf zur Seite fiel, vom Rumpf sich trennend.

"Das sind gewaltige Hiebe, die dieser Mann austeilt," sagten die norwegischen Kaufleute. "Solche Recken sucht unser König, Olaf. Gretter, du wirst ihm willkommen sein! Thorbjoern-Ferdalang aber hat seinen verdienten Lohn bekommen, denn er hat frech und spottend von deinem Vater gesprochen."

Kurz darauf lichtete das Schiff seine Anker und kam gegen Ende des Sommers nach Hoerbeland in Norwegen. Hier hörten sie, daß König Olaf nach Drontheim sich begeben habe. Um dorthin zu gelangen, bestieg Gretter ungesäumt einen Küstenfahrer und steuerte nordwärts.

Kapitel 19.

Asmund's Testament.

Thorbjoern Oxmannegin war der nächste Verwandte des Ferdalang und ihm lag es nach Sitte und Recht ob, dessen Tod zu rächen. Je älter die Spannung zwischen den Thorbjörn's und dem Hause Bjarg war, um so mehr mußte man auf einen baldigen hitzigen Ausbruch der Feindseligkeiten gefaßt sein.

Um diese Zeit fühlte Asmund Haerulang sein Ende nahen.

Noch einmal versammelte er seine Verwandten und Nachbarn nach Bjarg um sich und sagte ihnen sein Testament. Nicht schriftlich und geheim testierte man damals, sondern mündlich, offen, vor vielen Zeugen, überzeugt von der Unverletzbarkeit des gesprochenen Manneswortes.

„Ihr, meine Brüder, Verwandten und Freunde," sprach Asmund, „ich rufe Euch als Zeugen an, daß ich diesen Hof und alle meine fahrende Habe meinem Sohne Atle übergebe. Aber Feinde sind ringsum. Daher bitte ich Euch, meine Verwandten, steht ihm bei! — Über Gretter treffe ich keine Bestimmung. Sein Schicksal ist ungewiß. So stark er ist, so unbesonnen ist er und schafft sich und uns damit viele Fährnis, so daß er seinen Verwandten keine Stütze sein wird. Illuge ist noch ein Knabe; er wird aber dereinst ein wackerer Mann werden."

Nach diesen Worten lehnte Asmund sein greises Haupt in die Kissen zurück und verschied.

Er hatte auf Bjarg eine christliche Kirche erbaut. Neben ihr wurde er auch begraben, unter dem Geleit aller Männer seiner Harde, welche in seinem Hingang einen schweren Verlust tief betrauerten.

Atle übernahm an der Seite der Mutter die Wirtschaft und führte sie mit allem Fleiß. Gegen Ende des Sommers beschloß er eine Reise nach dem äußersten Westen der Insel, nach Snaefellsnes, um dort getrocknete Fische für den Winter einzukaufen. Zu diesem Zwecke wurden sieben Pferde mitgenommen, um die gekauften Waren darauf zu verfrachten, nebst fünf Knechten.

Auf dem Hinwege sprach er auf Melar vor, um dort seine Schwester Ranveig und seinen Schwager Gamle zu besuchen.

Der Bruder Gamle's, Grim Torhallsohn, schloß sich ihm für diese Reise an. Nach Erledigung des Geschäftes kehrte die Karawane auf demselben Wege zurück.

Thorbjoern Oernamegin hatte von dieser Reise gehört, und stiftete zwei junge Männer, den Gunnar und den Thorgeir, die Söhne Thorer's auf Gard, welche gerade in seinem Hause zum Besuch waren, an, dem heimkehrenden Atle aufzulauern und aus dem Hinterhalt ihn zu überfallen.

Das geschah.

Sobald Atle's Karawane Gard passierte, verlegten beide Brüder, unterstützt von sechs reisigen Knechten, ihm den Weg.

„Ihr Leute von Bjarg, gebt Genugthuung für Thorbjoern Ferdalang, den Gretter erschlug," riefen sie.

„Meine Sache ist es nicht, diese Buße zu zahlen," erwiderte Atle ruhig, „und dein Recht ist es noch weniger, sie zu fordern."

„Wenn nicht mein Recht, so doch mein Wille," schrie Gunnar. „Auf, greift sie an! Laßt uns diese Gelegenheit nützen, so lange Gretter noch fern ist."

Sie waren acht gegen sieben.

„Es kann uns weder Ehre noch Nutzen bringen," sagte Atle, „wenn wir uns gegenseitig unsere Knechte hier tot schlagen. Gunnar, stelle dich doch allein zum Kampfe mir gegenüber. Wir beide wollen mit einander den Streit ausfechten."

Aber das wollte Gunnar nicht.

Nun kam es zum Handgemenge aller. In diesem tötete Atle den Gunnar. Thorgeir, der seinen Bruder fallen sah, wollte entfliehen, aber Grim folgte ihm mit geschwungener Streitaxt und trieb diese so tief in des Gegners Rücken, daß er nicht wieder aufstand. Außerdem waren drei ihrer Unechte tot. Den letzten Drei schenkten sie das Leben. Der Überfall war gescheitert. Die Leute von Bjarg hatten einen glänzenden Sieg erfochten.

Atle und Grim verbanden ihre Wunden, ließen die Lasten wieder auf die Pferde schnallen, und zogen heimwärts.

Doch die Gewitterluft hatte sich durch diesen Zwischenfall nur verschärft. Der Doppeltod zweier Edler legte neuen Zündstoff um das alte Haus.

Darum blieben zum Beistande Atle's den ganzen Winter hindurch in Bjarg versammelt Grim, dessen Bruder Gamle und Atle's älterer Schwager Glum, der Sohn des Uspak, seiner Schwester Thordis Mann. So stand die Familie einmütig zusammen in der Stunde der Gefahr.

Dies verhinderte einen Überfall während des Winters.

Aber zum Frühjahrsthing in Hunavatn meldete Chorbjoern Oexnamegin seine Klage an.

Beide Parteien zogen mit starkem Gefolge vor Gericht.

Auf Atle's Seite standen alle seine Verwandten, zahlreich und mächtig.

Nach dem Rechtsgange durfte jede Partei einen Anwalt sich nehmen.

Atle wählte Chorwald, Asgeirsson, und Chorbjoern wählte den prachtliebenden und klugen Soelve mit dem Beinamen der Hehre, weil er überall, wo er auftrat, sich Geltung zu verschaffen wußte.

Diese Anwälte hatten die Pflicht, auf einen friedlichen Vergleich hinzuwirken.

Auf Atle's Seite wurde geltend gemacht, daß Thorer's Söhne sich in den Hinterhalt gelegt und zuerst angegriffen hätten.

Dieses fiel schwer in's Gewicht, ebenso Atle's friedliebender Charakter, den jedermann kannte.

Die Entscheidung lief darauf hinaus, daß nur halbes Blutgeld für die Getöteten von Atle zu zahlen sei.

Dieser Vergleich wurde zwar angenommen, aber nur von Atle mit ganzem, dagegen von Thorbjoern mit halbem Herzen. Zögernd reichte er seine Hand. Dann wandte er sich ab, und in seinen finsteren Mienen stand geschrieben das Wort: „Unsere Rechnung ist noch nicht quitt!" —

Kapitel 20.

Atle's Ende.

Ein Mann, Namens Ale, diente als Knecht auf Thorbjoerns Hof; aber er war faul und widerspenstig. Oft von seinem Herrn gescholten, verlor dieser eines Tages die Geduld, warf den Knecht zu Boden und prügelte ihn durch. Die Folge war, daß Ale aus dem Dienst lief. Er ging nordwärts über die Felsen nach dem Midfjordsdal und meldete sich auf Bjarg zur Arbeit.

Atle wollte ihn nicht nehmen, besonders als er hörte, daß der Mann dem Thorbjoern aus dem Dienst gelaufen sei; vielmehr forderte er ihn auf dorthin zurückzukehren.

„Ich gehe nicht wieder zurück, koste es, was es wolle," sagte der Knecht. „Thorbjoern hat mich beinahe erwürgt. Dich rühmen die Leute als milde und gut. Laß mich bei dir arbeiten!"

Atle antworte: „Ich habe Dienstleute genug, und möchte mit Thorbjoern nicht in Streit kommen. Ich rate dir, geh' zurück."

„Herr, nur wenn du mich wegprügelst, werde ich weichen."

Atle hatte ein weiches Herz und ihn dauerte der Knecht.

Nicht förmlich nahm er ihn also in seinen Dienst, aber er duldete, daß er blieb.

Ale ging nun mit Atles Knechten jeden Morgen hinaus und schaffte, als ob er hundert Hände hätte. So trieb er es bis in den Sommer hinein.

Atle redete ihn niemals an, aber er ließ ihm das Essen reichen.

Thorbjoern hatte erfahren, daß Ale auf Bjarg in Arbeit sei. Mit zwei Männern ritt er nun dorthin, um Atle zu sprechen. Als dieser aus dem Hause getreten war und den Ankömmling begrüßt hatte, sagte Thorbjoern:

„Noch einmal, Atle, suchst du alte Bleidigungen gegen mich zu erneuern! Warum hast du meinen Knecht in deinen Dienst genommen? Das nenne ich ein unredliches Betragen!"

„Ich hatte keinen Beweis dafür, daß Ale dein Knecht sei," sagte Atle. „Erbringst du den Beweis, werde ich ihn nicht behalten. Doch wider seinen Willen aus meinem Hause wegprügeln den Mann, das mag ich auch nicht."

„Thu, was du verantworten kannst," sagte Thorbjoern. „Aber ich fordere mein Recht! Ich verbiete des Mannes Arbeit auf deinem Hofe und verlange seine Auslieferung."

Atle machte eine abwehrende Bewegung.

„So komme ich noch einmal wieder," drohte Thorbjoern, „und es ist nicht gewiß, ob wir uns dann so friedlich von einander trennen, wie heute!"

Atle erwiderte gelassen: „Ich bleibe zu Hause und erwarte, was kommen wird."

Als die Arbeitsleute abends nach Hause kamen, erzälte Atle sein Gespräch mit Thorbjoern und forderte Ale ernstlich auf, nun wegzugehen.

Ale antwortete: „Das Sprüchwort ist wahr, große Herren sind die „Ersten, welche ihr Wort nicht halten! — Ich habe dir den ganzen Sommer „hindurch gearbeitet, als gelte es mein Leben, in der Hoffnung, du würdest „mich schützen! Niemals hätte ich geglaubt, daß du mich jetzt noch fort- „jagen würdest! — Herr, vor deinen Augen hier will ich lieber mich tot- „schlagen lassen, ehe du deine Hand von mir ziehst und mich dem Thor- „bjoern auslieferst!"

Atle wurde von Mitleid für den Mann ergriffen, und fand kein Herz ihn fort zu schicken.

So verlief die Zeit.

Es war Heuernte und ein Regentag.

Die eine Hälfte der Knechte war droben auf den Bergwiesen, die andere unten am Fjord zum Fischfang.

Atle war nur mit ganz wenigen Leuten zu Hause.

Die Mittagsstunde war herangekommen, was man freilich an keiner

Uhr ablesen konnte, die es nicht gab, sondern nur nach dem Stande der Sonne abschätzen.

Der Hof lag im tiefsten Frieden.

Da ritt Thorbjoern Oegnamegin auf den Hof. Er hatte einen Helm auf dem Kopfe, ein Schwert an der Seite, und in der Hand einen Spieß mit breiter Spitze.

Er ritt an die geschlossene Hausthür und pochte; dann aber zog er sich mit rascher Wendung hinter die Hausecke zurück, so daß der Öffnende ihn nicht sehen konnte.

Eine Magd steckte den Kopf zur Thüre hinaus und lugte in den Hof hinein. Da sie aber niemanden sah, so schlug sie die Hausthür wieder zu.

„Herr", so meldete sie dem Atle, „es ist niemand draußen."

In demselben Augenblicke giebt es wieder einen Schlag gegen die Hausthür, und zwar einen stärkeren, als zuvor.

Atle sprang auf.

„Ohne Zweifel ist da ein Mann, der mich sprechen will; doch, wie es scheint, in keiner freundlichen Absicht."

Mit diesen Worten schritt Atle selbst zur Hausthür und stieß sie auf.

Es regnete draußen stark. Darum trat er nicht in's Freie, sondern beugte nur den Oberkörper vor, indem er beide Hände gegen die Pfosten stemmte.

Plötzlich sprang Thorbjoern vor die Thüre hin und setzte dem überraschten und wehrlosen Atle den Spieß auf die Brust, scharf zustoßend.

Der Speer drang tief ein und Atle brach zusammen.

„Das sind die breiten Spieße, die man jetzt meistens führt." Dies waren seine letzten Worte.

Die Weiber eilten herzu und sahen ihren Herrn tot auf der Hausschwelle liegen.

Thorbjoern Oegnamegin, der wieder zu Pferde gestiegen war, hielt still und bekannte sich laut zur That. Dann ritt er nach Hause.

Asdis befahl, die Knechte vom Felde und aus dem Fjord zu rufen. Dann ordnete sie die Vorbereitungen zum Begräbnisse an und Atle wurde neben seinem Vater bestattet. Klug, leutselig, friedliebend, wie er gewesen war, schied er, allgemein betrauert.

Blutgeld wurde für Atles Tod von seinem Mörder weder angeboten noch verlangt.

Es lag nach Gesetz und Recht dem Gretter ob, diese Genugthuung zu fordern, wenn er nach Island zurückgekehrt sein würde. Das schien noch lange hin. Und einstweilen saß Torbjoern Oexnamegin, wenn auch von vielen ob dieser feigen That verachtet und gehaßt, doch unverfolgt auf seinem Hofe.

Kapitel 21.

Die Schwimmprobe.

Wir verließen Gretter in dem Augenblick, als er in Hoerdeland angekommen, einen Küstenfahrer bestieg, um nordwärts zu gehen, nach Drontheim zu, dort König Olaf aufzusuchen.

Auf der Reise nach demselben Ziele befanden sich auch zwei andere junge Isländer, nämlich Thorgeir und Skegge, Söhne des Thorer, eines angesehenen Häuptlings, der auf Gard im Adalthale wohnte. Thorer war ein welterfahrener Mann, hatte viele Reisen und gewinnbringende Handelsgeschäfte gemacht. In Norwegen war er sehr bekannt und erfreute sich der besonderen Gunst des Königs Olaf, sowie des Bischofs Sigurd, der es nicht für zu gering geachtet hatte, ein Kaufmannsschiff, welches Thorer in Norwegen sich hatte bauen lassen, mit seinem Segensspruch zu weihen. Dieses Schiff hatte nun ausgedient und sein Herr war des Reisens müde. So ließ er denn das Fahrzeug zerschlagen und als altes Holz aufbrauchen, welches in dem so holzarmen Island ein Schatz war. Dagegen die beiden geschnitzten Gallionsfiguren brachte er zur Erinnerung, wie zum Schmuck, über seiner Hausthüre in Gard an. Zugleich dienten ihm dieselben dort als Wetterpropheten. Denn, wenn ein sausender Ton in dem einen Bildwerk sich hören ließ, dann gab es sicher einen Sturm aus Süden, und, wenn in dem anderen, einen Sturm aus Norden.

Thorer, als weltkluger Mann, wollte die vorteilhaften Verbindungen, die er sich in Norwegen während eines fleißigen Lebens erworben hatte, für seine Familie fruchtbar machen, und, sobald er von dem entscheidenden Siege bei Naes und dessen glänzenden Folgen für König Olaf gehört hatte, beschloß er, seine beiden Söhne Thorgeir und Skegge mit warmen Empfehlungen hinüber zu senden, damit sie als Hofleute in König Olafs Gefolge Aufnahme fänden.

In eben diesem Herbst waren sie, mit einem größeren Schiff im Süden von Norwegen landend, gleichfalls auf einen kleinen Küstenfahrer übergegangen, um durch die Schären nordwärts nach Drontheim zu ziehen.

Dieselbe Straße hinauf zog nun auch Gretter, und ein eigentümliches, für Gretter so schwer verhängnisvolles, Geschick ließ die Landsleute hier auf einander stoßen.

Es war ein unfreundlicher Tag auf der Scheide zwischen Herbst und Winter. Schneesturm und starker Frost hatten die Reisenden aufgehalten, ihre Glieder erkältet, ihre Kräfte erschöpft.

Des Nachts wagte man nicht die Reise fortzusetzen. Für solche Fälle lagen längs der viel befahrenen Wasserstraße hier und da am Strande Schutzhäuser, welche den Reisenden notdürftigen Unterschlupf für die Nacht gewährten.

In solch einen Schuppen flüchtete sich auch die Reisegesellschaft, mit der Gretter fuhr.

Habe und Lebensmittel hatten sie ans Land geschafft, und man suchte sich nun notdürftig in dem öden und kalten Raume für die Nacht einzurichten.

Aber eins fehlte ihnen, und das war doch das Notwendigste!! —

Draußen heulte der Sturm, der Schnee drang durch alle Fugen und in dem eisigkalten, finsteren Raume fehlte das — Feuer!! —

Kein Feuer, um daran die erstarrten Glieder zu erwärmen, kein Feuer, um daran eine Suppe sich zu kochen, und sie dem ausgefüllten Magen anzubieten; kein Feuer, um dem Zimmer Licht, dem Körper Leben, dem Herzen Mut zu geben!! —

Und woher dieses Feuer nehmen? —

Man verstand es damals, durch das Zusammenschlagen von Stahl und Feuerstein einen Funken zu erzeugen. Aber, um diesen Funken aufzufangen, dazu gehörte Zunder, der nicht immer zur Stelle war, und, um eine Flamme aus dem Fünkchen groß zuziehen, dazu brauchte man trockenes Reisig. Dieses fehlte unsern Reisenden hier völlig! — Woher sollten sie also Feuer nehmen?

Man schickte sich an, ohne etwas Warmes genossen zu haben, in wollene Decken gewickelt, in den Ecken des unfreundlichen Raumes zur Nachtruhe sich hinzustrecken.

Da bemerkte einer der Reisenden, durch eine Thürspalte in die Nacht hinauslugend, einen Feuerschein in der Ferne.

„Dort drüben brennt ein Licht!" meldete er.

„Ein Licht?" wiederholten die Reisenden. Und, wie ein Freudenschrei, ging das Wort durch den Raum: „Ein Licht!" —

„Ja, ja, ein Licht, ein Feuer!" sagte einer der Matrosen. Aber es ist weit; es ist jenseit des Sundes!" —

„Wer uns von dort her einen Feuerbrand herüberholen könnte! Der wäre ein Wohlthäter und ein Held!" — So sagten die Kaufleute.

„Und reich genug wollten wir ihn lohnen!" —

„Könnt ihr nicht mit dem Schiff hinüberrudern?" drängten die Kaufleute die Matrosen.

„Nein Herr!" „Das ist ganz unmöglich," sagten die Matrosen. „Die Nacht ist rabenschwarz, der Sturm heult, der Sund ist breit und die Wellen gehen hoch! — Es ist ganz unmöglich!" —

„In alter Zeit," warf Gretter ein, „hat es gewiß Männer gegeben, die das nicht für unmöglich hielten; die vor solch einem Wagestück nicht zurückbebten!" —

„In alter Zeit!!" — „Ja, was nützt uns das?" sagten die Kaufleute. „Heut! In dieser Stunde! wo uns die Zähne im Frost zusammenschlagen und der hungernde Magen bellt! Heut, schaff' uns den Helden zur Stelle, der uns den erwärmenden Feuerbrand herüberbringt!" —

„Es ist kein Kunststück, das zu thun!" warf Gretter ein.

„Willst du es wagen? Gretter!" — „Willst du es wirklich?!" riefen alle, aufspringend.

„Man sagt, du seist der stärkste Mann auf Island! Traust du dir das zu?" —

„Ich trau' mir's zu! — Ja!" — — — „Aber ein Gefühl in meiner Brust hält mich davon zurück! — Ich fürchte, wenn die That auch groß ist, mein Lohn wird klein und schlecht sein!" —

„Wie kannst du so etwas sagen?" fielen die Kaufleute mit Lebhaftigkeit ein. „Wie kannst du denken, daß wir so schlechte Kerle sind, daß sie den Dank schuldig bleiben!" —

„Du siehst unsere Not! Kannst du uns helfen, so zaudere nicht!" —

„Ich will den Versuch denn machen!" entschied Gretter. Aber, ich wiederhole es noch einmal, eine Ahnung sagt mir: „Nichts Gutes werd' ich hieraus ernten!" —

Er warf seine Kleider und Waffen ab, legte weite Beinkleider an, that einen Friesmantel um, den er, mit einem Bastseil aufschürzend, fest um die Lenden gürtete. Endlich griff er nach einem Topf, um den Feuerbrand darein zu bergen, befestigte ihn an einer Schnur und warf diese Schnur um seinen Hals.

Dann stieß er die Thüre auf und trat in die finstere Nacht hinaus.

Der Sturm pfiff, die Schneeflocken fielen, das Meer schlug schwer an das Gestade.

Gretter warf sich in die Flut. Man hörte, wie er mit wuchtigen Armen die Wellen teilte.

Alle drängten sich an die Thür und starrten in die Finsternis hinaus und lauschten.

„Er ist von Sinnen," murmelten die einen. „Der kehrt nicht wieder," sagten die andern. „Die Wellen werden sein Grab!" Horch! Wie sie, rauschend, schon sein Sterbelied singen!" —

Fröstelnd schlugen sie die Thüre zu und drückten sich wieder in ihre Ecken.

Gretter schwimmt. Bald liegt sein Leib tief unten in den sich brechenden Wellen, bald hoch oben auf dem Kamm der schäumenden Flut. Aber er teilt mit Macht die Wogen. Die Sterne über ihm, das Feuer am jenseitigen Strande sind seine Führer. So hält er seinen Cours. Der Schnee gräbt sich in sein Haar. Eiszapfen hängen sich an seinen Bart. Er achtet es nicht. Er verfolgt sein Ziel, er erreicht es und steigt an's Land.

Fester Boden wieder unter seinen Füßen! — Er schüttelt sich, er streckt die Glieder. Aber sein Friesmantel, vom Wasser voll gesogen, ist zu Eis erstarrt. Im weiten Bogen steht er bauschig ab von seinen Schultern, von seinen Schenkeln, und giebt ihm einen riesenhaften Umfang. Das Haar mit Schnee durchsetzt, Eistrodeln an dem Bart, so steht er da, mehr einem Ungetüm der Meere, als einem Menschen gleich.

Wenige hundert Schritte vom Gestade sieht ein Haus, aus dem der begehrte Feuerschein in die Nacht hinausfunkelt.

Wüster Lärm, wie von Zechern, dringt aus demselben an den Strand. Gretter schreitet auf das Haus zu.

Er stößt die Türe auf, er tritt hinein.

Im Innern der Hütte, mitten auf dem Erdboden angezündet, brennt ein helles Feuer. Stroh in Bündeln liegt rings umher. Auf ihnen, wie auf Polstern ausgestreckt, liegen zechende Männer, zwölf an der Zahl.

Es sind Thorers Söhne Thorgeir und Skegge mit ihrer Begleitung, die auf gleicher Fahrt, wie Gretter, hinauf nach Drontheim sind.

An dieser Seite des Sundes haben sie Unterschlupf in dieser Hütte gesucht vor dem Unwetter, wie die Kaufleute drüben. Und, um das Feuer gelagert, suchen sie die Kälte mit dem vollen Trinkhorn, kreisend von Hand zu Hand, zu überwinden.

Sie erkennen Gretter nicht; wie sollten sie es auch in dieser wundersamen Verkleidung. Sie halten ihn für ein Meeresungetüm, für einen feindlichen Dämon, der nahen Flut entstiegen.

Erschreckt springen sie von ihren Strohbündeln auf und starren den Eindringlich an. Dann läßt sich das Entsetzen, und sie greifen, was sie fassen können, die einen Ruderstangen, die anderen Lanzenschäfte, die dritten reißen Feuerbrände aus der Glut und schlagen auf das eingetretene Ungeheuer los, daß die Funken stieben.

Gretter stößt sie zurück und, rasch zum Feuer vordringend, ergreift er einen Feuerbrand, nicht, um als Waffe ihn zu brauchen, nein, er birgt ihn sorglich in dem Topf, der auf seiner Brust herabhängt.

Er hat den Schatz, um den er mit dem Einsatz seines Lebens hart gerungen; er birgt ihn sicher, und zieht sich nun, in der Verteidigung, langsam zurück auf demselben Wege, auf dem er kam.

Die Männer folgen ihm verblüfft, erfreut.

Das Ungetüm weicht vor ihrem Drohn zurück. Es stürzt sich wieder in das Meer, aus dem es kam; der Sieg blieb offenbar in ihren Händen! Und sie streckten sich wieder behaglich auf die Strohbündel aus, das überstandene Abenteuer mit Sang und Trank zu feiern, bis der Wahn die Knoten der Vernunft, der Schlaf das Band der Glieder löst.

Gretter legt denselben Weg zurück, auf dem er kam. Er durchteilt die Flut, durchquert den Sund und steigt ans Land.

Der sorglich gehütete Feuerbrand hält noch die Glut. In der Hütte wird es nun lebendig. Man trägt herbei, was brennbar ist. Der Funke teilt sich mit. Die Glut schwillt an. Die Flamme bricht hervor. Die Nacht wird hell und erquickende Wärme strahlt an die starren Glieder. Alles bricht im lauten Jubel aus und preist den Gretter.

„Dir ist niemand gleich!" so rufen sie alle. „Du bist ein Held!"

Gretter wirft sein Eiskleid ab, schüttelt aus Haar und Bart den Schnee und streckt sich unter warmen Decken aus, bis Träume seine Seele umspielen, in denen Wogen branden, Flammen zischen und eine tapfere Menschenseele, zwischen beiden kämpfend, untergeht.

Der Tag erwacht, man treibt zum Aufbruch, zumal das Wetter gut und der Wind günstig war.

Als die Matrosen vom Lande abstießen und die Segel gesetzt hatten, entstand bei den Kaufleuten der Wunsch, quer über den Sund zu fahren, und den Platz samt den Männern aufzusuchen, von denen Gretter gestern den Feuerbrand herübergeholt hatte.

Wer malt aber ihr Erstaunen, als am jenseitigen Ufer kein Haus mehr zu sehen war, sondern nur noch ein Aschenhaufen, untermischt mit verkohlten, menschlichen Gebeinen.

Offenbar war in verwichener Nacht das Haus hier mit allen Leuten, welche darin gewohnt hatten, bis auf den Grund niedergebrannt.

Woher war das gekommen? —

Man denke an das offene Feuer mitten in dem Hause, an die Strohbündel dicht dabei, an die trunkenen Männer, auf diesen Bündeln liegend, zechend, und man wird leicht begreifen, wie da ein Brand entstehen, und um sich greifen konnte.

Thorer's Söhne gingen trunken und schlafend im Feuer zu Grunde durch ihre eigne Schuld.

Aber die Kaufleute wandten die Sache anders.

Es ist die Art gemeiner Seelen, die Pflicht der Dankbarkeit zu hassen, und sie gerne von sich abzuwälzen, sei auch das Mittel dazu noch so niedrig und gemein.

Die Kaufleute waren dem Gretter ihren Dank noch schuldig für seine kühne That von gestern! — Wie ihn zahlen? —

Ihr böses Herz gab es ihnen ein, als sie die Brandstätte umstanden, den Helden, dem sie sich verpflichtet sahen, herabzudrücken zum Verbrecher, den sie anklagen konnten.

Und ihr Mittel dazu war das giftdurchtränkte Wort.

„Gretter, bist du vielleicht an diesem Unglück schuld?" so fragten sie, auf die angekohlten Menschenknochen zeigend.

„Du drangst gestern in das Haus hier ein, du rissest den Feuerbrand hier aus der Glut! Wie leicht verstreuen sich da die Funken. Das Stroh entzündet sich, zuletzt das Haus! Kein Zweifel, deine That, sie war die Ursache für dieses Brandunglück, für den Tod dieser Männer!" —

„Ich sehe nun", sprach Gretter ernst, „daß meine Ahnung von gestern wahr gesprochen hat:" „Ihr werdet mir die Wohlthat, euch den Feuerbrand geholt zu haben, nur schlecht belohnen!" —

„Deine Wohlthat war das ärgste Bubenstück," schrieen die Kaufleute. — —

Oh, daß es doch der verderbten, menschlichen Natur inne wohnt, das Böse schneller aufzunehmen, zu glauben, zu verbreiten, als das Gute. Wie schnell schlägt bei der wandelbaren Menge das „Hosianna dem Sohne Davids" um in das: „Kreuziget ihn!" —

Die Schiffsleute, wie hatten sie noch gestern den Gretter bewundert und gepriesen, als er mit dem ersehnten Feuerfunken zu ihnen in die Hütte trat. Und jetzt sprachen sie es mit derselben Geläufigkeit den tückischen Kaufleuten nach: „Deine That, sie war das ärgste Bubenstück!"

Gretter sagte: „Ich erfahre es wieder, daß man bösen Leuten keine Handreichung thun soll!" —

Man stieg nun in das Schiff und setzte die Fahrt gemeinsam fort.

Längs der Küste verbreitete sich schnell die Nachricht von den verbrannten zwölf Männern und, daß es Thorers Söhne aus Island mit ihrem Gefolge gewesen waren.

Und, wo die Kaufleute hinkamen, beeilten sie sich ihrerseits hinzuzusetzen: „Gretter, der Starke, Asmunds Sohn aus Island, ist es gewesen, der an ihrem Tode schuldig ist. Er hat die Hütte, in der die Männer nächtigten, in Brand gesteckt!" —

Da Gretter sich dieses heimtückische Gerede verbat, kam es zum Streit und in einem der nächsten Häfen verließ Gretter das Schiff.

So hatten sich denn seine guten Aussichten für Norwegen, ganz ohne seine Schuld, sehr getrübt. Ihn verfolgte ein boshaftes Gerede, gegen welches er sich nicht wehren konnte, und seine hochherzige That drohte, ihm zum Fluch zu werden! —

Er hoffte indes auf den gerechten Sinn des Königs Olaf, und eilte zu ihm zu kommen.

Kapitel 22.

König Olaf.

Die Ereignisse, welche in diesem Kapitel erzählt werden, fanden statt im Jahre 1010.

König Olaf weilte in Drontheim und war über das Vorgefallene bereits unterrichtet, als Gretter dort eintraf. Einige Tage vergingen, ehe es diesem gelang, dem Könige vorgestellt zu werden.

Es geschah in einer Versammlung, in welcher der König die Edlen seines Reiches und die Fremden von Auszeichnung empfing.

Gretter trat vor den Thron des Herrschers und verneigte sich tief.

„Bist du Gretter der Starke?" redete ihn der König an.

„So nennt man mich," Herr.

„Du bist in der That kraftvoll von Gestalt! — Was ist dein Begehr?"

„Ich bin vor dich hingetreten, o König, weil ich hoffte, durch deinen Beistand von schwerer Beschuldigung mich zu befreien, die man gegen mich gerichtet hat. — Denn ich versichere meine Unschuld!"

„Ich weiß, um was es sich handelt", sagte König Olaf; „aber es ist nicht gewiß, daß es dir gelingen wird, dich von diesem Verdacht zu reinigen, obwohl es mir scheinen will, daß du nicht vorsätzlich diese Leute verbrannt hast."

„Erlaube Herr, daß ich den Vorgang schlicht erzähle, und so am besten die Beschuldigung widerlege!" —

„So sprich! — Und sprich die volle Wahrheit!" —

Gretter erzählte nun das Ereignis, wie von uns berichtet, und schloß mit den Worten: „Es waren, Herr König, alle jene Männer „noch am Leben, als es mir gelang mit dem Feuerbrand das Haus zu „verlassen! — Ich habe nichts weiter zu meiner Rechtfertigung, als mein „eigen Wort. Jene Männer, die für mich zeugen könnten, und sicher „zeugen würden, sind alle tot!" — — — — — — —

„Genügt mein Wort dir nicht, so bin ich bereit auf jede gesetzlich „zulässige Art von dieser schweren Anklage des Mordbrandes mich zu „reinigen!" —

Er verneigte sich und schwieg.

Der König antwortete: „Wo der Menschen Zeugnis fehlt, da mag der Allwissende, den wir anrufen, mit seinem Urteil eingreifen. Gretter, es ist unser Wille, zu erlauben, daß du durch die Eisenprobe dich reinigen darfst. Du sollst glühendes Eisen in deinen Händen tragen. Bleibt deine Haut dabei unversehrt, so sprach Gott für dich, und du bist gerechtfertigt. Zeigen deine Hände Brandwunden, so sprach der Allwissende gegen dich, und du bist schuldig! — Mag es dir gelingen!" — —

Gretter verneigte sich und trat vom Throne zurück.

Er verließ die glänzende Versammlung, und suchte die Einsamkeit, um auf den entscheidenden Tag des Gottesgerichtes sich vorzubereiten durch Beten und durch Fasten.

In der Kirche sollte das Gottesgericht stattfinden, in dem altehrwürdigen Dom zu Drontheim.

In silbergrauem Gestein, kunstvoll gemeißelt, streben Säulen in die Höhe, breiten oben ihre Rippen fächerartig aus und schließen sich, einander begegnend, zu Gewölben fest zusammen. Leichtes Gitterwerk, in Stein gehauen, füllt die Fensteröffnungen und läßt dem durchquellenden Lichtstrahl freien Weg. Aus den Säulenknäufen schauen Köpfe von Drachen und Dämonen hervor, welche, geknebelt, auf ihren gekrümmten Rücken die aufstrebenden Bogen tragen, als Sinnbilder der unterworfenen bösen Gewalten, gelegt zum Schemel der Füße dessen, der die Welt durch sein Blut erlöst, durch seinen Geist geheiligt hat.

Ein stimmungsvolles Licht durchzieht die silbergrauen Hallen dieses altehrwürdigen Gotteshauses und spricht weissagend zum Herzen von dem Einklang und dem Frieden einer besseren Welt.

Der König und sein Gefolge, der Bischof und die Geistlichkeit hatten in die Kirche bereits ihren Einzug gehalten, und im hinteren erhöhten Raume vor dem Altare Platz genommen. Unten an den Stufen, welche zu diesem Hohen-Chor hinaufführten, standen Kohlenbecken aufgestellt, auf denen glühend gemachtes Eisen lag.

Das Schiff der Kirche war dicht gefüllt mit einer bunten, schaulustigen Menge. Ungesammeltes Volk, das vergebens Einlaß gesucht, drängte sich draußen vor der Kirchthüre, und bildete eine Gasse für die Ankommenden.

„Hast du den Gretter schon gesehen?" so fragte ein Nachbar den anderen.

„Er ist ein Riese!" Und, was für Arme und Schultern hat er!
„Keiner kommt ihm gleich!" —

„Er nimmt es auf mit zwölf Männern!"

„Du weißt nichts!" sagte ein anderer. „Er hat in Island sogar mit bösen Geistern gekämpft und sie bezwungen!" —

„Darum ist er selbst so böse geworden!" warf ein dritter dazwischen.

„Die bösen Geister, die er knebelte, haben es ihm dafür angethan!" —

„Wie ruchlos, jene zwölf Männer bei lebendigem Leibe zu verbrennen!" —

„Ist's denn bewiesen?" warf ein vierter ein. „Und, wer rettete denn die anderen vom Tode des Erfrierens in jener Nacht?" „Wer holte ihnen den Feuerbrand herüber?" „Wer warf sich für sie in das eisig kalte Wasser?" —

„Wer?" — „Doch nur dieser Gretter!" —

„Thust du's ihm nach?" fragte ein fünfter. „Das war doch keine Frevelthat! — He?" —

„Was streitet ihr?" beschwichtigte ein sechster. „Heut wird es ja entschieden!"

„Durch das Tragen von glühendem Eisen dort in der Kirche vor Gottes und des Königs Angesicht will Gretter sich von dieser Beschuldigung reinigen!" —

„Still! Da kommt er! — Seht!" —

Die Reihen schoben sich nun zusammen. Die Köpfe streckten sich vor und reckten sich in die Höhe! — Alles schwieg. — —

Gretter kam, geleitet von zwei Männern, Hofleuten des Königs. Er war schlicht gekleidet und ohne Waffen. Das Haupt war entblößt, das Antlitz ernst. Aus dem Auge sprach Zuversicht und Wahrheit, der Spiegel eines guten Gewissens.

Mit festem Schritt ging er einher.

Als er dem Portal des Doms sich näherte, glitten seine Blicke die verzierte Giebelwand hinauf und dieser Blick schien zu sagen: „Du, der „du hier in diesem Hause wohnst, du Ewiger und Wahrhaftiger, der alles „weiß, stehe mir jetzt bei und bezeuge meine Unschuld durch ein Wunder!" —

Er betrat die Schwelle des Gotteshauses und schritt den Mittelgang hinauf.

Da trat plötzlich ein Knabe vor ihn hin, mitten in den Weg. Der Knabe hatte ein seltsam düsteres Aussehen.

Er hob drohend die Hand gegen Gretter auf und rief:

„Oh, Schmach! In diesem Lande, das sich christlich nennt, dürfen „Missethäter, Räuber, Diebe unverfolgt einhergehen, und es wird ihnen „sogar erlaubt, öffentlich sich zu reinigen. Kann man auch anderes er- „warten, als, daß jeder Missethäter sein Leben zu retten sucht, wenn die „Gelegenheit dazu ihm so angeboten wird! Dieser Mann hier hat un- „schuldige Leute verbrannt, er ist überführt, und dennoch wird ihm ge- „stattet, sich zu reinigen!" —

Der Knabe warf seine Hände wild in die Luft, verzerrte sein Ge- sicht, und schrie:

„Du! — Du, nicht ein Mensch! — Nein! — Du Sohn von einem Ungetüm der Meere! —

Gretter, beschimpft von diesem Buben, verlor seine Fassung.

Er hob die Faust auf, und gab dem Knaben einen Schlag, daß er ohnmächtig zusammenbrach.

Dieser Schlag war gefallen in der Kirche, an einem geweihten Ort! — Da erhob sich ein unbeschreiblicher Tumult.

Die einen sprangen zu und hielten Gretter fest, der sich, wie außer sich gebärdete.

Die anderen suchten nach dem Knaben, der soeben noch am Boden gelegen hatte.

„Wo ist er?" — Nirgends war er mehr zu finden! —

„Wer war er?" — Niemand kannte ihn! —

Auf geheimnisvolle Weise war diese Gestalt, wie gekommen, so verschwunden! —

Die Meisten legten sich später die Sache so zurecht, daß dieser ge- heimnisvolle Knabe ein böser Geist gewesen sei, erschienen, um den Gretter zu verderben.

Der Tumult pflanzte sich durch die ganze Kirche fort und erreichte den Hochsitz des Königs.

Der erhob sich und forderte Bericht.

„Der Mann, Herr welcher heute hier das Eisen tragen sollte, ist unter der Kirchenthür in Schlägerei geraten!" so lautete die Meldung.

König Olaf stieg nun selbst die Stufen hinab, durchschritt den Mittelgang der Kirche und kam zu der Stelle, wo Gretter stand.

„Ohne Zweifel, wirst du Gretter von großem Unglück verfolgt.
„Es war alles hier bereit. Von schwerem Verdacht durftest du dich
„heute reinigen. Du hast es nicht vermocht. Durch Mangel an Be-
„sonnenheit hast du dir selbst den Weg versperrt! —

„O König, antwortete Gretter mit bebender Stimme, es gab einst
„eine Zeit, wo ich hoffen durfte, größeren Ruhm und Ehre bei dir zu
„finden, als es heute scheint, daß ich erreichen soll. Dein großes Herz,
„das vielen fremden Raum gab hier ihr Glück zu suchen, sowie meine
„Geburt, belebten diese Hoffnung!"

„Auch heute noch hoff' und bitte ich: „Nimm mich in deinen Dienst!"
— Mein Arm ist stark, und niemand wird dir treuer dienen!" — —

„Das weiß ich, sagte der König, an Kraft und Tapferkeit sind dir
„nur wenige gleich, unter denen, die jetzt leben. Aber das Unglück,
„welches dich verfolgt, ist zu groß! — Aus diesem Grunde kann ich dich
„in meinen Dienst nicht nehmen. Ein Fluch, so scheint es, liegt auf dir
„und deinem Thun!" — — — — — — — — — — —
„Deine Bitte bleibt versagt!" — — — — — — — — —
„Doch, da deine Schuld nicht fest erwiesen ist, magst du einstweilen
in meinem Lande dich frei bewegen. Ein Jahr sei dir dazu gewährt.
Sobald dies Jahr verflossen ist, fordere ich deine Rückkehr nach Island.
Dort, so sagt mir der Geist, wirst du deine letzte Ruhstatt finden!"
Der König winkte Entlassung, und verließ das Gotteshaus.
Gretter stand gesenkten Hauptes da, wieder um eine große Hoff-
nung ärmer für sein Leben.

Kapitel 23.

Die Gnadenfrist.

Die Gnadenfrist für Norwegen dauerte also nur ein Jahr. Gretter wollte dieses Jahr benutzen zu einem Besuch bei seinem Bruder Thorstein Drommund auf Tunsberg.

Auf dem Wege dorthin kam er nach Jadar zu einem Bauer, Namens Einar, einem schlichten aber wohlhabenden Manne. Im Hause dort lebte eine einzige Tochter, Namens Gyrid. Sie war hübsch, heiratsfähig, und als eine gute Partie allgemein bekannt.

Gretter wurde als Reisender nach Landessitte hier gastlich aufgenommen, erwarb sich Einar's Wohlwollen und wurde von ihm gebeten, längere Zeit, womöglich bis zum Weihnachtsfeste, zu bleiben.

Gretter schlug in die dargebotene Hand ein, und sollte Gelegenheit finden, hier sich nützlich genug zu machen.

Bereits aus der Darstellung des siebenten Kapitels wissen wir, daß die Sicherheit der zerstreut liegenden Höfe in Norwegen damals sehr bedroht wurde durch umherstreifende Räuberbanden, welche unter der Anführung von Berserkern die Niederlassungen der Bauern am hellen Tage überfielen, um, nach dem Recht des Stärkeren, erbeutetes Gut, namentlich aber Weiber, mit sich fortzuschleppen.

Thorfins Hof auf der Haramsinsel war einmal um die Weihnachtszeit in Abwesenheit des Hausherrn von diesen wüsten Gesellen überfallen und nur, Dank der Klugheit und Tapferkeit Gretters, vor Ausraubung und Beschimpfung bewahrt worden.

Denselben Dienst sollte Gretter hier wieder seinem Gastfreunde Einar leisten.

Ebenfalls in den Weihnachtstagen sprengte auf den Hof des Einar eine bewaffnete Räuberschar unter Anführung eines Berserkers, der sich Snaekoll nannte. Er hatte einen Helm auf dem Kopfe und einen großen eisenbeschlagenen Schild am Arme. Er trat sehr frech auf und forderte von dem Hausherrn entweder die Auslieferung seiner Tochter Gyrid, oder den Zweikampf mit ihm.

Die Gnadenfrist.

Der Bauer war schon bejahrt und in den Waffen wenig geübt. Darum wandte er sich in seiner peinlichen Verlegenheit an Gretter, der mit dem Hauswirt auf den Hof hinaus getreten war. Er stieß ihn an und fragte ihn leise: „Was rätst du mir? — Was soll ich thun?" —

Gretter antwortete in derselben Weise leise: „Thue nichts, was gegen die Ehre ist!" —

Da Einar sich besann, und zu antworten zauderte, fuhr Snaekoll dazwischen: „Spute dich, Bauer! — Oder, was rät dir der lange Lümmel da, der dir in's Ohr zischelt? — Vielleicht gelüstet's ihn, einen Tanz mit mir zu wagen!" —

Gretter erwiderte: „Der Bauer und ich, wir gleichen einander. Beide sind wir von Natur etwas zaghaft!" —

Snaekoll rief: „Bange soll euch erst werden, wenn ich anfange zu rasen!" —

Darauf Gretter: „Hab ich's gesehen, so werd' ich's ja wissen!" —

Der Berserker fing nun an zu brüllen und zu heulen, wie ein Wolf, nahm den Rand seines Schildes in seinen Mund und biß darauf mit seinen Zähnen umher, daß der Schaum ihm aus dem Munde quoll.

Gretter sah sich den wütenden Kerl an, näherte sich ihm unvermerkt, und stieß plötzlich mit seinem Fuße, von unten her, so stark gegen des Berserker herabhängenden Schild, daß dessen obere Ecke welche der Räuber zwischen den Zähnen hielt, ihm tief in die Mundhöhle eindrang.

So mächtig war der Stoß, daß die Kinnlade des Berserkers davon barst und der Unterkiefer schlaff auf die Brust herabfiel.

Diesen günstigen Augenblick benutzend, packte Gretter mit der linken Hand nach Snaekolls Helm, riß den ganzen wütenden Kerl vom Pferde herunter, zog mit der rechten Hand sein kurzes Schwert, und hieb den Hals des Unholdes mitten durch, sodaß der Kopf vom Rumpfe sich trennte.

Als Snaekolls Bande dieses Ende ihres Führers sah, floh sie nach allen Richtungen wild auseinander.

Gretter hielt es nicht für der Mühe wert, diese Burschen zu verfolgen, denn er sah wohl, daß sie Memmen waren.

Der Bauer Einar dankte dem Gretter in herzlichen Worten für diese rettende That, welche er ebenso rasch, wie geschickt, ausgeführt hatte.

„Nun bleib noch länger hier bei uns"! Das war die Bitte aller Hausgenossen.

Bis zum 6. Januar entschloß sich Gretter zu bleiben, dann ritt er, reich beschenkt von seinem Gastfreunde, nach Tunsberg zu seinem Bruder Thorstein Drommund. Die Kunde seiner Erlebnisse und Thaten war ihm bereits vorangeeilt, und Thorstein empfing ihn mit herzlichster Teilnahme.

"Manch rühmliches Werk, mein lieber Bruder, hast du wiederum verrichtet! — Wenn nur das Unglück nicht immer dich verfolgen wollte!" — Gretter erwiderte: "Für seine Thaten steht der Mann nur ein, nicht für seine Leiden!" — — —

Den Rest des Winters, bis in den Frühling hinein, hielt sich Gretter in seines Bruders Hause auf. Eines Morgens lagen beide Brüder noch in ihren Betten, in dem Schlafzimmer, daß sie teilten.

Gretter schlief noch und hatte seine beiden Arme über die Bettdecke gelegt. Thorstein war schon erwacht, und beugte sich über den Bruder, dessen muskulöse Arme aufmerksam betrachtend.

Dieser schlug die Augen auf. Da sagte Thorstein zu ihm: "Lieber Bruder, niemals habe ich so mächtige Arme gesehen, wie die deinigen. Nun wundere ich mich nicht mehr, daß deine Hiebe so gewaltig auf die Schädel der Männer niederfallen!"

Gretter hob seine Arme in die Luft streckte sie und sagte: "Hätte ich nicht diese Kraft hier, die ich habe, so hätte ich auch nicht verrichtet, was ich that!" —

Thorstein antwortete: "Ich möchte es wünschen, lieber Bruder, deine Arme wären schwächer, aber größer dein Glück!"

Gretter sang:

Schwach oder hart
Von Wuchs und Gewalt! —
Niemand giebt selbst sich
Mark und Gestalt.

"Doch zeig' mir einmal deine Arme, Bruder."
Torfstein streifte seine Ärmel hoch und zeigte sie ihm.
"Das sind ja gar keine Arme," lachte Gretter, "das sind ja nur dünne Pfeifenstiele. Und Muskeln hast du, wie zusammengekleistert! Du hast nicht mehr Kräfte, als ein Weib!"
"Möglich," sagte Thorstein. "Aber diese dünnen Arme werden

dich noch einmal rächen, Gretter! Ohne sie möchtest du vielleicht ungerochen bleiben."

Diese Prophezeihung Thorsteins sollte in der That in Erfüllung gehen.

„Wer kennt seine Zukunft?" stieß Gretter mit einem Seufzer hervor.

Nach diesem Morgengespräch standen die Brüder auf.

Der Frühling zog nun jubelnd in das Land, bald folgte ihm der Sommer. Für Gretter war er das Zeichen, daß seine Gnadenfrist in Norwegen abgelaufen sei.

Die Brüder nahmen herzlichen Abschied von einander. Sie sollten sich in ihrem Leben niemals wiedersehen.

Gretter ging zur Küste, fand einen Platz auf einem Islandfahrer und schiffte heimwärts. Als es Herbst war, setzte er seinen Fuß an die heimischen Gestade.

Inzwischen hatten sich in Island Dinge zugetragen, die seine Person stark betrafen, und für ihn von den allerschlimmsten Folgen waren.

Bereits im Anfang des Sommers, also noch vor Zusammentritt des Althings, war ein Schiff, von Norwegen kommend, in Gaaser auf Island eingelaufen und hatte eine doppelte Nachricht mitgebracht, erstens die Trauerkunde von der Einäscherung der beiden Söhne des Thorer in jener Nacht am Sunde, und sodann die erfundene Beschuldigung gegen Gretter, daß er der Anstifter jenes Brandes gewesen sei. Man kann sich den Schmerz und die Erbitterung des Vaters vorstellen, der seine blühenden Söhne, mit so viel Hoffnung in die Welt hinausgesandt, bereits mit Ehren aufgenommen sich dachte unter König Olafs Hofgesinde.

Und nun diese Kunde: „Beide Söhne tot; dazu auf so erbärmliche Weise gestorben!" —

Selbstverständlich füllte sich des Mannes Brust mit Zorn und Rachegedanken gegen den vermeintlichen Urheber dieser Übelthat.

Der Althing stand im Begriff sich zu versammeln.

Thorer ritt mit großem Gefolge dorthin, erhob Anklage wider Gretter und stellte bei dem Thing den Antrag, daß Gretter ob dieser Missethat über ganz Island hin geächtet werden sollte.

Skapte, der Gesetzessprecher, wollte in die Verhandlung dieser Klage nicht eintreten, und begründete seine Weigerung mit folgenden Worten:

„Wahrlich, eine große Missethat wäre es von Gretter, wenn es sich „wirklich so verhielte, wie das Gerücht besagt. Aber man kennt doch „nur die halbe Wahrheit, wenn man nur eine Partei gehört hat. Denn

Die Gnadenfrist.

„die Erfahrung lehrt, daß die meisten Menschen geneigt sind, ihre Be-
„richte zu ihren Gunsten zu färben. Darum ist mein Bescheid dieser:
„Es kann über Gretters Ächtung so lange nicht vor Gericht entschieden
„werden, als er selbst abwesend, und dadurch seiner Verteidigung be-
„raubt ist!" —

So sprach Skapte.

Allein Thorer auf Gard im Adalthale war nicht der Mann, welcher
durch Hindernisse sich zurückschrecken ließ.

Herrschsüchtig, mächtig, reich, im Besitz eines großen Anhanges
unter den übrigen Häuptlingen, verfolgte er sein Ziel mit ebensoviel Nachdruck, als Zähigkeit.

Und er setzte es endlich durch, daß man Gretters Ankunft in Island nicht abwartete, sondern, daß man gegen des Gesetzsprechers Meinung
schon jetzt in die Gerichtsverhandlung eintrat. Unter diesen Umständen
war der Spruch der Richter denn auch nicht zweifelhaft. Er fiel ganz so
aus, wie Thorer es wünschte. Nämlich:

„Gretter ist über ganz Island hin für friedlos zu erklären."
„Gretter wird geächtet." —

So war denn Gretter zum zweiten Mal vom Althing bestraft.
Das erste Mal nur mit dreijähriger Landesverweisung. Das zweite Mal
aber weit schärfer, mit voller Aechtung, bei der jedermann eine gewisse
Verpflichtung hatte, den Geächteten zu töten, wo er ihn antraf.

Außerdem setzte Thorer noch einen hohen Preis auf Gretters Kopf.

Die Freunde des Gretter hatten auf dem Thing vergebens versucht, ihn zu retten, und alle Bessergesinnten verließen diesmal die Versammlung mit der Überzeugung: „Hier ist ein Unrecht geschehen! — Hier
hat die Gewalt über das Recht gesiegt!" —

Gretter war jetzt 25 Jahre alt, als er in die Acht erklärt wurde.

Kapitel 24.
Auf Södulkolla.

Das Schiff, welches Gretter von Norwegen nach Island brachte, lief den Weststrand der Insel an und warf im Borgarfjord Anker.

Es war bereits Herbst. Aus der Umgegend kamen Männer geritten, welche teils das Interesse an der Ladung, teils das Verlangen nach Neuigkeiten herbeizog.

Gretter sprang ans Land und wurde von Bekannten gegrüßt.

Sie teilten ihm mit, was inzwischen auf Bjarg alles geschehen war, seines Vaters Tod, seines Bruders Atle Ermordung und der Beschluß des Althings, der ihn selbst über ganz Island hin für friedlos erklärte.

Hiobsposten genug.

Allein der Isländer, insonderheit der von guter Erziehung, legte seine Gefühle nicht an den Tag. Es galt das bei Männern für unschicklich. So verschloß denn auch Gretter den Schmerz, der sein Herz bei dieser Botschaft durchwühlte, hinter einem ruhigen und festen Angesicht.

Er war gezwungen, sich noch einige Zeit bei dem Schiffe aufzuhalten, denn er konnte in dieser entlegenen Gegend kein passendes Reitpferd zu seiner Heimreise auftreiben. Ein Stück landeinwärts auf dem Hofe Backa wohnte ein Bauer, Namens Svein, ein tüchtiger Wirt und dazu ein Dichter lustiger Lieder. Der besaß eine braune Stute, einen Schnelläufer, welche er Södulkolla, das heißt „Sattelschön," nannte.

Da der Besitzer dieses, sein Lieblingstier, kaum freiwillig einem Fremden zur Heimreise überlassen hätte, so beschloß Gretter das Tier heimlich zu besteigen; selbstverständlich, um es nach gethanem Dienst wieder zurückzusenden. In einer Nacht brach Gretter auf, von den Schiffsleuten unbemerkt. Er warf über sich einen dunklen Mantel und ging zu Fuß, das Sattelzeug auf dem Rücken, an Thingnes vorbei nach Backa hinauf.

Es dämmerte schon der Tag, als er dort oben ankam.

Die braune Stute graste nahe bei dem Hofe, auf welchem noch alles schlief.

Er zäumte das Pferd auf, sattelte, und bestieg es.

Nun ging es im frischen Trabe in den anbrechenden Morgen hinein, den Hvitafluß hinauf und dann landeinwärts.

Er war schon bei Flokadalsau vorbei auf dem Wege nördlich von Kalfanes, als die Knechte auf Backa erwachten. Sie kamen heraus, vermißten die Södulkolla und meldeten das sofort ihrem Herrn.

„Es hat über Nacht jemand deine Stute bestiegen und ist mit ihr landeinwärts geritten! — Die Spuren sind deutlich erkennbar!" — Svein sprang aus dem Bette, ließ ein zweites Pferd satteln und bestieg es, um der Spur von dem Diebe seines Pferdes selbst zu folgen.

Gretter war inzwischen ohne Aufenthalt weiter geritten und hielt nun am Hofe Kropp, vor dem ein Mann, Namens Halle, stand, dem gab er folgenden Auftrag:

 Eile hinab mit fliegendem Fuß
 Zum meerdurchfahrenden Schiffe.
 Rufe es laut: „Am Hofe Kropp,
 Sah ich den Mann mit dem Kopf voll Kniffe."
 Die Södulkolla unter sich,
 Den schwarzen Mantel über sich!" —
 Nun, Halle, fort und tummle dich!

Der Mann stieg nun zu Pferde, um den übernommenen Botendienst auszurichten. Bei Kalfanes stieß er auf Svein, der auf ihn zugeritten kam, und ihn befragte:

 Hast du gesehn
 Auf Sattelschön
 Den frechen Dieb? — —
 Kann ich ihn finden,
 Werd ich ihn schinden
 Mit manchem Hieb! —

„Ja," sagte Halle, „das verhält sich so. Oben am Hofe Kropp kam an mir vorbeigeritten auf einer braunen, flinken Stute ein fremder Mann, groß von Gestalt und in einen langen, schwarzen Mantel gewickelt, der gab mir folgenden Auftrag:

Eile hinab mit fliegendem Fuß
Zum meerdurchfahrenden Schiffe.
Rufe es laut: „Am Hofe Kropp
Sah' ich den Mann mit dem Kopf voll Kniffe."
Die Södulkolla unter sich,
Den schwarzen Mantel über sich!" —
Nun, Halle, fort und tummle dich! —

„Ist das eine Keckheit von dem Menschen," sagte Svein.

So gerissen! —
Rasch vorbei! —
Ich muß wissen,
Wer er sei?! —

Gretter war inzwischen mit seiner flinken Stute in Deildartunga angekommen. Hier stand ein Weib am Wege. Dem sprach er folgenden Reim vor:

Walküre des Goldes, herrliches Weib,
Melde dem Manne, der voller Leid
Sucht Södulkolla:
„Ich, der Schenke von Odins Biere
Reite zur Nacht auf dem flinken Tiere
Noch bis Gilsbacka!" —

Das Weib prägte sich den Vers ein. Dann ritt Gretter weiter.
Svein kam kurz darauf zur Stelle, sah das Weib am Wege stehen und fragte sie:

Ei! Kam hier durch
Ein frecher Bursch,
Auf flinkem Tier? —
Das sage mir! —
Verdienten Streichen
Will er entweichen! —

Das Weib trat nun hervor und sagte dem Svein her das Lied, welches Gretter ihr eingeprägt hatte.

> Walküre des Goldes, herrliches Weib,
> Melde dem Manne, der voller Leid
> Sucht Södulkolla:
> „Ich, der Schenke von Odins Biere,
> Reite zur Nacht auf dem flinken Tiere
> Noch bis Gilsbacka!" —

Svein dachte über den Sinn dieses Liedes nach, dann sagte er:

> Der Mann ist kein Dieb! —
> Das ist mir lieb! —
> Der Verse Meister! —
> Allein, wie heißt er? —

Svein ritt im scharfen Trabe weiter. Es wehte und regnete stark. Endlich erblickte er von ferne den Reiter im dunklen Mantel. Bald tauchte die Gestalt auf, bald verschwand sie wieder, je nachdem der Weg sich hob, oder senkte.

Der Abend brach an, und Gretter, angelangt am Hofe Gilsbacka, sprang aus dem Sattel.

Grim Thorhallsohn, der Bruder seines Schwagers Gamle, war hier der Hauswirt, empfing ihn mit offenen Armen, und führte ihn in sein Haus.

Ein Knecht nahm, auf den Wink des Herrn, der Södulkolla Zaum und Sattel ab, und ließ sie grasen.

Eingetreten, erzählte Gretter lachend, wie er zu dem Pferde gekommen sei, und wie er darob ernstlich verfolgt werde.

In demselben Augenblick reitet Svein auf den Hof, bemerkt die Södulkolla grasen, und steigt ab.

> Dort das Pferd! —
> Hier der Herd! —
> Wo der Mann,
> Der drob kam? — —
> Herr, ich bitte,
> Zahlt die Miete! — —

Gretter, der eben im Schlafhause seine nassen Kleider abstreifte, hörte das Lied durch die Bretterwand hindurch und antwortete schlagfertig:

> Zu Grim her ritt ich den Klepper
> Der ist nur ein kleiner Hofsäther! —
> Solltest den Lohn nur streichen! —
> Will mich vergleichen! —

Svein war denn auch zum friedlichen Übereinkommen bereit, faßte die Sache scherzhaft auf, und ließ allen Anspruch auf Entschädigung fallen. Man setzte sich zusammen in die Stube, und nach kräftiger Abendkost wurden die Trinkhörner auf den Tisch gesetzt, um reichlich am Schenktisch durch die aufwartenden Knechte mit Bier gefüllt zu werden.

Der Herbstregen schlug an die Außenwände des Hauses, aber mitten in der Stube auf festgeschlagenem Estrich brannte ein lustiges Holzfeuer, erfüllte den Raum mit behaglicher Wärme, ließ den Rauch zur Dachwölbung aufsteigen, und dort durch die offenen Luken entweichen.

Gemütliche Stimmung ergriff alle. Gretter und Svein wiederholten noch einmal die unterwegs geschmiedeten Reime, welche sie einander den Tag über zugeworfen hatten.

Man lachte und versicherte, sich nichts übel nehmen zu wollen.

Aus der Zusammenstellung dieser Verse entstand nun ein Ganzes; das nannten sie das Södulkolla-Gedicht. Und es lebt dasselbe noch heute in der Islands-Saga fort.

Am nächsten Morgen nahm Svein seine braune Stute Sattelschön wieder an sich, und zog heimwärts. Er und Gretter trennten sich als gute Freunde.

Als Grim und Gretter nun allein waren, senkte sich doch der ganze Ernst der Lage schwer auf beider Herz.

Grim erzählte ausführlich von Atle's Tod und von dem Übermut des Thorbjoern Oexnamegin, der keine Sühngelder für den Totschlag Atles angeboten hätte, sondern vielmehr so dreist auftrete, daß es fraglich erscheine, ob die Hausfrau Asdis vor seinen Angriffen sich werde auf ihrem Hofe behaupten können.

Das trieb den Gretter schnell nach Hause.

Zu dem wollte er verhindern, daß irgend eine Nachricht über seine Landung auf Island, ihm voraus, nach dem Nordlande eilte.

Gretter nahm Abschied.

„Brauchst du Hülfe, dann komm zu mir," sagte Grim.

„Ich bin geächtet!" warf Gretter bitter ein.

„Das soll mich nicht hindern, dir als Freund zu dienen, versicherte Grim.

„Ich weiß, du bist brav und treu," schloß Gretter.

„Später werde ich deiner Hülfe wohl bedürfen."

Gretter schwang sich nun in den Sattel. Er mußte den Felsenrücken Cvidaegra überschreiten, um nach dem Nordlande zu kommen.

Spät Nachts erst traf er auf Bjarg ein, als schon alles schlief.

Er kannte genau die Einrichtung seines väterlichen Hofes, und wußte auch, welche Thüren zur Nachtzeit offen standen.

Noch heute verschließt man in Norwegen des Nachts die Hausthür nicht, selbst nicht in den Städten. Und wenn man sie verschließt, so geschieht das, nicht gegen Räuber und Diebe, sondern gegen Schnee und gegen die Stürme.

Gretter trat in das Schlafhaus ein, wo Herrschaft und Gesinde gemeinsam schliefen.

Nur für diesen Zweck, als ein gesondertes Gebäude, errichtet war das Schlafhaus, wie die Halle, bis in das Dach hinauf vertäfelt. Zwei Säulenreihen, welche das Gebälk trugen, teilten den weiten Raum in drei Schiffe. Das Mittelschiff blieb frei als Gang. Die beiden Seitenschiffe waren in einzelne Verschläge durch Scheidewände, von etwas über Manneshöhe, abgeteilt.

Diese Scheidewände waren bald aus Brettern gezimmert, bald durch ausgespannte Teppiche hergestellt. In solchen kastenartigen Verschlägen schliefen Knechte und Mägde, nach Geschlechtern getrennt, meist ohne Betten, nur auf Heu oder Stroh; manche in Schlafsäcken, manche nur mit einem Fell, oder mit einem Mantel zugedeckt.

Die Herrschaft und die vornehmeren Gäste dagegen schliefen im Hintergrunde desselben Schlafhauses auf erhöhter Estrade, gleichfalls in abgetrennten Kammern, jedoch in schön hergerichteten Betten, zu denen die Federn der vorzüglichen Eidergans das Material lieferten.

Die obere Luftschicht des weiten Raumes war allen Schläfern gemeinsam, und Öffnungen im Dach sorgten ausgiebig für beständige Lufterneuerung.

So war das Schlafhaus auf Island ein praktisch eingerichteter, großer, allen Regeln der Gesundheit wohl entsprechender Raum.

Gretter trat in das Schlafhaus auf Bjarg ein und tastete sich im Dunkeln durch den Mittelgang hinauf bis zur Estrade.

Seine Mutter erwachte von dem schlürfenden Schritt, hörte das Tasten der Hand, richtete sich in ihrem Bette auf und fragte vernehmlich: „Wer ist da?" —

Gretter trat herzu und nannte leise seinen Namen.

Asdis streckte ihre Arme nach ihm aus, zog ihn an sich, und küßte ihn zärtlich.

„Sei willkommen, lieber Sohn," sagte sie herzlich.

Dann schüttete sie dem heimgekehrten Kinde ihr volles Herz aus.

„Deinen Vater findest du nicht mehr," sagte sie. Asmund Haeru„lang trug sein graues Haupt hinab zur Gruft. Und, setzte sie mit tiefem „Seufzen hinzu: „An meinen Söhnen habe ich wahrlich nur kurze Freude. „Atle, der mir vom größten Nutzen hier war, ist erschlagen. Und du „bist, wie ein Verbrecher, geächtet. Illuge aber ist noch so jung, daß „er nicht imstande ist, etwas zu leisten!" — — — — — — — —

„Atle ist hier auf seiner eigenen Hausschwelle getötet, und sein Tod „ist noch nicht gerächt. Ein Weib hat, wie du weißt, auf Island kein „Klagerecht. Auch würde Blutgeld den schweren Frevel nimmer aus„löschen. Die Rache liegt nun in deinen Händen, Gretter! — Du mußt den „Thorbjoern Oernamegin züchtigen."

„Tröste dich, Mutter," sagte Gretter, „Atle wird von mir gerächt „werden, dazu bin ich hergekommen! Und wegen meiner Ächtung sorge „dich nicht. Es ist noch nicht entschieden, wer in diesem Streite als der „Stärkere sich zeigen wird, ich oder Thorer, mein Feind!"

Die Mutter stimmte befriedigt zu, und lehnte sich in die Kissen zurück. Gretter warf sich auf Atles Bett, das noch unberührt auf seinem alten Platze stand, und erleichtert atmete seine breite Brust auf, für kurze Zeit, in dem Frieden und in der Luft des Vaterhauses.

Die Frauen auf Island besaßen keine politischen Rechte. Im öffentlichen Leben traten sie völlig zurück. Um so größer war ihr Einfluß im Hause. Hier werden sie oft die Schöpfer der Gedanken und Pläne, denen die Männer auf dem Thing ihre Stimme, auf dem Kampfplatz ihre Waffen leihen.

Besonders zäh zeigte sich auch das Weib auf Island in Verfolgung der Blutrache.

Eine Witwe zeigt ihren heranwachsenden Söhnen von Zeit zu Zeit immer wieder die treu aufgehobenen, blutdurchtränkten Kleider ihres erschlagenen Mannes, und sagte ihnen: „Diese Kleider eures Vaters müssen euch antreiben, ſtarke Arme zu bekommen, um dereinſt ſeinen Tod zu rächen!" —

Eine andere Häuptlingswitwe trauert darüber, daß ihr nächſter männlicher Verwandter, ihres Vaters Bruder, die ihm zukommende Pflicht, den Tod ihres erſchlagenen Mannes zu rächen, zu lange aufſchiebe. Als derſelbe einſt bei ihr zu Tiſch ſaß, warf ſie ihres Mannes blutdurchtränkten Mantel um ſeine Schultern ſo heftig, daß die getrockneten Blutklumpen des Kleides hart an Bank und Tiſchkante anſchlugen und rief: „Wie lange zauderſt du, Ohm?" — „In dieſem Mantel fiel mein Eheherr! Ich beſchwöre dich bei Gott, daß du alle ſeine Wunden rächeſt! Sonſt biſt du eine Memme!" — —

Eine Mutter führte ihren jüngeren Sohn in die Nähe eines Hofes hin, zeigte auf die Dächer hinab und fragte: „Wie heißt der Hof dort?" — „Mutter, du weißt es! Tunga!" „Und, wer wohnt dort?" forſchte das Weib weiter. „Mutter," ſagte abwehrend der Jüngling, „auch das weißt du!" — „Ja!" ſprach mit einem tiefen Seufzer die Witwe, „ich weiß es!" — „Dort wohnt der Totſchläger deines Bruders! Aber ich weiß auch, daß dir die Rache zukommt, und deine Arme hängen ſchlaff herab, ganz un- ähnlich deinen tapferen Vorfahren! — Beſſer wäre es, du wärſt ein Weib geboren, und dein verſtorbener Vater hätte dich in die Ehe gegeben!" —

So trieb in einer Zeit, wo die rohe Kraft noch nicht von Religion und Sitte gebändigt wurde, ſelbſt das Weib den Mann an, die Ehre und das Recht des Hauſes mit blankem Schwerte zu verteidigen.

Gretter hielt ſich einige Zeit auf Bjarg auf, doch insgeheim, ſodaß nur wenige um ſeine Unweſenheit wußten.

Eifrig zog er Kundſchaft ein, was in der Nachbarſchaft vorging, beſonders ließ er beobachten den Thorbjoern Oernamegin und ſein Thun.

Da wurde ihm zugetragen: „Der Thorbjoern iſt auf ſeinem Hofe nur mit wenigen Knechten! — Alle die anderen Leute ſind oben auf den Bergwieſen beim Heumachen!" —

Kapitel 25.
Atle gerächt.

Es war ein sonniger Herbsttag. Da setzte sich Gretter zu Pferde und ritt westwärts über die Felsenrücken nach dem Hrutafjorde. Sein Ziel war Thoroddstaetten, der Hof des Thorbjoern, den er zur Verantwortung ziehen wollte für die Erschlagung seines Bruders Atle. Um die Mittagszeit kam er auf dem ziemlich leeren Gehöfte an und meldete sich durch Klopfen. Einige Mägde traten vor die Hausthür, und grüßten den ihnen unbekannten Reiter.

„Wo ist der Hausherr?" fragte Gretter.

„Thorbjoern ist draußen auf den Wiesen beim Heumachen!" —

„Allein?" —

„Sein Sohn Arnor ist bei ihm!" —

„Wie alt ist der Knabe?" —

„Sechzehn Jahre!" —

„Welches ist der Weg?" —

„Herr, wenn ihr die Richtung nordwärts auf Reykir nehmt, werdet ihr die Wiese, links vom Wege, finden!" —

Gretter grüßte die Weiber und ritt davon.

Er schlug den bezeichneten Weg ein, und traf bald das gesuchte Feldstück, auf dem das gemähte Gras in dicken Schwaden lag, schon zum Aufbinden trocken.

Thorbjoern war ein sehr starker Mann. Darum führte er auch den Beinamen Oxnamegin, das heißt, die „Kraft eines Ochsen". Auch war er ein sehr fleißiger Wirt, den man fast niemals ohne Beschäftigung fand. So war er jetzt selbst mit dem Aufbinden des trockenen Heues beschäftigt, und sein Sohn half ihm dabei, außerdem eine Arbeiterin, welche beiden Handreichung that. Das waren die einzigen Menschen auf dieser abgelegenen Gebirgswiese.

Thorbjoern hatte soeben zwei große Heubündel zusammengeschnürt, die bildeten eine Pferdelast, und wurden, über den Rücken eines Pferdes geworfen, auf diese Weise thalabwärts transportiert.

Sein blank geschliffenes Schwert und sein breiter, eisenbeschlagener

Schild, welche beide Thorbjoern zur Feldarbeit mitgenommen hatte, lehnten an den fertig geschnürten Heubündeln. Auch Arnors Waffe, eine Streitaxt, lag dabei.

Vater und Sohn waren im Begriff die zweite Pferdelast herzurichten, da ritt Gretter, vom Wege abbiegend, die Wiese herauf. Thorbjoern, von oben herab, bemerkt den Mann, und sagt zu Arnor: „Da kommt jemand von unten herauf. Er scheint uns zu suchen. Laß jetzt die Arbeit, bis wir gesehen haben, wer der Mann ist, und was er will?" —

Gretter sprang aus dem Sattel, und ließ sein Pferd stehen. Man umschlang in diesem Falle die Vorderfüße des Pferdes mit einem kurzen Riemen, welcher ein Fortlaufen verhinderte.

Gretter hatte einen Helm auf dem Kopfe, ein Schwert an der Seite, und in der Hand einen langen, silberbeschlagenen Spieß.

Er setzte sich auf die Erde und zog aus dem Speer den Stift heraus, welcher Spitze und Schaft verband.

Er wollte dadurch vorbeugen, daß Thorbjoern den Spieß auf ihn zurückschleuderte.

Thorbjoern beobachtete von oben her das Thun des Fremden, und sagte:

„Der Mann scheint groß und stark, und, wenn ich nicht irre, muß „das der Gretter, Asmunds Sohn aus Bjarg sein. Er glaubt gewiß „triftigen Grund zu haben, uns hier aufzusuchen. Aber laß uns ihn „männlich empfangen, keine Furcht an den Tag legen, und uns gewandt „im Kampfe zeigen! — Höre mir zu, mein Sohn, und merke wohl auf! — „Ich greife den Gretter von vorne an, und hoffe ihm gewachsen zu sein. Du „aber umgehst ihn, und greifst ihn von hinten an. Schlage ihm dein Beil mit „aller Wucht in den Rücken mitten zwischen die Schulterblätter! — Du brauchst „nicht zu fürchten, daß er dir Schaden thut, denn ich fasse ihn von vorne; „dir kehrt er ja den Rücken zu, und mit mir wird er genug zu thun haben!" —

Mit diesem Schlachtplane erwarteten Vater und Sohn den Feind. Doch ihre Schwäche war, daß weder Thorbjoern noch Arnor einen Helm zur Stelle hatten.

Gretter schritt nun die Wiese hinauf, und, als er sich in Wurfesweite befand, schleuderte er seinen Spieß gegen Thorbjoern. Der Schaft steckte aber, nach Lösung des Stiftes, zu locker in der Spitze, sodaß mitten im Wurf Schaft und Spitze sich trennten. Das Geschoß fiel kraftlos zu Boden. Dieser Angriff hatte also versagt! —

Thorbjoern hielt nun den Schild vor sich, und zog das Schwert. So schritt er zum Angriff gegen Gretter vor.

Dieser hatte zur Verteidigung nur sein kurzes Schwert.

Arnor suchte, wie sein Vater ihn geheißen, den Gretter zu umgehen, und hinter seinen Rücken zu kommen.

Doch Gretter bemerkte das und hieb, zunächst nur mit flacher Klinge, nach des Knaben Kopf, den er zu töten nicht die Absicht hatte. Aber der Schlag war doch so wuchtig, daß der Schädel davon barst und der Junge tot zu Boden fiel. Jetzt stürzte Thorbjoern mit aller Wucht sich auf Gretter und hieb nach ihm. Gretter fing den Hieb mit seinem linken Arme auf, den der Schild deckte. Gleichzeitig führte Gretter's rechte Faust einen so wuchtigen Schwertschlag gegen Thorbjoerns Schild, daß die Schwertschneide den Schild des Gegners durchschlug, und selbst in Thorbjoerns vorgebeugtem Kopf so tief eindrang, daß das Hirn durchschnitten wurde.

Der Schwergetroffene stürzte zur Erde, zum Tode wund.

Gretter wischte nun seine bluttriefende Klinge am Heubündel ab, und stieß sie in die Scheide.

Sein Werk der Rache war hier gethan. Da lag hingestreckt der Mörder seines Bruders Atle an der Seite seines Knaben.

Er suchte nun auf der Wiese nach seinem silberbeschlagenen Spieß; konnte ihn aber im Grase nicht finden. Drauf ging er zu seinem Pferde und bestieg es. Nach isländischem Rechte mußte, wer einen Mann erschlagen hatte, sofort nach der That bei den Hausgenossen des Getöteten sich melden, und selbst das Geschehene anzeigen. Dadurch wurde die Tötung eine ehrliche Sache. Unterblieb diese Anzeige, so galt die That als gemeiner Mord.

Gretter ritt also hinab zu Thorbjoerns Hof, und bekannte sich dort selbst als den, welcher den Hausherrn samt seinem Sohne im Kampfe erschlagen habe.

Das Weib auf der Wiese, welches, hinter Heubündeln versteckt, dem Kampfe der Männer zugesehen hatte, holte nun Leute herbei, und sie schafften die Leichname nach Hause. Thorodd Drapastuf war der Bruder des Erschlagenen, und übernahm, nach der Leichenschau, die Pflicht der Blutrache.

Gretter aber ritt nach Hause.

Als er auf Bjarg eintraf, ging er sofort zu seiner Mutter und sagte: „Mutter, dein Sohn Atle ist gerächt! — Sein Mörder Thorbjoern samt „seinem Kinde liegen, erschlagen von dieser meiner Hand, auf der Wiese!" —

„Das ist gut, mein Sohn," sagte Asdis, „du thatst deine Pflicht!" — „In dir rollt das alte Heldenblut unserer Väter aus dem Vatnsthale! — „Aber dieses ist der Anfang deiner Leiden! — Denn nur zu gewiß ist es, „daß Thorbjoerns Unverwandte dich hier nicht lange werden in Frieden „wohnen lassen! — Was sinnst du jetzt zu thun?" —

„Mutter," sagte Gretter, „hier kann ich nicht bleiben, schon um deinet-„willen nicht. Du brauchst den Frieden im Hause. Bin ich fort, dann „darf niemand dir ein Leid thun. Darum laß mich scheiden. Wahrlich, „nur kurze Rast war unter deinem Dache mir beschieden!" —

„Wo willst du hin, mein Sohn?" fragte die Mutter.

„Nach dem Westlande zu unsern Freunden und Verwandten."

Gretter machte sich nun zur Abreise fertig, und Mutter und Sohn schieden tiefbewegt.

Gretter ritt zuerst nach Melar am Hrutafjord zu seinem Schwager Gamle, aber beide waren der Meinung, daß er hier vor den Verwandten Thorbjoerns nicht sicher sei, daß er noch weiter westwärts müßte. So durchschnitt er denn ohne Aufenthalt die Hochebene am Laxardal und hielt nicht an, bis er den Hvammsfjord erreichte. Hier lag der Hof Ejaslogar, wo der ihm befreundete Thorstein Kuggasohn wohnte. Den größten Teil des Herbstes hielt Gretter sich hier auf.

Kapitel 26.
Die Blutbrüder.

Thorodd Drapastuf hatte als nächster männlicher Unverwandter es auf sich genommen, den Thorbjoern Oxnamegin und seinen Sohn Arnor an Gretter zu rächen.

Er ritt darum mit zahlreichem Gefolge nach Bjarg hinab, um Gretter dort aufzusuchen.

Auf Bjarg waren viele Leute versammelt. Man war auf sein Kommen und auf einen etwaigen Angriff gefaßt.

Asdis empfing selbst den Thorodd Drapastuf, und sagte zu ihm:

„Gretter ist nicht zur Stelle! — Wäre er hier, ich würde es nicht „leugnen! — Er ist fortgeritten! — Zu dem, dünkt mich, habt ihr wenig „Grund zum Zürnen. Denn Gretter that nur seine Pflicht. Er hat seinen „Bruder Atle gerächt, den Thorbjoern hier auf seiner Hausschwelle erschlug. „Thorbjoern empfing zurück, was er uns selber angethan hat. Ich denke, „wir sind quitt, und ihr könnt zufrieden sein! Ich wenigstens, um deren „Trauer sich niemand von euch bisher gekümmert hat, bin mit diesem „Schlusse der Sache sehr zufrieden!" — —

Mit solchem Bescheide ritt Thorodd Drapastuf davon.

Das Forschen nach dem Aufenthalte des Gretter setzte Thorodd eifrig fort, und erfuhr endlich, daß er in Ljastogar sich aufhalte.

Sofort sammelte er ein starkes Gefolge, um dahin aufzubrechen.

Gamle, Gretters Schwager auf Melar, erfuhr von dieser Kriegsabsicht, und benachrichtete durch Eilboten Gretter und seinen Wirt Thorstein Kuggasohn.

Beide ratschlagten, was nun zu thun sei, und einigten sich dahin, diesen Angriff hier nicht abzuwarten; vielmehr riet Thorstein:

„Geh' zu Snorre, dem Goden, und bitte ihn um seinen Beistand. „Der verfügt über mehr Leute als ich, und kann dich gegen Thorodd „Drapastuf wirksamer unterstützen."

Gretter beschloß, diesen Rat zu befolgen.

Snorre wohnte auf seinem Hofe Tunga, nur wenige Meilen nordwärts.

Er empfing den Gretter wohlwollend; aber lehnte es ab, ihn als Wintergast zu herbergen.

„Ich bin jetzt alt," sagte er, „und mag geächtete Leute, denen „Streit und Krieg auf dem Fuße folgen, nicht gerne bei mir haben. „Kann ich dagegen mit meinem Wort auf dem Thing dir helfen, dann „werde ich es zu deinen Gunsten in die Wagschale legen; den Aufenthalt „aber mußt du dir wo anders suchen!"

So trennten sie sich.

Gretter ging nun noch weiter nach Norden und zog sich auf jene Halbinsel zurück, welche, eingeschnürt vom Bryda- und Hunafjord, nur durch einen schmalen Landarm mit dem übrigen Island zusammenhängt. Hier streifte er hinauf bis nach Reykjanes. —

Als Thorodd Drapastuf das hörte, brach er den bereits unternommenen Kriegszug wieder ab.

Indessen der drohende Winter mahnte den Gretter, sein umherschweifendes Leben nun aufzugeben, und ein festes, schützendes Dach zu suchen. Ganz im Westen der genannten Halbinsel, dicht am Breydafjord, lag ein Hof Namens Reykholar. Sein Besitzer war Thorgils, und dieser dem Gretter durch seinen Vetter Thorstein Kuggasohn bekannt. Hier klopfte er an, und bat um Winterquartier.

„Essen kannst du bei mir bekommen, wie jeder freigeborene Mann," sagte Thorgils, „aber es ist nicht von der besten Sorte!" —

„Ich bin zufrieden, was es auch giebt," erwiderte Gretter.

Indessen, noch einen Haken hat die Sache hier," fuhr Thorgils fort. „Ich habe schon zweien anderen Geächteten Winterquartier versprochen. „Es sind die Blutbrüder Thorgeir und Thormod, zwei Hitzköpfe wie du, „und es fragt sich, ob ihr drei mit einander werdet Frieden halten?" — „Aber Streit, oder gar Mord und Totschlag, das dulde ich in meinem „Hause nicht."

„An mir soll es in keiner Art liegen," versicherte Gretter. „Ich werde Frieden halten, um so mehr, als ich jetzt den Willen des Hausherrn kenne!" —

Gretter blieb, und bald darauf trafen auch die Blutbrüder ein.

Blutbrüder waren Freunde, die aus geritzten Wunden ihr Blut hatten zusammenfließen lassen, und sich daraufhin Umarmung und Bruderkuß gaben. Sie hielten sich dann für ihr ganzes Leben unauflöslich verbunden.

Auch diesen Blutbrüdern gab Thorgeir dieselbe Ermahnung zum Frieden; und auch sie versprachen ihr Bestes.

In der That, obwohl beide Parteien zu einem Freundschaftsverhältnis nicht kamen, so fiel doch von keiner Seite ein beleidigendes Wort, aus Respekt vor dem Hausherrn.

Thorgils besaß die Olafs Inseln, welche, ungefähr 1 $\frac{1}{2}$ Meilen von Reykholar entfernt, im Breydafjord lagen.

Reich mit Gras bestanden, dienten sie ihm als Fettweide für sein Vieh. Dort hatte Thorgils noch einen fetten Ochsen grasen. Der sollte nun geholt und zum Weihnachtsfest geschlachtet werden.

Die Blutbrüder übernahmen es, den Ochsen zu bringen, und Gretter bot sich ihnen als Helfer an.

Mit einem zehnrudrigen Schiff traten die drei ihre Fahrt an. Es war kalt, und der Wind wehte scharf aus Norden. Unter Segel gehend, erreichten sie bald die Olafs-Inseln. Der Ochse wurde gegriffen, und es handelte sich nun darum, ihn an Bord zu schaffen. Zu diesem Zweck mußte das Schiff möglichst nahe an's Land gebracht, und in der Brandung festgehalten werden.

Gretter fragte die Brüder, ob sie den Ochsen auf das Schiff tragen, oder das Schiff in der Brandung festhalten wollten? — Sie entschieden sich für das Erstere.

So sprang denn Gretter in's Wasser bis an die Schultern, stemmte sich gegen die Schiffswand, welche der Insel abgekehrt war, und hielt so das Fahrzeug mitten in der Brandung fest, daß es sich weder hin- noch her bewegen konnte. Währenddessen griffen die beiden Blutbrüder den Ochsen, und trugen ihn gemeinsam auf das Schiff. Dann schwang sich Greter an Bord, und alle drei setzten sich an die Riemen, da auf der Rückfahrt der Wind entgegen war.

Thormod saß auf der vordersten Ruderbank, Thorgeir auf der mittelsten, zunächst dem Mast, und Gretter am Hintersteven. So ruderten sie in den Fjord hinein, und der Sturm nahm zu.

Thorgeir schrie: „Der Achterriemen bleibt zurück!" —

Gretter entgegnete: „Gewiß, weil es vorne hapert!" —

Da legte sich Thorgeir so mit Macht in die Dollen, daß beide brachen. Dann schrie er den Gretter an: „Indem ich hier den Schaden ausbessere, zeig' du da hinten einmal, was du kannst!" —

Gretter ruderte nun mit solcher Gewalt, daß seine beiden Riemen zersplitterten. Er warf die Stücke auf das Deck.

„Weniger ist besser, und nichts ruinieren am besten!" — schrie Thorgeir.

Gretter griff nun nach zwei Holzbäumen, die unten im Schiffe lagen, legte sie statt der Riemen in die Dollen, und drückte so mächtig gegen das Wasser, daß das Schiff in allen seinen Fugen ächzte.

Unter dieser Arbeit waren sie, bei Sturm gegenan, bald zur Stelle.

Gretter fragte nun die Blutbrüder: „Wollt ihr das Schiff in die Schiffsscheuer hinaufsetzen, oder den Ochsen nach Hause bringen?" —

Sie wählten das Erstere, und trugen das Schiff in die Scheuer hinauf, halb voll Seewasser, wie es war, dazu auswendig mit Eis überzogen.

Gretter nahm den Ochsen am Halfter und führte ihn zum Hofe

hinauf. Da aber das Tier sehr fett war, so wurde es bald müde, legte sich, und wollte trotz alles Treibens nicht von der Stelle.

Während Gretter sich mit dem schwerfälligen Vieh abmühte, gingen die Blutbrüder schlankweg an ihm vorbei, und freuten sich seiner Verlegenheit.

Auf dem Hofe angekommen, fragte sie Thorgils: „Wo habt ihr denn den Gretter?" —

Sie erzählten, an welcher Stelle, und in welcher Verlegenheit sie ihn zurückgelassen hätten.

Da schickte Thorgils Knechte ab, dem Gretter zur Hülfe.

Als diese halbwegs waren, sahen sie einen Mann entgegenkommen, der trug eine schwere Last. Sie schritten darauf zu, und erkannten Gretter, der den Ochsen auf seinen Rücken genommen hatte, und so trug. Sie entsetzten sich dermaßen über diesen Anblick, daß sie kehrt machten, und zum Hofe zurück liefen. Dort erzählten sie, was sie gesehen hatten. Alle Leute traten nun vor das Hofthor, um das Wunder anzustaunen. Auch Thorgils und die beiden Blutbrüder kamen heraus. Da kam Gretter herauf, und trug wirklich den Ochsen auf seinem Rücken.

Am Hofthor setzte er die Last ab.

Alle riefen laut ihren Beifall, und schüttelten Gretter die Hände für diese außerordentliche Leistung.

Nur Thorgeir wollte vor Neid schier platzen. Er suchte darum Gelegenheit, sich an Gretter zu reiben.

Eines Tages, kurz nach Weihnachten, ging Gretter allein ins Bad.

Baderäume befanden sich auf allen größeren Höfen in Island. Meist waren sie in einem besonderen, für diesen Zweck errichteten, Nebenhause. Man badete in erwärmtem Wasser, indem man eine der vielen heißen Quellen, die es in Island giebt, auffing, und in ein überdachtes Bassin leitete. Öfter noch badete man in heißem Dampfe. Ein großer Steinofen war in den Baderaum hineingebaut. Den erhitzte man stark, und übergoß ihn dann mit kaltem Wasser, wodurch reichlicher Dampf erzeugt wurde, der den ganzen Raum füllte. Übereinander angebrachte Holzgestelle, auf welche die Badenden sich streckten, gestatteten es, diesen Wasserdampf heißer, oder weniger heiß auf den Körper einwirken zu lassen. Nach dem Schwitzbade übergoß man sich dann mit kaltem Wasser, und massierte den Körper. Es war die heute noch in Rußland so allgemein beliebte Art des Badens. Auf den isländischen Höfen wurden diese Baderäume von Herren, wie von Knechten, von Männern, wie von Frauen sehr fleißig benutzt.

Gretter war ins Badehaus gegangen, selbstredend ohne Waffen.

Thorgeir wußte darum, und fragte seinen Blutbruder Thormod: „Wollen wir hinabgehen, und dem Gretter in den Weg treten, wenn er aus dem Bade kommt?" —

„Ich für mein Teil spüre keine Lust dazu," sagte Thormod, und ich glaube, auch du wirst wenig Ehre davon haben!" —

„Ich habe Lust, und will es versuchen," sagte Thorgeir.

Er lief den Abhang hinunter, und schwang seine blanke Streitaxt hoch in die Luft.

In diesem Augenblicke trat Gretter aus der Thür des Badehauses.

Als sie sich begegneten, sagte Thorgeir: „Ist es wahr, Gretter, was die Leute von dir sagen, daß du keinem Manne ausweichen willst?" —

Gretter erwiderte: „Ob ich das irgendwo gesagt habe, weiß ich nicht genau; aber das weiß ich ganz gewiß, daß ich dir nicht ausweiche!" —

Thorgeir holte nun mit seinem Beil zum Schlage aus.

Gretter griff ihm unter die Arme, warf ihn hart zu Boden, und kniete sich auf ihn.

Da schrie Thorgeir: „Thormod! — Wie? — Kannst du es ruhig mit ansehen, daß dieser Teufel mich würgt?" —

Thormod packte darauf Gretters Beine, und wollte ihn von Thorgeir wegziehen, aber er vermochte es nicht.

Thormod trug ein kurzes Schwert an der Seite, und riß es nun aus der Scheide.

In diesem Augenblick trat der Hausherr hinzu, und gebot mit lauter Stimme Frieden.

Sofort löste sich die Gruppe. Die Blutbrüder thaten nun so, als wenn ihr Augriff auf Gretter eitel Scherz gewesen sei.

Der Frühling brach an, und die Wintergäste verließen Thorgils Haus, ohne daß ein weiterer Zwischenfall die Eintracht gestört hätte! — Allgemein war die Verwunderung darüber, daß Thorgils es gelungen war, Monate lang, so übermütige und zügellose Leute, wie diese drei, in Schranken zu halten; und man erklärte ihn allenthalben für einen sehr tüchtigen Häuptling.

Gretter verabschiedete sich gleichfalls im Frühling, und ritt nach

dem Dorschfjord. Als man dort ihn fragte: „Wie warst du mit dem Essen auf Reykholar zufrieden?" antwortete er: „Dann am meisten, wenn es bis zu mir hin reichte!" —
Später suchte er das Westland auf. —

Kapitel 27.
Eine Entscheidung.

Im Juni dieses Sommers trat in Thingvalla für die gesamte Bewohnerschaft von Island der Althing zusammen, welcher für Gretter eine wichtige Entscheidung bringen sollte. Er selbst, wie seine Thaten, waren jetzt in aller Munde, und er besaß ebenso begeisterte Freunde, wie erbitterte Feinde. Seine Freunde lobten an ihm seine fast übermenschliche Stärke und seine uneigennützige Bereitschaft, wo es galt, beizuspringen und zu helfen. Seine Feinde schalten seine Rohheit, seine Händelsucht und seinen unerträglichen Übermut in Worten, wie in Thaten.

Es ist begreiflich, daß Thorgils Arasohn, als er mit ansehnlichem Gefolge beim Althing auftritt, von vielen umringt, und nach Gretter gefragt wurde, der, wie bekannt, sein Wintergast gewesen war.

„Wie hast du es nur fertig gebracht," fragte der Gesetzessprecher „Skapte, „drei so unbändige Gesellen, wie den Gretter und die beiden „Blutbrüder den ganzen Winter hindurch unter einem Dach zu herbergen, „ohne daß sie sich gegenseitig die Hälse brachen?" —

„Ich verlangte von ihnen Frieden, und sie respektierten mein Wort," antwortete Thorgils.

„Gretter machte dir wohl die meiste Mühe?" fragte Skapte weiter.

„Mitnichten! Die wenigste!" erwiderte Thorgils. „Drohte Streit, so hatten meist die Anderen Schuld!" —

„Alle drei sind ja Riesen an Kraft," sagte Skapte, „aber welchen von ihnen hältst du für den Mutigsten?" —

„Mutig sind sie alle drei auf gleiche Art," sagte Thorgils, „aber zwei von ihnen haben doch auch wieder Furcht, jeder in seiner Art!" —

„Wie das?" fragte Skapte.

„Nun," antwortete Thorgils, „Thormod fürchtet Gott; denn er ist „ein gläubiger Mann. Gretter fürchtet auch, aber die Dunkelheit, und „zwar in einem solchen Grade, daß er es nicht wagt, irgendwo hinzu-„gehen, sobald es finster geworden ist. Thorgeir dagegen, glaube ich, „fürchtet nichts weder Gott noch Menschen!" —

„Was du da sagst, Thorgils, ist treffend!" — erwiderte Skapte. Dann trennten sie sich.

Vor diesen Althing brachte nun auch Thorodd Drapastuf seine Klage gegen Gretter wegen Tötung seines Bruders Thorbjoern Oex-namegin. Eigentlich hätte diese Verhandlung erst vor den kleineren Hunavatens-Thing gehört, allein hier fürchtete der Kläger nicht durchzu-dringen wegen der großen und einflußreichen Verwandschaft des Gretter. So brachte er denn die Verhandlung gleich vor den Althing.

Hier waren die Richter zunächst der Meinung, daß von keiner der streitenden Parteien Blutgeld zu verlangen sei. Denn Atle starb um Thorbjoerns und Thorbjoern um Atle's willen; also hebt sich die Schuld Zug um Zug auf.

Gegen diese Auffassung der Richter erhob Skapte Widerspruch.

„Nicht darauf kommt es hier an," sagte er, „die Getöteten in „ihrem gegenseitigen Werte abzuschätzen. Sondern blickt, ihr Männer, „auf den Thäter, der die That gethan hat. Hier findet ihr den Unter-„schied. Den Atle erschlug Thorbjoern, ein freier Mann. Der ist für „die That haftbar, oder, starb er, so sind haftbar an seiner Stelle seine „Verwandten. Wer aber erschlug den Thorbjoern?" — Gretter! — „kein freier Mann, sondern ein Geächteter, dem es vom Gesetz verboten „ist, hier zu erscheinen, und seine Sache selbst zu führen. Gegen Gretter „können wir also hier nicht verhandeln, noch weniger, mit irgend welchem „Recht, ihn belangen!" — — — — — —

„Das ist mein Urteil." So sprach der Gesetzessprecher Skapte.

„An wen habe ich mich denn in dieser Sache zu halten?" fragte Thorodd Drapastuf.

„An Gretters nächste Verwandte männlichen Geschlechts!" entgegnete Skapte.

„Wer sind diese?" fragte Thorodd.

„Das zu ermitteln, ist nicht Sache des Gerichts. Das ist deine Privatangelegenheit," entschied Skapte.

So blieb denn Thorbjoerns Tötung, und die Festsetzung der Strafe für diese That noch unentschieden.

Dagegen für Atles Ermordung wurde von dem Gericht als Strafe festgesetzt die Zahlung von 80 Lot Silber. Und diese Strafe hatte der nächste Anverwandte des, inzwischen selbst erschlagenen, Übelthäters zu entrichten. Sie traf also den Thorodd Drapastuf.

Achtzig Lot Silber berechneten sich damals, wie folgt. Ein Lot Silber entspricht ¹/₃₂ Pfund, das ist 2 Mark 25 Pfennig nach heutiger Münze. Demnach waren achtzig Lot Silber gleich 180 Mark. Und, wenn man annimmt, gewiß mit Recht, daß damals das Geld einen zehnfach höheren Wert besaß verglichen mit heute, so ergiebt sich, daß Atles, eines freien Mannes, Tod, zu jener Zeit gebüßt wurde mit einer Strafe von 1800 Mark nach heutigem Geldwert. Die Höhe dieser Geldsumme setzt eine große Wohlhabenheit bei den damaligen Großgrundbesitzern auf Island voraus.

Und wir haben noch stärkere Beweise für solchen Wohlstand.

Der Bauer Njaal, ein über die ganze Insel Island besonders angesehener Häuptling, wurde um das Jahr 1000 auf dem Althing verurteilt zu einer Geldstrafe von 90 Mark Silber, was einem jetzigen Werte von 33000 Mark in deutscher Münze gleichkommt.

Der Bauer Njaal bezahlte sofort auf dem Althing diese Buße, und entnahm den größeren Teil davon der mitgenommenen eigenen Kasse, nur den kleineren Teil borgte er von Freunden. Niemand nimmt aber seinen ganzen Baarvorrat auf solch eine Reise mit. Mit Recht sagen wir also: Welch eine Wohlhabenheit vertrat damals der Grundbesitz auf der heute so verarmten Insel Island! —

Thorodd Drapastuf ließ es nun sich angelegen sein, die nächsten männlichen Anverwandten des Gretter auffindig zu machen. Und es wurden als solche festgestellt seiner beiden Schwestern Söhne: Skegge, der Sohn des Gamle auf Melar, und Uspak, der Sohn des Glum auf Eyre in Bitra; beides hochgemutete, junge Männer.

Eine Entscheidung.

Die 80 Lot Silber waren von Thorodd noch nicht bezahlt und die Anklage gegen Gretters Neffen war noch nicht erhoben.

Da trat Snorre, der Gode, mit einem Vorschlag dazwischen.

Er erfüllte jetzt das Versprechen, welches er verflossenen Herbst in seinem Hause dem Gretter gegeben hatte: „Ich will mein Wort zu deinen Gunsten auf dem Thing in die Wagschale legen!" —

Er empfahl, daß die Unverwandten Atles auf die achtzig Lot Silber verzichten sollten; dafür aber sollte Gretter aus der Acht entlassen werden. Und er fügte hinzu: „Mein Vorschlag ist von öffentlichem „Werte." — — — „Gretter wird bei seiner Stärke viel Schaden auf der „Insel anrichten, wenn wir ihn außerhalb des Gesetzes stellen. Und das „geschieht, so lange er friedlos ist!" —

Die Leute aus dem Hrutafjord, Thorbjoerns Unverwandte, waren mit diesem Vorschlage einverstanden, und nicht minder auch die Leute aus dem Midfjord, Gretters Unverwandte, indem diese erklärten, daß es ihnen auf Geld in keiner Weise ankomme, wo es sich um Gretters Frieden und Sicherheit handle.

Doch, es konnte dieser Vergleich nur rechtskräftig werden mit Zustimmung Thorers, der Gretters Ächtung vor Jahresfrist beim Althing beantragt und durchgesetzt hatte. Man fragte also bei Thorer an. Dieser indessen zeigte sich ganz unversöhnlich, und gab folgende Erklärung ab.

„Ich werde es niemals zugeben, daß dieser Gretter, den ich be‑ „schuldige, an Norwegens Küste meine beiden hoffnungsvollen Söhne so „elend verbrannt zu haben, von seiner Acht loskommt. Er soll friedlos „und rechtlos bleiben, so lange er lebt. Und hatte ich bisher einen Preis „auf seinen Kopf gesetzt, so will ich diesen Preis heute verdoppeln! — „Gretter muß sterben! —"

So wurde denn durch Thorers hartnäckigen Widerstand jede Aussicht auf Gretters Freilassung vernichtet, und die Verhandlung, dem Ziele bereits so nahe, wieder abgebrochen.

Thorodd Drapastuf zahlte, dem Spruch des Althings gemäß, die 80 Lot Silber Strafgeld für Atles Ermordung an Gamle, Gretters Schwager auf Melar, der dieses Geld für die Familie in Verwahrung nahm.

Aber für Thorbjoerns Tötung wurde kein Strafgeld vom Thing zugelassen, noch auch von Gretters Verwandten gezahlt. „Denn", so sagte der Gesetzessprecher, „was sollen die Verwandten ihr Geld für Gretter

„verschwenden, wenn ihm dafür doch weder Friede noch Sicherheit zu Teil wird!" —

Thorodd Drapastuf fühlte sich durch diese Entscheidung sehr gekränkt, und vereinigte sich nun in seinem Haß mit Thorer.

Beide setzten gemeinsam auf Gretters Kopf einen Preis. von 96 Lot Silber.

Dieses war etwas Neues auf Island, denn niemals zuvor war ein höherer Preis, als 48 Lot Silber, auf jemandes Kopf gesetzt worden.

Diese 96 Lot Silber machten nach unserm heutigen Geldwert aus 2160 Mark. Und wir werden sehen, daß diese hohe Summe doch viele anreizte, Gretter nach dem Leben zu trachten.

Snorre war mit dieser Abwickelung der Geschäfte auf dem Allthing sehr unzufrieden. Er wiegte sein graues Haupt, und sagte:

„Sehr unklug handelt ihr, einen Mann von so großer Stärke, wie
„Gretter es ist, friedlos zu lassen. Nehmt ihr ihm des Gesetzes Schutz,
„so treibt ihr ihn damit an, selbst das Gesetz zu kränken, wo er es nur kann
„und mag! — Viele von euch werden das noch büßen und bereuen!" —

So trennte man sich auf diesem Allthing, ziemlich unbefriedigt.

Kapitel 28.

Gefangen.

Snorre hatte sehr recht gehabt. Als Gretter erfuhr, daß man auf dem Thing seine ungerechte Verurteilung nicht zurückgenommen hatte, warf er alle Rücksichten ab. Und ungerecht war jene Verurteilung gewesen aus einem doppelten Grunde. Denn, einmal hatte Gretter Thorers Söhne in jener Nacht an der norwegischen

Küste nicht verbrannt, so sehr auch der Schein wider ihn sprechen mochte, sodann hatte man ihn wegen dieser That verurteilt, ohne seine Rückkehr aus der Fremde abzuwarten, ohne ihm die Gelegenheit zu geben, sich zu verteidigen.

Sein Gewissen sprach ihn frei.

Um so mehr mußte es ihn empören, sich so ungerecht behandelt zu sehen. „Kränkt ihr mein Recht, so kränke ich euer Recht wieder." Dieses wurde fortan der treibende Gedanke seines Handelns.

Er warf sich wild in den Kampf gegen eine Gesellschaft, welche ihn rechtlos ausstieß.

Gretter wählte zunächst zu seinem Aufenthalt jene Halbinsel, welche im Nordwesten von Island sich abzweigt, und durch eine Landenge von nur 7 Kilometer Breite mit der übrigen Insel zusammenhängt.

Diese Halbinsel ist sehr gebirgig; Isa-Arnar-Dorschfjord schneiden tief in dieselbe ein.

Nur ein einziger größerer Bauer wohnt auf ihr. Der Häuptling Vermund mit dem Beinamen Mjose, das heißt, der Schmächtige, dessen Frau Thorbjoerg war. Sie ersetzte, was ihrem Manne an Leibesfülle gebrach; denn sie hieß Digre, das heißt, die Dicke, die Starkknochige.

Über Thorbjoerg hatte nicht bloß einen kräftigen Körper, sie hatte auch einen kräftigen Willen.

Die anderen Insassen der Halbinsel waren nur Kleinbauern. Diese fing Gretter an zu brandschatzen. Den einen zwang er, ihm Kleidung zu liefern, den anderen Waffen, den dritten Eßwaren, dem vierten Pferde. Alle empfanden das sehr übel; aber niemand wagte seine Forderungen, die er offen auf den Höfen stellte, abzuschlagen, selbst nicht eine saure Miene zu machen. In dem Grade hielt Gretter alle in Furcht.

Des Tages streifte er umher, des Nachts schlief er in einer Saeter, hoch oben im Gebirge am Saume eines Waldes. Hirten hatten hier sein Quartier entdeckt, und trugen diese Nachricht geschäftig auf den Höfen umher.

Der Gefährte der Kühnheit ist oft die Sorglosigkeit.

Auch Gretter verfiel derselben. Er verkehrte oben harmlos mit den Hirten, und ließ sie in seine Gewohnheiten hineinblicken. Nur seinen Namen ihnen zu verschweigen, hatte er doch die Vorsicht.

Die Hirten verrieten alles, was sie von ihm sahen und hörten, an die Bauern. Und diese rotteten sich schließlich zusammen, 30 Mann.

Gefangen.

Sie umschlichen den Wald, und nahmen die Zeit wahr, wo Gretter außerhalb der Hütte, auf den weichen Moosteppich hingestreckt, seinen Mittagsschlaf hielt. Die tiefen Atemzüge, die schlaff herabhängenden, wuchtigen Arme, alles verriet das entwichene Bewußtsein.

Diesen Augenblick hielten die Bauern für geeignet zu einem Angriff. Ihr Kriegsplan war folgender: Zehn Mann werfen sich über den Schlafenden, und drücken ihn nieder, während die Übrigen es versuchen, ihm Hände und Füße zu binden.

Gesagt, gethan! —

Aber Gretter, im rechten Augenblick erwachend, schleuderte die zehn Mann, welche ihn umklammern wollten, von sich. So kam er auf die Kniee. In dieser Stellung gelang es den Bauern, Taue um seine Füße zu schlingen. Er stieß zwar mit den Füßen nach den Angreifern, so wuchtig, daß zwei der Getroffenen in Ohnmacht fielen; aber die Übermacht der Gegner war doch zu groß, und in ihnen arbeitete der Stachel der Erbitterung, sodaß sie schließlich es fertig brachten, den Gretter zu binden. —

So lag denn der Riese geknebelt im Grase, und um ihn herum standen die 30 Bauern ratschlagend, was nun zu thun sei. —

Sie kannten glücklicherweise Gretters Namen nicht, und wußten nicht, daß er ein vogelfreier Mann war, auf dessen Kopf ein Preis von 96 Lot Silber stand. Das aber wußten sie, daß einen Mann zu töten, den das Gesetz schützt, auf Island doch unter Umständen eine sehr teure Sache ist.

Daher entspann sich unter ihnen folgendes Gespräch:

„Helge, nimm du ihn nach Hause, und verwahre ihn, bis das Gesetz gesprochen hat!"

Helge antwortete: „Ich habe für meine Hausknechte dringendere Sachen zu thun, als diesen unbändigen Mann zu bewachen!" —

„Thorkel, nimm du ihn mit dir!" —

„Was?" rief Thorkel, „Ich und mein Weib, wir wohnen auf einem einsamen Hofe allein! — Nein, in solche Grube laß ich mich nicht locken!" —

„Thoralf, dann thu' du's! — Es ist nur bis zum nächsten Thing! — Du mußt ihn aber gut bewachen, und gebunden wieder abliefern, wie du ihn bekommen hast!"

„Ich bedanke mich dafür!" — sagte Thoralf. „Bei dem Geschäft ist mehr Plag', als Nutzen. Außerdem übersteigt das meine Kraft!" —

Ähnliche Ausflüchte machten alle Bauern, welche nach einander aufgefordert wurden.

Diese Szene, in lustige Reime gebracht, wurde später unter dem Namen Grettersfoersla, d. h. Grettersfahrt, ein sehr beliebter Volksgesang auf Island.

Als die Kleinbauern lange hin- und hergestritten hatten, was mit dem Gefangenen zu thun sei, kamen sie endlich doch zu dem Entschluß: „Wir wollen das Reugeld an ihn wagen, und ihn gleich hier im Walde aufknüpfen!" —

Als sie an die Vorbereitungen dazu gingen, sahen sie einen Trupp von sechs Reitern das Thal herauf kommen. Einer davon trug farbige Kleider.

„Das ist Thorbjoerg, die Frau unseres Häuptlings Vermund," sagten die Bauern.

Sie hatten recht.

Thorbjoerg ritt in Begleitung von Knechten zu ihrer Saeter hinauf. Als sie den Haufen der Bauern oben zusammen stehen sah, bog sie vom Wege ab, und kam auf die Leute zugeritten, welche ehrerbietig auseinandertraten.

„Was für einen Thing haltet ihr hier?" fragte sie scharf.

Die Männer waren durch dies eingeleitete Verhör nicht überrascht, denn Thorbjoerg war wegen ihres männlichen und klugen Verstandes bekannt, und in Abwesenheit ihres Mannes kommandierte sie nicht bloß ihren Hof, sondern auch die Harde, d. h. ihres Mannes Häuptlingsbezirk.

Die Bauern erzählten das Vorgefallene.

„Und wie heißt dieser geknebelte Mann hier?" —

„Wir wissen es nicht!" —

Gretter nannte nun selbst seinen Namen.

Die Bauern sahen ihm verdutzt ins Gesicht, als sie seinen Namen hörten.

„Was bewog dich, Gretter, fragte Thorbjoerg, mit Unfrieden gegen meine Thingmänner vorzugehen?"

„Herrin! man kann nicht immer höflich auftreten, wenn einem der Magen knurrt, und von irgend etwas muß ich doch leben!" —

„Es war ein Mißgeschick für dich, daß diese armseligen Schelme dich überrumpelten und banden."

Dann, zu den Bauern gewandt, fuhr Thorbjoerg fort: „Was gedenkt ihr mit eurem Gefangenen zu machen?" —

„Wir wollten ihn soeben hängen," riefen sie.

„Es ist möglich, daß Gretter dies verdient hat!" — sagte Thorbjoerg. „Aber, ihr Männer vom Jsafjord, ihr wollt einen Stein aufheben, der "für euch zu schwer ist! — Zwar wird Gretter vom Unglück verfolgt, "aber er ist doch aus einem vornehmen Hause!" —

Dann, zu Gretter gewandt, sprach sie: „Welche Verpflichtungen willst du eingehen, falls ich dir das Leben schenke?" —

„Was forderst du, Herrin?" fragte Gretter.

„Du sollst, sagte Thorbjoerg, mir schwören, hier am Jsafjord fortan "keinem mehr ein Leid zu thun, und an keinem von diesen Leuten, welche "dich fingen, Rache zu nehmen!" —

Gretter leistete den verlangten Schwur.

Darauf wurde er auf Befehl der Häuptlingsfrau losgebunden. Ein Knecht mußte sein Pferd ihm abtreten, und Gretter ritt nun an Thorbjoergs Seite nach ihrem Hofe hinab, als ein geladener Gast.

Vermund war von Hause abwesend, als dieses vor sich ging, und traf erst nach einigen Tagen ein.

Als er den Gretter unter seinem Dache fand, runzelte er die Stirn und fragte streng: „Was soll der Gretter hier?"

Thorbjoerg erzählte alles, wie es zugegangen war. —

„Warum schenktest du ihm das Leben?" fragte Vermund.

„Dazu hatte ich viele Gründe!" erwiderte Thorbjoerg. Erstens "werden die Leute dich für einen größeren Häuptling halten, wenn du "ein Weib hast, welches kühn zu handeln wagt!" — Zweitens würden "Gretters Verwandte es von mir am wenigsten erwarten, daß ich ihn "töten ließe! — Drittens ist Gretter selbst ein großer Held!" —

„Du bist ein verständiges und kluges Weib," sagte Vermund, „und "ich danke dir für deine That!" —

Dann wandte er sich zu Gretter:

„Es war doch ein sonderbares Mißgeschick, daß diese armseligen "Wichte dich überrumpelten und banden, dich, den Riesen!"

„Mein altes Pech, nichts weiter," sagte Gretter, „lieferte den Löwen "in die Gewalt der Ferkel."

„Und, was beschlossen die Ferkel, als sie den Löwen geknebelt hatten?"

„Sie beschlossen, ihm zu geben den Lohn des Sigar, der einst den Hagbard, den Bräutigam seiner Tochter, hängen ließ."

„Und, wer hinderte die Ferkel, zu thun, wie sie beschlossen? —"

„Der Vogelbeerbaum, der einst dem Thor, als er badete, und dem
„Ertrinken nahe war, seine Hand entgegenstreckte! — Thorbjoerg heißt
„Vogelbeerbaum. — Er, der den Thor barg — (Thorbjoerg) — streckte
„auch mir die Hand der Rettung entgegen! — Thorbjoerg, dein Weib, ist
„über mein Rühmen weit erhaben!! —" —

„Und wer lud dich dann ein hier in's Haus?" — Die Retterin
„des Thor schenkte dem Schuhriemen am Fuß von Odins Weib —
„(Odins Weib ist die Erde) — der Schlange (Gretter heißt Schlange)
„Friede und Leben. —"

„Gretter," sagte Vermund, das Scherzgespräch abbrechend, „du
„wirst dein Lebtag einen harten Kampf haben! — Sei künftig aber vor-
„sichtiger, und hüte dich vor deinen Feinden! — Auch deine Freunde
„können dir nicht thun, wie sie wohl möchten. Wenn ich dich länger hier
„in meinem Hause herbergte, würde ich die Feindschaft vieler mächtiger
„Männer auf mich ziehen! — Darum rate ich dir, geh zu deinen Ver-
„wandten! — Auch von ihnen, wer dich nimmt, bringt ein Opfer, und setzt
„sich großer Gefahr aus! Du bist nicht ohne Schuld an deinem Schicksal;
„du hast nicht gelernt dich bezwingen, und willst mit dem Kopf durch die
„Wand! — Aber auch der Starke darf nicht ermangeln der Weisheit!" — —

Gretter blieb noch einige Tage als Gast bei Vermund und Thorbjoerg, dann schied er.

Kapitel 29.

Straßenräuber.

Es war nun Herbst, und Gretter ritt südwärts. Ununterbrochen
setzte er die Reise fort, bis er nach Ejaskogar kam zu seinem
Vetter Thorstein Kuggasohn. Dieser nahm ihn nicht bloß
freundlich auf, sondern lud ihn auch ein, sein Wintergast zu werden. Mit
Freuden griff Gretter zu und blieb.

Thorstein hatte eine sehr geschickte Hand für Holz- und Metallarbeit und übte diese Kunst fleißig. Auf seinem Hofe hatte er eine Kirche erbaut. Sie lag durch einen Fluß von den Gebäuden getrennt, und über jenen war er soeben im Begriff eine Brücke zu schlagen von sehr merkwürdiger Konstruktion; alles seine eigene Erfindung. Nämlich an den Enden der Tragbalken waren eiserne Bogen angebracht, und in diesen hingen Glocken, welche, wenn jemand über die Brücke ging, einen so starken Klang gaben, daß es eine halbe Stunde weit zu hören war.

Thorstein leitete die ganze Anlage, und arbeitete selbst eifrig mit. Ihm war Thätigkeit von je her ein Bedürfnis, so daß man ihn fast nie rasten sah. Dasselbe verlangte er auch von seiner Umgebung. Müssiggänger waren ihm äußerst zuwider. „Wozu hat uns Gott in die Welt gesetzt, wenn wir nicht arbeiten, und etwas vor uns bringen wollen?" so sprach er.

Bei dem völligen Mangel eines Handwerkerstandes auf Island war man im weitesten Umfange angewiesen auf die Einfuhr von Kunst- und Gebrauchsgegenständen; besonders aber auch auf die Hausindustrie. Sie wurde sehr fleißig auf allen Höfen geübt, von Knechten wie auch von den Herren. An den langen Winterabenden beschäftigten sich die Frauen eifrig mit Spinnen, Weben, und Nadelarbeit; die Männer dagegen mit der Verarbeitung von Holz, Erz, und Eisen. In Sonderheit in der Kunst des Schmiedens, namentlich von Waffen, geübt zu sein, galt selbst für einen Edeling als Auszeichnung.

Gretter war auch geschickt. Namentlich seine Gewandtheit in Bearbeitung des Eisens war zu loben. Aber seine Arbeitslust war sehr ungleich. Er hatte von Jugend an nie gelernt, sich unter das eiserne Gebot der Pflicht zu stellen, sondern mehr unter die weichliche Hand der Laune. Ein störriger Knabe, wie er es gewesen war, hatte sein Vater bald die Geduld mit ihm verloren, und seine Mutter hatte ihn verwöhnt. So war er, sich selbst überlassen, aufgewachsen, und seiner aufschäumenden Kraft fehlte der zügelnde, ernstgeschulte Wille.

Gretter bezwang andere; aber er hatte es nicht gelernt, sich selbst zu bezwingen. Dieses wurde die Quelle seines stets neu werdenden Mißgeschicks.

Auch mit Thorstein verdarb er es. In die Hausordnung zwar fügte er sich höflich und friedlich. Und den ganzen Winter hindurch kam keinerlei Störung vor. Aber in die Zumutung Thorsteins, anhaltend fleißig zu sein, fügte er sich nicht. Das gab zu wiederholten Reibungen Anlaß. — — — — — — — — — — — — — —

Daher, als der Frühling kam, gab der Hausherr dem Gast einen nicht mißzuverstehenden Wink, abzureisen.

„Ich sehe, daß du nicht arbeiten willst, Gretter, und für dergleichen Leute habe ich hier keine Verwendung!"

Dazu kam, daß die Leute aus dem Hrutafjord von Gretters Aufenthalt Kunde bekommen hatten, und soeben sich sammelten zu einem Vorstoß gegen Ljaskogar.

Beides beschleunigte Gretters Abreise.

„Wo soll ich nun hin?" fragte Gretter seinen Vetter.

„Ich rate dir, nach dem Südlande zu gehen, und unsere dortigen Verwandten aufzusuchen!" —

Gretter befolgte diesen Rat und wandte sich nach Süden, umsomehr, als diese Gegend fernab von dem Hrutafjord, dem Sitz seiner Feinde, lag. So sprach er zuerst vor bei Grim Thorhallsohn. Dieser überwies ihn an den Gesetzessprecher Skapte auf Hjalte. Und von hier aus ging er nach Tunga zu Thorhall, dem Sohne des Asgrim.

Alle waren freundlich zu ihm, bewiesen Achtung vor seiner ungewöhnlichen Kraft, und Mitleid mit seinem beklagenswerten Geschick; aber auf längere Zeit wollte ihn doch niemand herbergen, und sich dadurch dem Kampf mit seinen Feinden aussetzen.

Als sein letztes Quartier, der Hof Tunga, in seinem Rücken lag, war er ratlos: „Wohin?!" — —

Die Landstraße lag vor ihm, welche das Nordland mit dem Südlande verbindet. Sie war als einziger Verbindungsweg viel begangen, und führte durch ein ödes Hochgebirge. Der beherrschende Mittelpunkt war der Berg Kjoel, von dem aus man einen weiten Blick hatte, und die beiden Hälften der Straße eine gute Strecke weit, überschauen konnte.

Da kam Gretter der Gedanke, am Kjoel sich in den Hinterhalt zu legen, und die vorüberziehenden Reisenden auszuplündern, um so das zum Leben Notwendige sich zu verschaffen.

Eine Höhle bot ihm Obdach. Decken, Mäntel, Waffen wurden den Ausgeplünderten abgenommen, besonders aber Speisevorrat; da die völlig öde Felsengegend nichts darbot.

So war denn Gretter tief gesunken! — Aus einer ritterlichen Gestalt war ein gemeiner Straßenräuber geworden! — —

Straßenräuber.

Bereits wochenlang hatte er aus den Taschen Beraubter gelebt, die ihm dafür innerlich fluchten.

Da geschah es eines Tages, als Gretter auf seinem Lugaus stand, daß ein berittener Mann, von Süden herauf, die Straße kam. Er war kräftig von Wuchs, ritt ein schönes Pferd, und hatte silberbeschlagenes Zaumzeug. Am Leitriemen führte er ein zweites, hochbepacktes Pferd. Begleitung fehlte.

Der Reisende hatte seinen breitkrämpigen Hut tief in die Augen gedrückt, sodaß man sein Gesicht nicht recht sehen konnte. Dem Gretter gefiel das Pferd unter dem Sattel ausnehmend, und das zur Seite gehende, hochbepackte Handpferd barg gewiß reiche Beute.

Gretter ging darum auf den Reiter zu, grüßte ihn, und fragte: „Wie heißt du?" —

„Ich heiße Lopt" (das heißt Luft) — war die Antwort.

„Über dich," sagte der Fremde, „brauche ich nicht nach deinem Namen zu fragen, du heißt Gretter, der Starke, Asmunds Sohn! — Wohin führt dich dein Weg, Gretter?"

„Das ist noch unbestimmt," erwiderte dieser. Aber ich habe ein Anliegen an dich, Lopt! — Gieb mir einen Teil von deinem Gepäck her!"

„Ich wüßte keinen Grund," sagte Lopt, „mit dir meine Habe zu teilen! — Oder willst du mir etwas ablaufen?" —

„Hast du nicht gehört," sagte Gretter, „daß ich niemals zu zahlen pflege; und doch finden es die Meisten ratsam, mir zu geben, was ich verlange!" —

„Oho!" sagte Lopt, „dergleichen Bedingungen magst du anbieten, wem sie gefallen, ich lasse meinen Besitz solcher Weise nicht fahren. Zieh deinen Weg, Gretter, ich werde den meinen ziehen! — Leb'wohl!" —

Lopt drückte seinem Pferde die Hacken in die Weichen, und dieses sprengte an.

„So schnell, Freund, trennen wir uns nicht!" schrie Gretter, und griff dem Reiter in die Zügel, dicht unter den Händen des Lopt.

Dieser sah dem Angreifer scharf in's Gesicht, und sprach: „Nichts, nichts bekommst du von mir, Freund!" — —

„Das wollen wir doch sehen!" drohte Gretter.

In diesem Augenblick riß Lopt die von Gretter gefaßten Zügel mit solcher Gewalt an sich, daß Gretter, wider seinen Willen, loslassen mußte.

Gretter stand da, und starrte auf seine leeren Hände, die von dem scharfen Ruck des Gegners schmerzten.

Er dachte bei sich selbst: „Alle Wetter! Kräfte hat dieser Copt!" —
Gretter griff nun nicht ein zweites Mal zu, sondern begnügte sich
mit der Frage: „Wohin führt dich dein Weg?" —
„Dort, wo von Eisgletschern umstarrt, eine Höhle sich weitet, kann
der Wurm der Erde, die Schlange, den Hallmund antreffen." —
Gretter sagte: „Es wird schwer sein, deine Wohnung zu finden,
Hallmund, wenn du die Behausung nicht deutlicher beschreibst."
„Gelüstet dich, mich aufzusuchen?" fragte Hallmund. „So will ich
es dir sagen!" —
„Meine Wohnung ist im Balljoekull, nahe dem Borgarfjord!" —
So trennten sie sich.
Gretter sah dem Fortreitenden lange nach.
„Der Mann ist stärker, als ich," sprach er zu sich selbst. „Es wäre
„mir schlecht ergangen, wenn es zum ernstlichen Kampfe zwischen uns ge-
„kommen wäre!" —
„Ich spürte seine Kraft an dem Ruck der Zügel!"
So stand er, mit den Armen auf die Felswand gestützt, und schaute
dem seltsamen Gast sinnend nach, der nicht bloß seine Hände zusammen-
gedrückt, sondern auch sein Herz mit dem Fittich einer seltsamen Ahnung
gestreift hatte. Gretter schaute über die nackten Felsen hin, weit nach den
grünen Thälern seiner Heimat. Er gedachte der Geschwister, und vor
allem seiner Mutter. Er sang:

> Illuge und Atle,
> Ihr fehltet als Retter
> Dem armen Gretter
> Im drohenden Streit! —
> Versagen die Arme
> Im Kampfe zu taugen,
> Dann trocknet die Augen
> Asdis, im Harme,
> Das mutig Weib! —

Ihm war die Gegend hier verleidet, verleidet diese Art zu leben.
Er wandte sich nach Süden. Nach Hjalte wollte er, zum Gesetzessprecher
Skapte, ihn um seinen Rat zu bitten.
Skapte hörte ihn an, und sagte:

Straßenräuber.

„Man hat mir gemeldet, Gretter, daß du jetzt weniger friedlich dich
„benimmst, und selbst Leute beraubst, die sorglos ihres Weges ziehen.
„Das schickt sich nicht für einen Mann aus so guter Familie, wie du es
„bist. Lägen solche Klagen gegen dich nicht vor, dann könnte man deiner
„Sache sich nachdrücklicher annehmen. Aufnahme dir zu gewähren, ist mir
„nicht möglich. Ich bin der Gesetzessprecher des Landes, und würde
„des Landes Gesetze nicht sprechen, sondern brechen, wenn ich geächteten
„Männern mein Haus öffnete! — Darum rate ich dir, suche solche Gegenden
„auf, wo du nicht nötig hast, um zu leben, andere zu berauben!" — —
„Dein Rat ist gut, Skapte, und ich werde ihn befolgen, sagte Gretter.
„Ich würde ja alle Menschen meiden, und mich in die äußerste Einsam-
„keit vergraben, aber es ist mir schier unmöglich, in der Dunkelheit allein zu
„sein. Und jetzt kommen wieder die kurzen Tage und die langen Nächte!" —
„Gretter," sprach Skapte, „ein Geächteter kann nicht leben nach
„seinen Wünschen. Du hast Unglücksgefährten, thu' dich mit einem von
„diesen zusammen. Aber sei vorsichtiger, als am Isafjord, wo Sorg-
„losigkeit dir beinahe den Tod gebracht hätte."

Nach diesem Rat verabschiedete sich Gretter.

Er ging nach dem Borgarfjord hinab, und sprach auf Gilsbacka
vor bei seinem Freunde Grim Thorhallsohn. Hier hatten sie einst mit
Svein am Trinktisch gesessen, und die lustigen Reime über die Södulkolla
zusammengeflochten. Wie hatte seine Lage seitdem sich doch verschlechtert! —
Die Acht nicht aufgehoben! — Der Preis auf seinen Kopf verdoppelt!
Die Zahl seiner mutigen Freunde, welche Lust hatten, für ihn einzusetzen
Habe und Leib, schmolz zusehends zusammen. Auch Grim Thorhallsohn
fand es zu gefährlich, auf längere Zeit ihm den Schutz seines Daches anzubieten. Denn Thorer und Thorodd Drapastuf hatten nach dem Gesetz
das Recht, und nicht minder auch den Willen, jeden zu überfallen, der
den Geächteten herbergte.

„Ich kenne einen Platz für dich, Gretter, wo du hausen magst, der dir
„Schutz gegen einen Überfall, und zugleich Lebensmittel zum Unterhalt bietet.
„Welcher ist das?" fragte Gretter.
„Das ist die Arnarvatnsheide mit dem Fiskevatn, einem fischreichen
„Binnensee. Dort baue dir deine Hütte auf, und nimm dir einen Knecht!"
„So will ich es machen," sagte Gretter. „Ich siedle mich dort an!" —
Damit schieden sie.

Kapitel 30.
Falsche Kameraden.

Gretter begab sich auf die Anarvainsheide. Es war dies eine mit Moos und Kräutern bestandene Hochebene, auf welcher die Quellen der Flüsse sich sammelten, welche durch das Vatnsthal und das Midfjordthal dem Hunafjord in reichen Kaskaden zuströmten. Im Rücken dieser Heide, nach Süden zu, reckten sich die schneebedeckten Spitzen des Balljoekull in die Höhe. Nach Norden hin öffnete sich der Blick über eine in Stufen abfallende, fruchtbare Alpenlandschaft, von herrlichen Thälern durchschnitten. Am Horizonte blitzte auf der Spiegel des blauen Meeres.

Ein Binnensee von ziemlicher Ausdehnung, der Fiskevatn, lag auf dieser Heide, und barg, wie sein Name anzeigt, einen großen Reichtum an Fischen. In der Nähe dieses fischreichen Wassers baute sich Gretter eine Hütte, deren Reste noch heute gezeigt werden.

Um sich in den Stand zu setzen, leben zu können, verschaffte er sich ein Bot und Netze, und fing Fische zu seiner Nahrung; denn er wollte um keinen Preis mehr vom Straßenraube leben.

Er fügte sich willig allen Entbehrungen, welche solche Lebensweise mit sich brachte; aber eins konnte er nicht ertragen, das Alleinsein. Es wurden jetzt die Tage wieder kürzer, und die Nächte länger. Da ergriff ihn die Dunkelscheu mit all ihren Qualen. Die rollenden Augen des Glam, auf dessen Brust er einst in jener Nacht zu Thorhallstaetten gekniet hatte, glotzten ihn aus jeder finsteren Ecke furchtbar an, und es ergriff ihn dann eine namenlose Angst, und eine tiefe Sehnsucht nach irgend einem menschlichen Wesen, an dessen Seite er sich setzen, dessen Atemzüge er spüren, dessen fühlendes Herz ihm Teilnahme zeigen konnte. Die übrigen Waldgangsmänner, so wurden die Geächteten genannt, erfuhren es bald, daß Gretter dort auf der Heide am Fischsee sich niedergelassen hatte, und bekamen Lust ihn aufzusuchen; denn sie hofften, eine kräftige Stütze, in ihrem unsteten Leben, an diesem starken Manne zu finden. Unter diesen Besuchern befand sich auch ein gewisser Grim, aus dem Nordlande stammend, und gleichfalls geächtet; der bot sich ihm besonders dringend zum Gefährten an.

Es hatte das seinen guten Grund. Denn die Leute aus dem Hrutafjord, Thorbjoerns Unverwandte, hatten diesen Grim bestochen. Sie hatten ihm die Freiheit und viel Geld als Lohn zugesagt, wenn er den Gretter töten wollte.

„Ich glaube, Grim, dir wird es hier wenig gefallen", sagte Gretter. „Außerdem fehlt mir die Lust, dich aufzunehmen; denn man kann sich „auf euch Waldgangsmänner nicht verlassen!" —

„Oh, auf mich kannst du dich ganz und gar verlassen!" versicherte Grim.

„Ich bin ja nicht gern allein," sagte Gretter, „besonders an den „langen und dunklen Abenden nicht. Wenn es sich einrichten ließe, daß „ich einen treuen Mann fände, der zugleich bereit wäre, mir Dienste zu „leisten, dann — — —

„Ich verspreche dir treu zu sein, und willig alles thun, was nur vorkommt," beteuerte Grim.

„Unter diesem Beding magst du bleiben!" — entschied Gretter, und nahm den Bittsteller in seine Hütte auf.

Es war mittlerweile Winter geworden. Grim hatte sich klug den Gewohnheiten Gretters angepaßt, und den Anschein eines zuverlässigen Kameraden sich gegeben. Er war gesprächig und griff zu, wo es galt! — Die Hütte reinigen, Fische fangen, Jagdtiere erlegen, Vogeleier suchen, Reisig sammeln, Feuer anzünden, sowie die einfachen Mahlzeiten für sie beide herrichten, das verdroß ihn nicht! —

Aber unter der Decke einer freundlichen Außenseite schmiedete Grim unaufhörlich an dem Plane, den Gretter zu überfallen, und zu töten.

Er wußte nur nicht, wie das anzufangen sei, ohne Gefahr für sein eigenes Leben.

Gretter war auch nicht ohne Verdacht! — Unwillkürlich wuchs seine Abneigung gegen den Zeitgenossen, und Tag und Nacht hielt er die Waffen in seiner Nähe. Wenn er schlief, hing sein kurzes Schwert, blank geschliffen, über seinem Kopf am Bettende.

Wachend den Gretter anzugreifen, dieser tollkühne Gedanke konnte dem Grim nicht kommen; aber im Schlaf, das ging an. Nur nicht des Nachts, wo die Augen den Dienst versagen, und die tastenden Hände das Ziel so leicht verfehlen.

Aber Gretter hatte die Gewohnheit, auch am Tage zuweilen zu schlafen. Diese Gelegenheit galt es abzupassen.

Eines Morgens kam Grim vom Fischfang zurück, und trat in die Hütte.

Er sah den Gretter, lang ausgestreckt, auf seinem Bette liegen, die Augen geschlossen, und anscheinend im Schlaf.

Doch, er war seiner Sache nicht ganz gewiß. So stampfte er denn mit seinen beiden Füßen auf dem Estrich umher, wie einer, der trampelnd sich die Füße erwärmen will.

Auch bei diesem Geräusch regte Gretter sich nicht.

Nach einer Pause, in der Grim den Daliegenden scharf beobachtete, wiederholte er dasselbe Geräusch.

Auch jetzt regte Gretter sich nicht.

Nun glaubte Grim seiner Sache völlig gewiß zu sein, daß Gretter schlafe, und zwar ganz tief.

Er schleicht also auf Zehspitzen zu Gretters Bett. Er horcht. Er beugt sich über ihn. Dann streckt er die Hand aus nach dem kurzen Schwert, das an der Wand über Gretters Kopf hängt. Schon berühren die Fingerspitzen den Schwertknauf. Da, ein Geräusch, ein Zucken in den Wimpern des Schlafenden.

Erschreckt fährt Grims Hand wieder vom Schwertknauf zurück.

Doch es war Täuschung, die Atemzüge des Schlafenden gehen regelmäßig weiter.

Nun erhebt Grim den Arm, und greift nach dem Schwerte. Er faßt es, und holt zum Schlage aus gegen Gretters Hals.

In diesem Augenblick, wie ein Blitz, springt Gretter auf die Füße. Mit der rechten Hand umklammert er des Gegners Arm, welcher das Schwert zückt, mit der Linken greift er ihm an die Brust.

„Halunke! das also war der Sinn deiner kriechenden Freundlichkeit!" —

Er schleudert den Angreifer zu Boden, daß dieser fast die Besinnung verliert.

„Schone mein!" stöhnte Grim, an der Erde sich krümmend. „Es war nicht meine Schuld. Thorodd Drapastuf stachelte mich auf. Er hat mich gekauft. Die Leute am Hrutafjord lockten mich durch das Versprechen von Freiheit und Geld, dich zu töten!" —

„Und du ließest dich locken und kaufen, du Schuft, und heucheltest mir Liebe und Freundschaft! So fahre denn hin, und empfange den verdienten Lohn!" —

Er holte mit dem Schwert aus, und trennte dem Liegenden den Kopf vom Rumpfe.

„Nun weiß ich, was für einen Nutzen es bringt, Waldgangsmänner in meine Hütte aufzunehmen!" — sprach Gretter finster zu sich selbst. Er warf den Leichnam aus der Hütte, und vergrub ihn.

Der Winter verlief nach diesem Erlebnis für Gretter doppelt trübselig, und die dunklen Nächte wurden zwiefach ihm zur Qual!! — —

Thorer auf Gard hatte den gleichen Gedanken gefaßt, den Gretter, von dessen Aufenthalt er gehört, durch einen gedungenen Meuchelmörder zu töten.

Ein Mann, Namens Thorer Rothbart, schien ihm dazu das geeignete Werkzeug, ein wilder Geselle von robuster Kraft, der manch' einen Totschlag schon auf seinem Gewissen hatte, und deswegen über ganz Island hin geächtet war.

Thorer ließ ihn zu sich kommen, und fühlte ihm auf den Zahn.

„Du sollst Gretter, den Starken, töten!" — —

„Herr! das ist leichter gesagt, als gethan!" erwiderte Rothbart.

„Ich verspreche viel," fuhr Thorer fort. „Ich werde auswirken, „daß deine Acht aufgehoben wird. Und nicht bloß den großen Preis „sollst du haben, der auf Gretters Kopf gesetzt ist, sondern auch noch „reiche Habe dazu!" —

„Das lockt!" sagte Rothbart. „Über es bleibt ein gefährliches „Ding. Denn Gretter ist stark wie ein Riese, und klug wie eine Schlange!" —

„Um so größer, sagte Thorer, wird der Ruhm deiner Männlichkeit „sein, wenn du ihn erschlägst!" —

Rothbart willigte endlich ein, und beide entwarfen den Plan zum Angriff. Dann reiste Rothbart nach dem Ostlande ab, um jeden Verdacht zu meiden. Erst auf Umwegen kam er nach der Arnarvatnsheide, zu Gretters Hütte.

Gretter stieg soeben, einen Kescher in der Hand, und ein Gericht Fische darin, von dem Seeufer herauf, und schritt seiner Hütte zu.

Rothbart trat grüßend ihm in den Weg.

„Nimm mich zu deinem Gesellen an!" — sprach dieser. „Ich bin ge„ächtet, wie du, und von jeher thaten die Unglücklichen sich zusammen. „Ich verspreche, dir treu zu dienen!"

„Zwischen Versprechen und Worthalten fehlt oft die Brücke," sagte Gretter. „Ich traue keinem Waldgangsmanne mehr!" —

„Wurdest du getäuscht?" fragte Rothbart.

„Und wie!" entgegnete Gretter. „Vergangenen Herbst kam einer „zu mir; er wand sich wie ein Wurm, glatt an Worten, einschmeichelnd „an Geberden; aber im Herzen spann er böse List, und, als er die Ge„legenheit gefunden glaubte, holte er zum Schlage aus, mich zu töten! —"

„Wie niederträchtig!" warf Rothbart ein. „Ich bin kein Tugend„held! — Nein! — Ich gesteh' es ein! — Ich that viel Böses. — Ich „schlug Leute tot. — Aber, so großer Niedertracht wär' ich doch nicht „fähig, daß ich meinen eignen Herrn verraten könnte. — Frag, wen du „willst, nach mir! — Das thät' ich nicht!" —

„Deine Worte klingen gut!" — antwortete Gretter. „Doch wer kennt des Menschen Herz?" —

„Außerdem, bedenke Gretter," fuhr Rothbart überredend fort, „mich treibt dieselbe Not, wie dich! — Wo soll ich bleiben? — Ein Leben „auf beständiger Flucht, wo jeder einen totschlagen kann, wie einen „räudigen Hund. Sich stehlen, hier eine Hand voll Brot, dort ein Wams, „dort eine Waffe; das halte aus, wer mag!! — Ich sehne mich nach „Frieden! Gieb mir einen Winkel in deiner Hütte, und ich will dir „dienen wie ein Hund!" —

„Deine Worte klingen gut," wiederholte Gretter. „Aber, wer so „getäuscht wurde, wie ich, der mißtraut!!" — —

„Nimm mich zuerst auf Probe," bat Rothbart weiter. „Und „findest du den geringsten Grund zum Verdacht bei mir, dann jag' „mich fort!" —

„Unter diesem Beding will ich's mit dir versuchen!" — schloß Gretter das Gespräch. „Doch wisse, es ist dein Tod, wenn das geringste Anzeichen mir verrät, daß du mich täuschen willst!" —

So trat denn Thorer Rothbart in Gretters Dienste. Und dieser sah bald, daß sein neuer Knecht nicht bloß zweier Männer Kraft besaß, sondern, daß er auch die Bereitwilligkeit selber war. Er that pünktlich, was ihm befohlen ward, ja er bedachte schon voraus, was fehlen könnte, und kam den Wünschen Gretters oft zuvor. Dieser hatte früher nie ein so gemächliches Leben geführt als jetzt. In dieser Art hielt sich Thorer Rothbart zwei Winter bei Gretter auf. Aber Gretters scharfe Wachsamkeit hatte bisher jede Gelegenheit abgeschnitten, ihn zu überrumpeln.

Da wurde Rothbart dieses Lebens auf der Heide müde, die Ungeduld übermannte ihn, und festen Willens, den Plan, mit dem er gekommen war, auch auszuführen, beschloß er, die erste sich darbietende Gelegenheit zu ergreifen, und dem Gretter an Leib und Leben zu gehen.

In einer stürmischen Frühjahrsnacht erwachte Gretter von dem Heulen des anschwellenden Sturmes. Er richtete sich im Bette auf, und fragte den Knecht: „Wo steht unser Boot? Kann der Sturm es auch fassen und zerschellen?" —

„Ich sehe gleich nach!" Mit diesem Wort sprang Thorer Rothbart aus dem Bette, verließ die Hütte, und ging zum See hinab. Er fand das Bot auf das Land gezogen, sicher vor Sturm und Wellen. Doch nun ergriff Thorer eine Axt, zerschlug das Boot, und streute die Stücke hin und her, sodaß es den Anschein gewann, als habe der Sturm das Zerstörungswerk gethan. Darauf kehrte er zur Hütte zurück, und meldete:

„Wir haben einen großen Verlust in dieser Nacht gehabt! — Unser „Boot hat der Sturm zertrümmert, und die Netze sind hinausgeschwemmt „weit in den See! — Wie sollen wir nun diese Netze wieder bekommen, da „das Boot fort ist?" —

„Schwimm' du nach den Netzen hin, und hole sie! Deine Schuld ist „es, daß das Boot zerbrach! Warum zogst du es nicht an's Land?" —

„Alles kann ich," antwortete Thorer, „nur Schwimmen, dieses Eine „kann ich nicht, du weißt es!" —

„Wie sollen wir aber sonst zu unsern Netzen kommen, in denen „unser Brot steckt?" warf Gretter ein.

„Bei keiner Arbeit habe ich bisher dich im Stich gelassen! — Ich „schaffte für zwei! Hier aber mußt du selbst helfen, Gretter!"

Gretter stand auf, griff nach seinen Waffen, und ging zum See hinab. Eine kleine Landzunge streckt sich in das Wasser hinaus. An ihrer Sohle buchtet das Erdreich scharf ein. Das Ufer fällt hier senkrecht ab, und das Wasser hat an dieser Stelle keinen Grund.

Thorer war dem Gretter gefolgt.

„Schwimm' jetzt hinaus und hol' die Netze!" befahl Gretter noch einmal.

„Ich kann nicht schwimmen!" — entgegnete Thorer. Oft schon sagt ich's dir. „Hätt' ich's gelernt, ich thät's! — Aber du, Gretter, kannst ja schwimmen! Freilich heut' sind die Wellen hoch! — Dir vielleicht zu hoch, und der Sturm zu stark! — Es gehört Mut dazu, heute hinauszuschwimmen!" —

„Mut?!" — „Wann hätte der mir jemals gefehlt?" warf Gretter stolz ein. „Die Netze müssen wir haben. Ohne Netze haben wir kein

„Brot im Hause! — Aber das sage ich dir, Rothbart, betrügst du mich, „so ist es dein Unglück!" —

Thorer antwortete: „Traue mir doch nicht solche Niedertracht zu!" — „Deine Werke werden zeigen, wer du bist!" — erwiderte Gretter. Damit legte er seine Waffen ab, entkleidete sich, und sprang in den See. Das Wasser schlug schäumend über seinem Kopf zusammen. Dann tauchte er wieder auf, und teilte mit nervigen Armen die Wellen. So kam er bis zur Mitte des Sees. Hier schwammen die Netze. Er ergriff sie, wickelte sie zusammen, zog sie hinter sich, und brachte so sie, schwimmend, an das Ufer. Im weiten Bogen warf er das Bündel an's Land. Dann richtete er sich im Wasser auf, um ans Ufer zu steigen.

In diesem Augenblick griff Thorer nach dem kurzen, scharfgeschliffenen Schwert, das neben Gretters Kleidern lag, schwang es, stürzte sich auf den nackten Mann, und hieb nach ihm. Gretter wich dem Schlage aus, indem er sich rücklings wieder in das Wasser warf. Wie ein Stein verschwand er in der Tiefe.

Thorer stand mit dem Schwert in der Faust, und starrte unbeweglich auf den Punkt hinab, wo Gretter untergesunken war.

„Da muß er wieder auftauchen!" — Dann wiederhole ich den Schlag!" — sprach Thorer zu sich selbst.

Unterdessen schwimmt Gretter unter dem Wasser weiter, ganz nahe an das steile Ufer sich haltend, und nimmt die Richtung auf jene Bucht zu, welche im Rücken jener Landspitze lag, auf der Thorer noch immer unbeweglich stand, und in das Wasser hinabstarrte.

Hier steigt er geräuschlos an das Ufer im Rücken seines Feindes. Er ist nackt, und ihm fehlt jede Waffe. Nur die Kraft seiner Fäuste und die Schnelligkeit seiner Bewegung kann ihn retten. Wie ein Blitz fällt er dem Thorer in den Rücken, packt ihm unter die Arme, reißt ihn vom Boden hoch, und wirft ihn auf die Erde, so wuchtig daß sein Schwert Thorers Faust entfällt.

Wie ein Raubvogel stürzt sich Gretter auf dieses Schwert, und, ohne ein Wort zu sagen, schlägt er dem Daliegenden den Kopf vom Rumpfe.

So wurde auch dieser zweite Anschlag auf Gretters Leben vereitelt.

„Falsche Kameraden!" was das heißt, hatte Gretter nun sattsam erfahren. „Ich nehme keinen von diesen Waldgangsmenschen mehr in meine Hütte auf!"

Der Entschluß stand bei ihm fest! — Und doch diese furchtbare Einsamkeit auf der weiten, menschenleeren Heide. Diese Qual in den dunklen Nächten, wenn Glams glotzende Augen aus jeder Ecke ihm entgegenquollen! —

Wie war denn das nur zu ertragen?! —

Kapitel 31.

Unter Reifriesen.

Thorer auf Gard hörte mit tiefstem Mißvergnügen, daß sein gedungenes Werkzeug unterlegen, der Anschlag auf Gretters Leben mißlungen, und dieser, wie stets, Sieger geblieben sei. —

Er erfuhr dieses alles auf dem Althing, zu dem er sich mit dem stattlichen Gefolge von 80 bewaffneten Leuten begeben hatte. Sein Entschluß stand nunmehr fest: "Jetzt, oder nie, muß ich diesen Gretter zermalmen!"

Mit seinen 80 Knechten wollte er auf dem Rückwege von dem Althing die Arnarvatnsheide kreuzen, den einen Gretter mit seinen 80 Mann angreifen, und ihn, wie er nicht daran zweifelte, durch seine Übermacht erdrücken.

"Es wird, wie mir scheint, immer schwerer, diesem Gretter an den Leib zu kommen," sprach er zu sich selbst, "so mag denn jetzt der entscheidende Schlag fallen!" —

Grim Thorhallsohn, der auf dem Althing gewesen war, hatte von diesen Plänen Thorers Kunde bekommen, und schickte schnell einen vertrauten Boten zu seinem Freunde Gretter hinauf, und ließ ihm sagen: "Sei auf deiner Hut! — Thorer in eigener Person rückt gegen dich an, und zwar mit großer Übermacht!"

Gretter erstieg einen Felsen, der einen weiten Umblick gewährte, und spähte nach den Reisigen aus.

Sie kamen, in Waffen starrend, angeritten, volle 80 Mann.

Fliehen, obwohl den Tod vor Augen, nein, das wollte er nicht! Das thät' nur ein Feigling! Er wollte kämpfen, und fallen wie ein Held! Aber, bevor er fiel, wollte er sein Leben so teuer, wie möglich, verkaufen. Er zog sich an den Eingang einer Klamm zurück, ein Felsentunnel, von hohen Steinwänden eingeschlossen. Der Eingang war nur doppelt mannesbreit, und darum leicht zu verteidigen. Seine Flanken waren gedeckt, aber sein Rücken war frei; und wehe, wenn er von hinten überfallen wurde! — Dann war sein Untergang gewiß! —

In demselben Augenblick kam Thorer mit allen seinen Leuten aufgeritten, stellte sie vor den Eingang der Klamm in Schlachtordnung, und redete sie also an:

„Ihr Männer, dort steht Gretter, mein Todfeind, der geächtete „Mann! — Den sollt ihr mir heut niederschlagen! Das ist jetzt ein Leichtes, „denn er steckt in einer Falle, und aus dieser Falle kommt er diesmal „nicht heraus!" —

Gretter stand mit seinem breiten Gliederbau am Eingang der Klamm, von einem dunklen Felsenthor umrahmt, auf seinen großen Schild gelehnt, ein wuchtiges Bild.

Er hatte die Anrede Thorers an seine Mannen vernommen, und rief nun spottend hinüber:

„Ihr Leute, hört auf mich! Die Brühe ist noch nicht geschlürft, auch liegt sie gleich schon im Löffel!" — „Ihr habt es keinen kurzen Weg euch kosten lassen, hier herauf zu kommen. Aber, ehe wir scheiden, wird mancher von euch einen Denkzettel an sich tragen, den er sobald nicht vergessen wird!" —

„Greift an, ihr Leute, und achtet der eitlen Drohung nicht!" schrie Thorer.

Der Kampf begann. Er entbrannte heißer und heißer. Speere flogen herüber, hinüber, Schwertklingen kreuzten sich, Lanzen splitterten.

Gretter stand wie eine Mauer! —

Aber Thorer hatte seinen Vorteil erkannt. Er warf die Hälfte seiner Leute in den Rücken des Gretter an den anderen Ausgang der Klamm.

„Faßt ihn von hinten! — Hat er nicht vier Arme, dann fällt er!" —

Und am anderen Ausgange der Felsenschlucht wurde der Kampf thatsächlich aufgenommen. Deutlich hörte man von dort herüber das Zusammenschlagen von Schwertern.

„Mich wundert, daß ich im Rücken nicht angegriffen werde," dachte Gretter.

„Mich wundert, was dort drüben meine Leute aufhält, daß sie dem Gretter nicht in dem Rücken kommen," dachte Thorer.

Ein Bote wurde abgeschickt, den Sachverhalt zu erkunden. Dieser kam zurück und meldete:

„Herr, es geht hier nicht mit rechten Dingen zu! — Am anderen „Ausgang der Klamm steht ein zweiter Gretter, und kämpft noch schärfer, „als dieser hier. Drüben fallen von deinen Leuten doppelt so viele, als „hüben!" —

Thorers Leute schonten sich wahrlich nicht. Sie stürmten immer wieder vor, aber sie rückten nicht ein Zoll breit weiter. Gretter stand wie ein unübersteigbarer Damm, den vergebens die Flut hinaufleckt.

Von drüben her klangen die Schwerthiebe, untermischt mit dem Ächzen der Sterbenden; hier lagen die Toten in Haufen übereinander, und doch kein Erfolg!! — — Keiner! — —

Da gab Thorer das Signal zum Rückzug.

„Ich habe gewußt, sagte er zu seinen Leuten, daß Gretter ein „Riese an Kraft ist, und, wie ihr seht, darauf mich eingerichtet; aber „das habe ich nimmer gedacht, daß er auch der Zauberei mächtig ist. „Der Augenschein hier beweist es, denn es fallen auf jener Seite, „welcher Gretter den Rücken zukehrt, doppelt so viel Leute als hier. „Männer, mit einem Troll haben wir es hier zu thun, nicht mit einem „Menschen! — Brecht den Kampf ab!" —

Thorers Mannen zogen sich auf das gegebene Zeichen von beiden Enden der Klamm zurück, sammelten sich zu ihren Pferden, saßen auf, und ritten nordwärts.

Achtzehn Tote ließen sie zurück, dazu waren viele von ihnen schwer verwundet.

Alle waren darüber einig: „Wir haben hier einen unrühmlichen Zug gethan!" Und der Spott von allen Seiten blieb nicht aus.

Gretter wunderte sich sehr über die Flucht seiner Feinde. Indessen sie kam ihm erwünscht; denn er fühlte sich müde, totmüde von dem heißen Kampf! Auch fehlten ihm nicht die Wunden. Er wischte sein bluttriefendes Schwert am Moos der Felsenwand ab, und stieß es in die Scheide. Dann wandte er sich rückwärts, und schritt den Felsenpfad hinauf, dem anderen Ausgang der Klamm zu.

Hier sah er etwas Überraschendes.

Die riesige Gestalt eines Mannes lehnte dort an der Felsenwand, blutend aus vielen Wunden.

Gretter maß den Fremden mit fragenden Blicken.

Dieser regte sich nicht.

Gretter legte die Hand auf des fremden Mannes Schulter und fragte mit erhobener Stimme: „Wer bist du?" —

„Hallmund ist mein Name," antwortete der Fremde.

„Hallmund? — — wiederholte Gretter, wie sich sammelnd über einer Erinnerung aus vergangenen Tagen.

„Ja, Hallmund!" — „Und, um dein Gedächtnis aufzufrischen, er„innere ich dich an den Kjoel! — Es sind jetzt drei Sommer her, da „trafen wir am Fuße dieses Kjoel zusammen. Deine Hand griff dort „in die Zügel meines Pferdes; ich aber zog sie an, daß du loslassen „mußtest. Ich glaube, deine Finger haben dich an jenem Tage geschmerzt! „— Auf diesen Schmerz legte ich heute ein Pflaster; und, ich denke, du „kannst mit diesem Pflaster zufrieden sein!" —

„Vollkommen!" — fiel Gretter lebhaft ein, der sich jetzt jenes Tages „genau entsann. „Vollkommen!" — „Du hast mir heute beigestanden, wie „ein Kamerad und ein Held. Ich wünscht' es ständ' in meiner Macht, „dir's zu vergelten!" —

„Komm mit mir in meine Berge," sagte Hallmund. „Teile Dach „und Brot mit mir. Des Lebens hier auf der Heide wirst du ohnehin überdrüssig sein!" —

„Ich bin's," sagte Gretter. „Verrat, Nachstellung und Einsamkeit „haben mir den Aufenthalt hier gründlich vergällt! — Laß uns zusammen„gehen, Freund!" —

Sie gingen, die beiden wunden Männer, Schulter an Schulter, tiefer in die Berge hinein, und zum Balljoekul hinauf.

Im Herzen dieser Felseneinsamkeit, zu der keine menschliche Wohnung hinansteigt, welche scheu der Fuß der Tiere flieht, und nur die graue Moosflechte erklettert, liegt im ewig feuchten Bette die Brunnenstube für die Bewässerung der Thäler, für die Befruchtung der Werke fleißiger Menschenhand.

Vom bleichen Schnee ewiger Gletscher, welcher selbst der Julisonne trotzt, löst sich ab Tropfen um Tropfen. Sie fallen von Felsenstufe zu Felsenstufe; sie durchwandern, wie kleine Silberfäden, die grünen Moospolster; sie nehmen aus tausend Armen liebend ihre Zuflüsse auf. — Immer rascher, immer hurtiger wird ihr Schritt, immer vernehmlicher ihr Rieseln und ihr Rauschen. — Was sich anfangs verlangend suchte, friedlich mit einander ging, das drängt sich, treibt sich, peitscht sich nun leidenschaftlich vorwärts. — In Massen zusammengeknäult, bald breit sich auslegend, bald mit schäumender Wut sich pressend durch eine Felsenspalte, stürzt es vorwärts, wie von Furien des Wahnsinns getrieben, bis es, angelangt am jähen Rande der Felsenstirn, mit dem Gebrüll von tausend Donnern hinabstürzt in die Tiefe!! — —

Der Wanderer unten im Thale, zu dessen Füßen die stürzenden Wasser perlend wieder aufspritzen, steht und hebt seine Hände auf mit dem Gefühl heiliger Scheu zu diesen Wundern, welche immer neu herniedersteigen aus den rastlos spendenden Händen Gottes.

In jene unbelauschte Werkstatt ausströmender, alles befruchtender Wasser; in jene ernste, geheimnisvolle Welt der Berge stiegen jetzt auf, Schulter an Schulter, die beiden wunden Männer, Hallmund und Gretter! —

Ihr Pfad wurde öder und öder, die Luft frischer und frischer, und der Rundblick über das Felsenmeer unermeßlich groß und weit! —

„Hier, wo im Winter die Stürme mit den dichten Schneeflocken „taugen, hier ist mein Reich," sagte der Reifriese, „und dort mein „Haus," indem er auf den Eingang einer Höhle zeigte.

Sie traten ein.

Der Raum war groß und hoch. Oben durch eine Lichtöffnung brach der volle Strahl der Sonne. Säulen aus natürlich gewachsenem Gestein trugen aufstrebend die Wölbung. Die Wände waren von Moos überpolstert. Keulen, mit Wurfgeschossen gekreuzt, hingen zum Schmuck an den Wänden, dazwischen breite Schilde mit Schwertern. Auf dem Estrich stand ein schwerer Eichentisch, an seinen schmalen Enden wuchtige Sessel mit Armlehnen, an den Langseiten Bänke. Auf dem Tisch sah man Trinkhörner mit schwerem Silberbeschlag und eingefügten, ungeschliffenen Bergkrystallen, in kunstvoller Arbeit.

In der Mitte des weiten, stattlichen Raumes, auf einem Heerd, brannte ein Feuer. Daneben saß ein jugendliches Weib, dem Kopf in die

Hand gestützt, und die Augen geheftet auf einen Runenstab, der, mit krausen Zeichen bedeckt, über ihren Knien lag.

Zu ihren Füßen kauerte ein großer, zottiger, gelber Wolf, dem als Halsband eine Natter diente. Zu Zeiten ringelte die Reifriesin die Natter ab, legte sie dem Wolf als Zaum in das Maul, und schwang sich auf des Tieres Rücken zum Ritt über die weiten Berge.

Beim Eintritt der Männer stand die Jungfrau von ihrem Sitze auf. Sie war groß und knochig gebaut. Aber ihr Gesicht war jugendfrisch, und ihr dunkles Haar in einen Knoten geschlungen.

„Du bist es Vater?" sagte sie mit einem fast männlichem Klang in der Stimme. „Du kommst spät zurück, und nicht allein!"

„Es ist Gretter, der Starke, den ich dir bringe!" —

„Gretter sei willkommen in userm Reich," sagte die Reifrisin. „Mein Auge sieht dich heut zum ersten Mal, aber mein Ohr hat schon „von dir vernommen! Denn der Ruf deiner Thaten, die dich uns, den „Riesen, ebenbürtig machen, drang zu unsern Bergen herauf! — Hier, „nimm den Willkommengruß!" — Sie füllte das schwere silberbeschlagene Trinkhorn mit Met, führte es selbst an die Lippen und reichte es dann dem Gaste dar.

Gretter nahm das gefüllte Horn, und sprach: „Friede sei mit deinem Reich und mit deinem Hause!" Dann trank er es auf einen Zug leer.

„Ihr seid beide wund," sagte die Jungfrau, die Blutspuren auf den zerfetzten Kleidern musternd.

„Wir kommen aus der Schlacht," sagte Hallmund. „Ich stand „dem Gretter bei gegen Thorers Mannen auf der Urnarvatnsheide. „Mein Schwert fraß zwölf, das seine sechs der feindlichen Männer, die „alle das Aufstehen von der Heide nun vergaßen!"

„Ja, Jungfrau," sagte Gretter, „deinem Vater dank ich's, daß ich lebend vor dir stehe!" —

„Ich will euch beide heilen," sagte die Reifriesin. „Auf diesem „Runenstabe stehen eingegraben die Namen heilkräftiger Kräuter. Ich „werde sie mischen. Ihre Kraft hat mir noch nie versagt!" —

„Legt ab Schwert und Gewand und sucht das Lager!" —

Über weiches Moos breitete sie mit geübter Hand das dicke Fell des dunklen, nordischen Bären, rückte Kissen zurecht, und legte dazu die warme Decke von Williram.

„Ruhe ist die Mutter der Genesung," sagte sie. „Legt euch!" — Die müden Helden streckten sich auf die weichen Polster.

Die Jungfrau wanderte nun zwischen beiden Lagern geschäftig hin und her, wusch die Wunden mit dem reinen Wasser des kühlen Bergquells, mischte die Salbe, und legte sie auf.

Bald kam der begehrte Schlaf in Gretters Augen. Er fühlte sich umgeben von wohlthuender Gemeinschaft. Er vertraute. Er schlief, erquickend und tief.

Die Wunden heilten, und der Sommer verlief. Vater und Tochter behandelten den Gast dauernd freundlich. Des Tags durchstreifte er mit Hallmund die Berge, und pflegte der Jagd. Abends am Feuer kürzten Saga und Sang die Stunden.

Aber, als der Sommer sich zu Ende neigte, sehnte sich Gretter nach der bewohnten Landschaft der Menschen zurück. Er wollte seine Freunde wiedersehen, sich mit ihnen zu beraten.

„Ich halte dich nicht auf," sagte Hallmund. „Du bist frei! Aber, „wenn du wieder nach dem Südlande kommst, du kennst nun mein Reich, „dann sprich bei uns vor!" —

Gretter reichte Vater und Tochter, herzlich dankend, die Rechte. Dann schied er. Das Schwert um die Lenden, den Schild auf dem Rücken, den Speer, Eisen nach oben in der Faust, und, wie ein Stab, auf ihn sich stützend, so stieg er jene schmalen Felsenpfade wieder hinab, die er einst gekommen. Er wandte sich westwärts nach dem Borgarfjord, und von dort nach den Thälern am Breydafjord. Hier sprach er auf dem Hofe Ejaskogar bei seinem Vetter Thorstein Kuggasohn vor, der einst die merkwürdige Schellenbrücke von seinem Hofe zur Kirche hinüber gebaut, und einen Winter hindurch schon einmal Gretter geherbergt hatte.

„Deine Feinde, Gretter, wachsen an Zahl, und deinen Freunden hier „im Westen entsinkt der Mut, dich zu herbergen. Daher rate ich dir, „wende dich südwärts in die Myraharde. Dort ist Thorers Einfluß „geringer! Dort wirst du Obdach finden!" —

So sprach Thorstein Kuggasohn. Gretter beschloß seinem Rat zu folgen, und zog südwärts.

Kapitel 32.

Ein Prahlhans.

Die Myraharde, welche sich rings um den Borgarfjord legt, hatte ihren Namen von Myra, zu deutsch Moorland. Einer der angesehensten Häuptlinge in der Myraharde war Bjoern, der Sohn des Arngeir, auf dem Hofe Holm. Er hatte ein borstiges Wesen, liebte den Widerspruch, und begünstigte die Geächteten. Zu ihm zog Gretter. Und, weil beider Voreltern in Freundschaft gelebt hatten, war sein Empfang gut.

„Unter mein Dach dich zu nehmen, Gretter, das geht nicht! Bei „aller Freundschaft nicht! — Denn über das ganze Land hin haben viele „Leute schwere Klagen wider dich. Ich selbst würde mit diesen mich ver„feinden, wollte ich dich herbergen. Aber hier, ganz in meiner Nähe, „zwischen Felsen versteckt, und leicht zu verteidigen, ist ein Schlupfwinkel. „Ich will ihn dir zeigen, und deine Lebensweise dort unterstützen! — Doch eine Bedingung stelle ich!" —

„Welche ist das?" fragte Gretter.

„Du sollst versprechen, meine Bauern nicht zu brandschatzen. Was „du gegen die Andern unternimmst, soll mir gleich sein," sagte Bjoern.

Gretter war damit einverstanden.

Nun wies Bjoern den Gretter nach dem Fagraskogarfelsen hinauf. In der Mitte dieser Felsenwand lag eine Höhle, zu deren Öffnung ein Sandweg führte, so steil, daß nur mit Mühe ihn jemand erklimmen konnte. Ganz unmöglich aber war das Eindringen, wenn ein kräftiger Mann von oben her Widerstand leistete.

„Dies ist der beste Ort für dein Bleiben," sagte Bjoern. „Hier kannst du leicht dich verteidigen, und auch das Nötige zu deinem Unterhalt bekommen, teils aus der Myraharde, teils vom Seeufer!" —

Gretter zog in die Höhle ein, hängte vor die Öffnung ein Stück graues Williram, machte sich ein Lager von Laub, über welches er eine Friesdecke warf, hing seine Waffen an die Wand, und die Einrichtung war fertig.

Bjoern besuchte oft den Gretter, und Gretter besuchte oft den Bjoern.

Sie maßen und übten ihre Kräfte im Ringkampf, sie schwammen gemeinsam den Hilarfluß hinab bis zum Meere, sie bauten in diesen Fluß hinein einen steinernen Deich gegen die Stauwasser. Dieser Deich steht noch heute unerschüttert.

Gretter verlebte auf solche Weise einen ganzen Winter auf dem Fagraslogarfelsen, ohne daß jemand ihn angriff, obwohl er selbst Angriffe genug machte. Die Bauern der Umgegend spürten es, daß ein schlimmer Gast da oben eingezogen sei. Bjoerns Leute wurden geschont, wie das ausgemacht war, aber Thord's Leute kamen dafür um so schlechter fort.

Dieser Thord Kolbeinsohn war ein Häuptling wie Bjoern, lag aber mit diesem seit geraumer Zeit in Fehde.

Darum sah es Bjoern nicht ungern, wenn Thord's Bauern durch Gretter gezwungen wurden, wider Willen diesen zu verproviantieren. Doch der Zorn gegen Gretter, welcher bei diesen Leuten zusehends wuchs, konnte nicht zur That ausbrechen, weil Gretters Felsennest uneinnehmbar, und sein nächster Nachbar sein Verbündeter war! — —

Im Spätsommer dieses Jahres lief ein Handelsschiff in den Borgarfjord ein, dessen Besitzer und Führer Gisle war, Chorsteins Sohn, ein Isländer. Er war stark und reich, aber sehr eitel. Er kleidete sich stets prächtig, trug die schönsten Waffen, und liebte es, viel Wind um sich her zu machen.

Thord Kolbeinsohn war sein Freund, machte einen Besuch auf seinem Schiffe, plauderte mit ihm, betrachtete die mitgebrachten Waren, und suchte dieses und jenes davon für sich aus.

„Du hast Ungelegenheiten," begann Gisle, „mit einem Waldgangsmann, wie ich höre!" —

„Ja, dem ist so! Gretter der Starke hat sich in einem Felsen in „unserer Nachbarschaft einquartiert, und beraubt meine Bauern, ich ver-„mute, aufgestachelt von Bjoern, der wie du weißt, von Alters her, mein „Feind ist!" —

„Mit Bjoern hast du noch immer nicht abgerechnet?" — rief Gisle erstaunt.

„Ja, dann begreif ich es, daß du selbst mit einem einzelnen Vagabunden nicht fertig werden kannst!" —

„Oho," brauste Thord auf, „nicht fertig werden?!" „Da haben schon „ganz andere Kerle, wie ich, an diesem Gretter sich den Schädel gebrochen!"

Ein Prahlhans.

„Spielerei! — Freundchen, Spielerei!" sagte Gisle. „Laß mich die Sache in Ordnung bringen, sobald meine Ladung hier gelöscht ist!" —

„Sieh' dich vor, Gisle," warnte Thord, „mit diesem Gretter ist schlecht spaßen!" —

„Keine Sorge! Keine Sorge!" sagte Gisle. „Ich habe härteren Strauß bestanden, als diesen. Als ich mit König Kanut, dem Mächtigen, von Dänemark aus auf Heerfahrt zog, (Kanut, der Mächtige, König von Dänemark, Norwegen und England, starb 1035) da hat mir niemand vorgeworfen, daß ich meinen Platz nicht behaupten kann. Falls ich mit dem Gretter handgemein werde, dann soll er mich und meine Waffen kennen lernen!" —

„Bist du so siegesgewiß," sagte Thord, „so hole dir doch den Preis! — Es stehen 96 Lot Silber auf Gretters Kopf!" —

„Das ist viel!" sagte Gisle. „Das ist viel!" „Um des Geldes willen, was thut nicht der Mensch alles, und besonders der Kaufmann?! — Also im Herbste, wenn meine Ladung hier gelöscht sein wird, beabsichtige ich zum Winteraufenthalt hinauf zu gehen nach Oelduhrigg auf Snjae-fellsnes! — Komm' ich denn da an dem Fagraskogarfelsen vorüber?" —

„Just vorüber!" bestätigte Thord. „Der Weg führt unten am Fuß hart vorbei!" —

„Schon recht!" fiel Gisle ein, „dann wird die Sache keinesweges auffällig. Ich reite, wie auf einem Spazierritt, nur von zwei Knechten begleitet; und dann unterwegs, so aus dem Handgelenk, wird die Sache abgemacht."

„Vortrefflich," sagte Thord.

„Aber," fiel Gisle rasch ein, „Freundchen, nicht geplaudert, nicht ge-plaudert! — Denn, bekommt Gretter Wind davon, daß ich es bin, der ihn angreifen will, so fliegt der Vogel, fürcht' ich, aus dem Nest hinaus!" —

Thord verabschiedete sich, und schwieg.

Aber, haben nicht die Wände Ohren? wie das Sprichwort sagt.

Auf dem Schiffe hatten Freunde Bjoerns jenes Gespräch erfahren, und sagten es diesem Wort für Wort wieder.

Gretter erfuhr alles von Bjoern.

„Nun zeige deine Männlichkeit, Gretter," sagte Bjoern. „Wisch dem Prahlhans eins aus, daß er seinen Denkzettel behält, aber schone sein Leben!" —

Gretter lächelte verschmitzt, und sprach nicht weiter über diese Sache.

Es war Spätherbst, und die Bauern holten ihre Schafe von der Alp in die Winterquartiere herab. Gretter lauerte solch einem Trupp auf, und griff vier Hammel, die er vor sich hertrieb. Sechs Bauern verfolgten ihn. Sie griffen nicht ihn selbst an, sondern sprangen nur um seine Beine herum, und versuchten es, das Vieh wieder von ihm abzudrängen.

Solcher Gestalt kam Gretter mit den Tieren nicht vorwärts. Das ärgerte ihn, er packte zwei der Bauern am Kragen, und warf sie den Abhang hinunter, sodaß sie ohnmächtig unten liegen blieben. Das benahm den vier andern die Lust, weiter um den Raub zu kämpfen.

Gretter griff nun die vier Hammel auf, halte je zwei und zwei mit ihren Hörnern zusammen, warf sie paarweise über seine Schultern, und stieg so den Abhang zu seiner Höhle hinauf.

Gisle blieb auf dem Landungsplatz am Borgarfjord, bis die Ladung gelöscht, und sein Schiff für den Winter unter den Schuppen gestellt war. Tausend Dinge waren zu besorgen, und der Winter schon vor der Thüre, bevor der Aufbruch erfolgen konnte.

„Morgen reisen wir, Leute," sagte Gisle. „Ihr beiden," wandte „er sich an seine Leibknechte, „werdet mich begleiten. Zieht eure Feier. „kleider an, damit der Waldgangsmann, dem ich zu begegnen hoffe, sieht, „daß wir nicht Landstreicher und Bettler sind."

So brach Gisle auf, stattlich und zuversichtlich, wie immer.

Als sie den Hitarfluß überschritten hatten, sagte Gisle zu seinen Begleitern: „Es ist mir erzählt worden, daß der Waldgangsmann dort „oben zwischen den spitzen Felsen seinen Versteck hat. Meiner Treu! Da „ist schwer hinaufzukommen. Aber ich hoffe, daß er zu uns herab- „kommen wird, um unsere Kostbarkeiten in der Nähe zu beschauen!" —

„Ist er gescheit, so thut er's," sagten lachend die Knechte.

Gretter war an diesem Morgen früh aufgestanden. Das Wetter war am Frost, und des Nachts war leichter Schnee gefallen. Er mußterte, aus seiner Höhle heraustretend, den Fahrweg. Da sah er die drei Reiter von Süden herauf über den Hitarfluß kommen. Ihre Festkleider und blanken Schilde blitzten in der Morgensonne.

„Aha! ohne Zweifel der Gisle und seine Gesellen," sprach Gretter „zu sich selbst, wie immer aufgeputzt, wie zu einer Hochzeit. Die Be- „kanntschaft dieses eitlen Prahlers will ich doch heute machen!" —

Er griff nach seinen Waffen, und lief den Abhang hinunter.

Gisle hörte den schrillen Laut herabrollender Kieselsteine, die unter Gretters tretenden Füßen hinwegglitten.

„Da kommt jemand hurtig den Abhang herunter," rief Gisle seinen „Begleitern zu, „er ist groß von Statur, und hat ohne Zweifel den Wunsch „hier unsern Weg zu kreuzen. Zeigt jetzt, Leute, daß ihr tapfere Männer „seid; denn hier ist ein guter Fang zu machen!" —

„Sucht der Händel, so soll er sie haben!" riefen die Knechte.

Mit diesen Worten sprangen sie von den Pferden.

In diesem Augenblick trat Gretter auf den Fahrweg, und griff nach einem Kleidersack, welcher an Gisles Reitsattel hing.

„Dies ist mein! Damit begnüg' ich mich! Heute will ich einmal „bescheiden sein!" rief Gretter.

„Hände fort!" kommandierte Gisle. „Du scheinst nicht zu wissen, „wer vor dir steht!" —

„Das scheint so!" entgegnete Gretter. „Aber was macht das aus, „wo es sich um solche Lumperei handelt!" —

„Dem Lump ist manches Lumperei!" rief Gisle. „Mir ist dieser „Sack dreißig Mark Silber wert. Du bist ein unverschämter Geselle! „Auf, Kameraden, faßt ihn! Laßt uns nun prüfen, wozu er taugt?" —

Gretter sprang auf einen Stein zurück, der am Wege lag, und deckte sich.

Die Knechte drangen auf ihn ein.

Dieser Stein liegt noch heute an jener Stelle, und wird Grettershaf genannt.

Gretter merkte sofort, daß Gisles Mut nur in seinen Worten steckte, nicht in seinen Fäusten. Denn er hielt sich während dieses Kampfes stets klüglich hinter seinen Knechten zurück. —

Einige Minuten lang kreuzten sie die Klingen, ohne einander zu schaden.

Des Hin- und Herfuchtelns bald überdrüssig, holte nun Gretter im Ernste aus, und hieb den einen Begleiter des Gisle nieder. Drauf sprang er vom Steine herab, und ging zum Angriff vor, so gewaltig, daß Gisle sich genötigt sah, am Fuß des Felsens immer mehr zurückzuweichen.

Dort fiel der zweite Knecht.

„Du verteidigst schlecht deine Kameraden," rief Gretter dem Gisle zu, „man kann nicht gerade spüren, daß du anderswo ein Held warst!" —

„Nein, gegen den Teufel zu fechten, habe ich nicht gelernt!" rief Gisle zurück. Mit diesen Worten warf er seine Waffen von sich, und ergriff die Flucht.

Gretter folgte ihm langsam, eingedenk der Mahnung des Bjoern: „Töte ihn nicht, aber züchtige ihn!"

Gisle warf nun in seiner Angst, um schneller laufen zu können, ein Kleidungsstück nach dem andern von sich. Als er das Kaldathal, Asloegarflied und Kolbeinstaetten durchquert hatte, und an dem Ufern des hochangeschwollenen Haffjardar-Baches angekommen war, hatte Gisle nur noch sein Hemde an.

Gretter, der dem Flüchtling immer Vorsprung und Zeit gelassen hatte, sein Kostüm nach Bedarf zu vermindern, war nun des Spielens satt. Am Bachrande stellte er den Flüchtling.

„Sag mir, bist du der Gisle, welcher den Gretter, Asmunds Sohn hier antreffen wollte?" —

„Angetroffen habe ich ihn," wimmerte Gisle; „aber, wie komme ich wieder von ihm los?" — „Behalte, Gretter, alle meine schönen Sachen, und laß mich um diesen Preis weiter ziehen!" —

„Du magst für diesmal entwischen, du feige Memme, aber nimm diesen Denkzettel mit!" —

Mit diesen Worten zog Gretter dem Gisle das Hemde über den Rücken, drückte diesen nieder, und ließ eine Rute, die er unterwegs geschnitten hatte, so wuchtig auf dem Gesäß des Prahlers, tanzen, daß Gisle wie toll umhersprang, und drehend und wendend sich den Schlägen zu entziehen suchte. Aber Gretters Faust hielt mit eisernem Griff den Nacken des Gecken umklammert, und seine Rute schlug unablässig den Takt zu Gisles tanzenden Füßen.

„So, du Prahlhans, nun bist du abgestraft!" —

Als Gisle auf die Beine kam, sprang er wie toll in den aufgeschwollenen Bach, und suchte sich hinüber zu retten. Zur Nacht kam er auf dem Hofe Hroßholt ganz erschöpft an. Dort lag er eine ganze Woche krank im Bette, da sein ganzer Körper aufgeschwollen war. Von hier aus brachten ihn die Leute in sein Winterquartier nach Oelduhrigg auf Snaefellsnes.

Gretter kehrte am Bachrande um, las auf dem Rückwege alles zusammen, was Gisle in seiner Angst weggeworfen hatte, und trug es sodann hinauf in sein Quartier nach dem Fagraskogarfelsen. Auch die Packpferde wurden seine Beute.

Als Gisle im Frühjahr zu seinem Schiff im Borgarfjord zurück wollte, gab er seinen Leuten strengsten Befehl, kein Stück seiner Habe am Fagraskogarfelsen vorbeizuführen. „Dort hat der Teufel sein Quartier!" setzte er böse hinzu. Er selbst ritt, auf's Ängstlichste das Binnenland meidend, auf dem Zickzackwege längs der Küste hin zu seinem Schiffe.

Im ganzen Myralande hatte sich die Nachricht von dieser Abstrafung des Gisle schnell verbreitet, und wurde viel belacht, von den Meisten auch gebilligt, welche dem Großsprecher solche heilsame Demütigung schon gönnten.

Nur Thord Kolbeinsohn stimmte in das allgemeine Urteil nicht ein, sondern wurde auf den Gretter nur noch böser.

„Fort muß er von hier, oder sterben!" Das war seines Herzens Meinung.

Kapitel 33.

Die Schlacht bei Grettersodde.

Thord Kolbeinsohn raffte sich endlich auf, und organisierte in der Myraharde einen allgemeinen Aufstand gegen Gretter. An unzufriedenen und erbitterten Leuten fehlte es ja dort wahrlich nicht. Viele wünschten dem Gretter eins auszuwischen für manchen Verlust, für manchen bösen Streich, den sie von ihm erlitten hatten. Kauflustiges Volk lief außerdem, wie allenthalben, wo es Händel giebt, reichlich zu.

So bildete sich ein förmliches Heer. Auch Gretter war nicht mehr allein in seiner Höhle. Mut und Stärke ziehen immer mächtig an, sonderlich die Jugend.

Die Schlacht bei Grettersodde.

So hatten sich zwei junge, rüstige Männer aus der Nachbarschaft zu Gretter gesellt. Und der eine von ihnen war Eyjulf, der Sohn des Bauern aus dem Hofe Fagraskogar. Diese jungen Leute waren seine freiwilligen Schildträger, die frohen Genossen seiner Beutezüge und seiner Abenteuer.

Thord Kolbeinsohn hatte den Aufstand gegen Gretter in der Myraharde vorbereitet, aber die Stelle eines Führers lehnte er ab.

„Das überlasse ich meinem Sohne Arnor," sagte er. „Der mag an eure Spitze treten!" —

Thorgils Ingjaldsohn, Arnors Vetter; Thorarin aus Afrar und sein Sohn Thrand; Torfin aus Laekjarbug; Bjarne aus Joerfi; Finboge, Sohn des Thorgeier, und Steinulf Thorleiffsohn aus Hraundal, waren die Häuptlinge, welche mit ihren Hintersassen zum Kriegszuge gegen Gretter sich bereit hielten.

Schon überlegte man den Angriffsplan, und einigte sich auf folgenden Beschluß. Die Myraharde wurde durchflossen von einem ansehnlichen Fluß Hita, und durch denselben in nahezu zwei gleiche Hälften geschieden. Die Streitkräfte sollten sich nun auf beiden Seiten dieses Flusses zusammen ziehen, und, getrennt, die Ufer aufwärts marschieren bis zum Fagraskogarfelsen. Hier sollte die Vereinigung beider Heerhaufen stattfinden zum gemeinsamen Angriff gegen Gretter.

Aus diesen Veranstaltungen sieht man, wie groß der Respekt vor Gretters Kraft war.

Es war am Anfang des dritten Winters, nachdem er den Fagraskogarfelsen bezogen hatte, daß sich dieses Gewitter in der Myraharde zusammenzog.

Gretter nahm indessen von all diesem wenig Notiz. An Flucht dachte er nicht. Er setzte vielmehr seine Streifzüge in die Umgegend ruhig fort.

Soeben war er mit seinen beiden Begleitern südwärts in die Harde aufgebrochen, um sich für den Winter zu verproviantieren. Aus dem Hofe Laekjarbug holte er sich sechs Hammel, vom Hofe Afrar nahm er zwei Ochsen und etliche Schafe.

Diese Beute vor sich hertreibend, begab er sich auf den Heimweg.

Die Bauern benachrichtigten hiervon den Thord Kolbeinsohn, und forderten ihn auf, den längst vorbereiteten Schlag gegen Gretter nun auszuführen.

Die Streitkräfte sammelten sich auf beiden Ufern der Hita, und zogen den Fluß hinauf. Den südlichen Haufen führte Bjarne aus Joerfi, den nördlichen Arnor, Thords Sohn.

Die auf beiden Ufern ausgegebene Parole lautete: „Tötet den Gretter! Bringt ihn, lebendig oder tot; aber bringt ihn!" —

Gretter wollte soeben mit seiner Beute über den Hitafluß setzen, als die südliche Heersäule unter Bjarnes Führung auf ihn stieß. Rasch entschlossen suchte er nun eine schmale Landzunge zu gewinnen, welche weit in den Fluß hinein vorsprang. Auf diese Landzunge trieb er sein Vieh, welches er nicht preisgeben wollte, und befahl seinen beiden Begleitern, ihm den Rücken zu decken.

Die Enge des Zugangs zu dieser Landzunge bot den unermeßlichen Vorteil, daß hier ein einzelner Mann gegen eine Übermacht sich stemmen konnte.

Die Myramänner nahmen vor dieser Landzunge Aufstellung, und bereiteten unter Ausdrücken des Übermuts sich zuversichtlich zum Angriff vor.

Der Kampf entbrannte, und er wurde sehr heiß.

Gretter hieb wuchtig mit seinem Schwert um sich, und traf die auf ihn Eindringenden schwer. Einige fielen, andere wurden verwundet.

Betroffen über solchen Verlust wichen die Reihen der Myramänner mehr und mehr zurück.

Aber Thrand, Thorgils, Finboge, Steinulf spornten zu neuem Angriff an, und der Kampf wurde mit erbitterter Heftigkeit wieder aufgenommen.

Gretter sah wohl, hier gelte es das Äußerste. Fast verzweifelte er an seiner Rettung. Deshalb sann er darauf, sein Leben so teuer, wie möglich, zu verkaufen. Ein, zwei, drei der angesehensten Bauern sollten mindestens mit ihm fallen. So rannte er den Steinulf an, und spaltete ihm den Kopf bis zu den Schultern. Einen zweiten Hieb führte er gegen Thorgils Ingjaldsohn, und durchschnitt ihm den Hals. Thrand sprang vor, und wollte seinen Verwandten rächen. Gretter traf ihm den Oberschenkel, zerfleischte die Muskeln, und machte ihn kampfunfähig. Endlich schlug er dem Finboge eine schwere Wunde.

Als Thorarin so die meisten der Häuptlinge tot oder kampfunfähig auf der Walstatt liegen sah, da rief er: „Kameraden, laßt ab vom

Die Schlacht bei Grettersobbe.

"Kampf. Denn, je länger ihr kämpft, je größeren Schaden thut ihr euch "selbst. Ihr überliefert nur eure besten Männer dem gewissen Tode!" Sie folgten seinem Rat, und zogen sich zurück.

Zehn Männer waren gefallen, und fünf so schwer verwundet, daß sie ihr Leben lang Krüppel blieben. Der Rest trug leichtere Wunden davon. Unverletzt war niemand.

Gretter war überaus müde, aber nur leicht verwundet! — Die zweite Abteilung der Myramänner, welche auf der nördlichen Seite des Flusses zusammengezogen war, hatte bisher in den Kampf nicht eingegriffen.

Um den Fluß zu überschreiten, mußten sie eine Furt benutzen, welche ziemlich weit oberhalb lag. Dieser Umweg hatte sie aufgehalten. Es stand dieser zweite Heerhaufe unter der Führung Arnors, Thords Sohn. Als derselbe das Schlachtfeld betrat, waren seine Kameraden bereits abgezogen, aber Gretter stand noch kampfbereit am Zugange der Landzunge.

Arnors Blick fiel auf die Toten, welche die Walstatt bedeckten und auf die Blutlachen am Erdboden, deren Tropfen den Abziehenden nachfolgten. Ihm schwand die Lust, sich in gleiche Gefahr zu stürzen.

Er steckte darum sein Schwert in die Scheide, und gab den Befehl zum Abzug.

Sein Vater, Thord Kolbeinsohn, und die übrigen Myramänner haben ihn später dafür schwer getadelt, und es war ihre Meinung, daß er sich nicht als ein mutiger und tapferer Mann gezeigt habe. Der Ort, wo dieser Kampf stattgefunden hatte, erhielt den Namen Grettersobbe d. h. Gretters Landspitze, und wird noch heute gezeigt.

So endete diese denkwürdige Unternehmung.

Die Parole des Tages: "Schaffet Gretter zur Stelle, lebendig oder tot!" war also nicht eingelöst worden.

Kleinlaut zogen die Gegner ab, welche so ruhmredig aufgezogen waren, und Gretter verließ als Sieger das Schlachtfeld.

Müde und verwundet stieg er mit seinen beiden Gefährten zu Roß, und ritt nach dem Fagraskogarfelsen zurück, die Beute mit sich führend. Als sie den Hof Fagraskogar passierten, welcher Eyjulfs Vater gehörte, stand die Schwester vor der Thüre, voll Erwartung über den Ausgang des Kampfes.

Gretter warf ihr vom Sattel aus folgenden Reim zu:

> Du Göttin vom Strome,
> Der ins Trinkhorn steigt
> Mit schäumendem Met,
> Wir kommen so spaet,
> Weil in den Tod geneigt
> Zehn Mann diese Faust
> Zum blutigen Lohne! —

Eyjulf nahm Urlaub, und trat mit seiner Schwester in das väterliche Haus. Gretter ritt mit dem zweiten Genossen zum Fagraskogarfelsen hin. Hier blieb er den ganzen Winter.

Durch diesen Sieg hatte er seine Feinde abgeschüttelt, aber auch seinen besten Freund sich entfremdet.

Bjoern war tief verstimmt.

Auch er hatte unter den Gefallenen manch einen wackeren Freund, manch lieben Verwandten.

Bei der ersten Zusammenkunft ließ Bjoern den Gretter seinen tiefen Mißmut fühlen.

„Du hast Verwandte und Freunde mir getötet, Gretter, das war „gegen die Abrede!"

„Es thut mir wehe, dich erzürnt zu haben, Bjoern!" „Du bist „mein Wohlthäter, und ich schulde dir Dank. Aber es galt die Ver„teidigung meines Lebens! Jene oder ich! Es gab keine andere Wahl!" —

„Laß gut sein," sagte Bjoern. „Ich werde mein dir gegebenes „Wort halten, und dich nach wie vor stützen. Aber lange kannst du „nicht mehr hier bleiben. Sieh' dich nach einem anderen Zufluchtsorte um!" —

Diese Verstimmung Bjoerns wurde geschickt genährt durch die übrigen Häuptlingsfamilien der Harde, welche fast sämmtlich bei Grettersodde schmerzlichen Verlust erlitten hatten.

„Bjoern, du kannst diesen Unhold unmöglich länger auf deinem „Grund und Boden dulden! — Du verdirbst es mit uns für alle Zeit!" —

„Diesen Winter noch," beschwichtigte Bjoern die Murrenden, „laßt „ihn hier. Er hat mein Wort. Das muß ich halten. Kommt der „Sommer, dann zieht er fort!" —

Und so geschah's.

Der Winter verlief friedlich. Es kamen keine Zusammenstöße mehr zwischen Gretter und den Myramännern vor. Auch Bjoern hielt sein Freundeswort. Als aber der Sommer gekommen war, brach Gretter auf, und verließ die Gegend.

Er begab sich nach dem Borgarfjord zu Grim, und bat ihn um seinen Rat: „Was er nun weiter thun sollte?" —

Kapitel 34.
Unstät und flüchtig.

Grim Thorhallsohn auf Gilsbacka am Borgarfjord war der Bruder seines Schwagers Gamle. Gretter war ihm eng befreundet, und er wußte es, wenn einer, so hatte Grim für ihn ein warmes Herz und einen klugen Rat. Hier hatte er vorgesprochen, als er zum zweiten Male mit gescheiterten Hoffnungen aus Norwegen zurückkehrte. An Grims Tische hatte er mit Svein jene lustigen Reime über die Södulkolla zusammengeknüpft. Grim hatte ihm vor Jahren den klugen Rat gegeben auf die Arnarvatnsheide hinauszugehen. Grim mußte wieder helfen. So trat er denn bei ihm ein mit der Frage:

„Freund, was rätst du mir jetzt anzufangen? — Wo soll ich hin?" —

Grim sagte: „Du weißt, Gretter, meine eigenen Mittel sind nur „klein. Dazu fehlt mir das starke Gefolge, dich in meinen Schutz zu „nehmen. Hätt' ich beides, ich wollte nicht kargen. Aber so kann ich „Thorers Wut nicht reizen. Er ist stark und mich zu zermalmen, ist „ihm ein Leichtes!" —

„Weißt du denn keinen Schlupfwinkel für mich?" fragte Gretter. „Außer der Arnarvatnsheide keinen!" erwiderte Grim.

„Und diese ist mir gründlich verleidet durch jene falschen Gesellen! — Dorthin kehre ich nicht wieder zurück," erklärte Gretter.

„Nicht alle Menschen sind falsch!" — „Du triffst es ein andermal wohl besser!" warf Grim ein.

„Nein, nicht alle Menschen sind falsch, wenn auch das Unglück ein scharfer Prüfstein ist für die Aufrichtigkeit der Freunde. Bjoern in der Myrahurde war mir ein redlicher Kamerad. Und auch die Arnarvatnsheide ließ mich einen gleichen finden!" —

„Wer war das?" fragte Grim.

Nun erzählte Gretter von Thorers Angriff und von des Reifriesen kräftiger Hülfe. „Dieser Hallmund nahm mich dann mit sich, und ich blieb bei ihm. Beim Scheiden sagte er: „Sprich wieder bei uns vor, sobald du magst!" —

„Ich würde in deiner Stelle dieser Einladung folgen," sagte Grim.

„Ich muß nun wohl," versetzte Gretter. „Aber du vergißt, Freund, daß die Reifriesen nicht unseres Geschlechtes, daß sie nicht Menschen, wie wir, sind. Bei all ihrer Liebe und Hülfe, die ich dort erfuhr, habe ich dieses Gefühl des Fremdseins doch nie verloren! — Gleiches gesellt sich stets zu Gleichem!" —

„Das thut's," sagte Grim. „Aber ein Friedloser, wie du, kann nicht immer leben, wie er mag. Die Not lehrt sich schicken, und zwingt zu entsagen!" —

„Es ist bitter, geächtet zu sein," sagte Gretter. „Ohne Haus, ohne Familie, ohne Heimat! Auf ewiger Flucht! Wie ein räudiger Hund gehetzt, den jeder totschlagen kann! — Leb denn wohl! — Ich geh wieder zu Hallmund!" —

Sie schüttelten sich bewegt die Hände, und schieden.

Gretter stieg die bekannten Bergpfade hinauf. Das graue, baumlose Gestein paßte zu seiner düsteren Stimmung. Aber, wenn er den Blick erhob zu dem hellen Junihimmel mit seiner rastlos wandernden Sonne, die nicht Zeit sich nahm unterzugehen, sondern ununterbrochen ihren Glanz ausschüttete auf die jubelnde Erde, dann kamen ihm doch wieder frohere Gedanken.

Er trat in die Behausung Hallmunds ein. Das Licht der einfallenden Sonne spielte auf dem Moos, das, wie ein kunstvolles Gewebe, die Wände überzog, leuchtete wieder auf dem Erz der zum Schmuck aufgehängten Wehr und Waffen.

Hallmund saß, und schnitzte vertiefte Figuren in ein Holzgefäß. Die Reifriesin, seine Tochter, stand am Heerde, und rüstete die Abendkost.

Beide wandten sich, und grüßten den eintretenden Gretter wie einen alten Bekannten.

„Ich komme, wie du mir erlaubt hast, und suche dein Dach," sagte Gretter.

„Drei Jahre sind verstrichen, erwiderte Hallmund, daß wir hier uns „trennten; zu lange für unseren Wunsch, dich wieder zu sehen! — Sei „willkommen!" —

Auch die Reifriesin trat herzu, und legte ihre Hand in die des Gastes.

Dem Gretter that dieser freundliche Empfang wohl. Er vergaß, daß es Wesen anderer Art, Wesen nicht von seinem Fleisch und Bein waren, die ihn so herzlich an sich zogen.

Nach genommener Abendkost erzählte Gretter von seinen Erlebnissen in der Myrakarde, und er fand aufmerksame Zuhörer, welche zu der Züchtigung des Gisle lachten, und seinem Siege bei Grettersodde ihren Beifall nicht versagten.

Dann streckte er sich auf das Lager nieder, das schon einmal seine Wunden heilen sah. Die Quellen, welche von dem Hochgebirge zu Thale stiegen, sangen ihm das Abendlied, und die reine Luft der Berge würzte seinen Schlaf.

Den nächsten Morgen erhob er sich froh und gestärkt. Es begann nun eine Zeit des Friedens für ihn, die ihm wohlthat. Er hatte hier nicht nötig, den Tagesbedarf sich zusammen zu schleppen, und dann selbst herzurüsten, was den Forderungen des knurrenden Magens eben nur genügte. Hier sorgte wieder, wie daheim in seiner Jugendzeit, eine freundliche und geschickte Frauenhand für seine Bequemlichkeit. Hier brauchte er nicht auf dem Lugaus zu liegen, und ringsum zu spähen, ob Feinde nahten. Hier auf diesen Bergeshöhen, die dem Himmel so nahe, dem Streit der Menschen so entrückt lagen, wohnte der Friede.

Es vergingen die Sommermonate rasch, und der Herbst brach an. Die früh in das Meer hinabsinkende Sonne kürzte wieder die Tage, und die Felsenstirnen der Berge tauchten sich wieder tiefer in die dichten Herbstnebel.

Gretter zog es mit Macht hin zu den wärmeren Thälern der Menschen.

Als er diesen Wunsch offen aussprach, lachte die Reifriesin, und sagte: „Ja, ihr Menschen seid doch anders geartet, als wir. Ihr

„seid Kinder der Sonne und zieht dem Lichte nach. Uns klopft froh das
„Herz, wenn hier oben der Schnee im Sturme wirbelt, und der Reif auf
„die Felsenstufen sich legt. Darum nennen die Menschen uns auch die
„Reifriesen. Wir haben unser Reich mitten zwischen den Gletschern!" —
„Gretter, willst du thalabwärts steigen," sagte Hallmund, „so zeig
„ich dir eine Gegend, wo du hausen kannst. Sie bietet dir beides Sicher-
„heit und Nahrung. Keines Menschen Fuß betrat jemals den Ort, und
„fette Schafe beweiden jene Triften. Du darfst von ihnen nehmen, denn
„sie sind mein."

„Nenn mir den Ort," bat Gretter.

„Es ist das Geitland," (Geit zu deutsch Ziege) fuhr Hallmund fort,
„und in seiner Mitte liegt ein versteckes Thal, rings von Gletschern
„umgeben. Das Thal hat warme Quellen, und darum einen üppigen
„Graswuchs. Dort wohnt ein Halbriese, Namens Thorer, der zu meinen
„Knechten gehört, und mir die Schafe weidet. Er wird sich dir willig
„zeigen, und dich nicht hindern, wenn du von meiner Heerde lebst!" —

Die Reifriesin aber trat herzu, und übergab dem Gretter einen
blanken, kupfernen Kessel, nebst einem Feuerzeug, bestehend aus Stahl, Stein
und Zunder.

„Hier, nimm dies Beides von mir als Gastgeschenk. Da ich nicht
„ferner für dich sorgen kann, so mußt du künftig dein eigener Koch sein.
„Dazu werden diese Geräte dir nützen!" —

Gretter verabschiedete sich voll herzlichen Dankes, und stieg, von
Hallmund geleitet, die Felsenpfade hinab.

Als er die Richtung nach Geitland hin gefunden hatte, nahm Hallmund Abschied.

Es war der letzte Händedruck, den sie wechselten. Beide sahen sich
nie wieder.

Gretter ging immer weiter an Geitlands-Jockull vorbei, bis er an
ein langes, schmales Stück Erde kam, welches von allen Seiten durch
überhängende Gletscher eingeschlossen wurde. Er stieg in das Thal
hinab.

Seine Wände hatten üppigen Graswuchs, durchsetzt mit kurzem
Buschwerk. Die Thalsohle entlang, über blankes Gestein springend, floß
ein klarer Bach. Die Luft hier war auffallend mild, weil erwärmt durch
die heißen Quellen, welche allenthalben hervorbrachen. Sie schufen und
erhielten dieses kleine Paradies, und verteidigten es gegen die Gletscher,

daß sie nicht, vordringend, diesen grünen Sommer in ihre weißen Arme schließen durften.

"Hier bleib' ich," sagte Gretter, froh sich umschauend, und suchte Material zusammen, zum Bau einer Hütte Steine, Erde und Strauchwerk. Es wurde kein Palast, was er da baute, aber es wurde ein Notdach, und Gretter war nicht verwöhnt. Er hing seine Waffen an die Wand, und stellte den mitgebrachten kupfernen Kessel in der Mitte seiner Hütte auf einen niedrigen Heerd. Das Feuerzeug aber, nachdem es ihm die Flamme entzündet hatte, barg er wie einen großen Schatz.

Im Thale weideten viele Schafe, welche auffallend groß und fett waren, aber man sah keinen Hirten. Jeden Abend indessen, wenn die Dämmerung eintrat, hörte man vom oberen Ende des Thales herab das Rufen einer groben Stimme. Diesem Rufe folgte dann pünktlich die ganze Heerde.

Gretter nahm sich seinen Lebensbedarf aus der Heerde, und niemand sagte ihm etwas. Er fand, daß einer von diesen Hammeln mehr Fleisch hergab, als anderswo zwei.

Unter den Tieren war auch ein gesprenkeltes Melkschaf mit seinem Lamme, welches er wegen seiner Größe bewunderte. Er griff eines Tages das Lamm und schlachtete es. Es gab 40 Pfund Talg her, und sein Fleisch war vorzüglich. Als die Mutter ihr Lamm verloren hatte, folgte sie Abends nicht mehr der Heerde, wenn der Ruf des Hirten sie nach oben lockte, sondern stellte sich vor Gretters Hütte auf, und wich nicht, und blöckte unablässig die ganze Nacht hindurch, ihrem verlorenen Kinde nachrufend, sodaß Gretter kein Auge schließen konnte. Er bedauerte nun aufrichtig, dieses Lamm geschlachtet zu haben.

Seine Ernährung hier, die nur aus Hammelfleisch und Milch bestand, war eintönig genug, und setzte ihn besonders in Verlegenheit, wenn Fasttage kamen, welche zu halten, die christliche Kirche gebot. Dann half er sich auf diese Weise, daß er das feste Fleisch mied, und nur die Leber aß an Stelle von Fischen und Pflanzenkost, die hier nicht aufzutreiben waren.

Als er längere Zeit hier gewohnt hatte, bekam er Lust, den Hirten, dessen Stimme er jeden Abend vom oberen Thale herab rufen hörte, nun auch zu sehen.

Eines Abends, als der Vollmond das Thal beschien, folgte er der Heerde, welche in Sprüngen dem oberen Thale zulief.

Gretter kam, auf diese Weise von der Heerde geführt, an das Haus Thorers, des Halbriesen, der als Knecht des Hallmund dieses Thal abhütete.

Thorer stand vor seiner Hütte, und empfing den Gretter freundlich. „Du bist Hallmunds Freund, ich weiß es, und darum auch der meinige," sagte Thorer, und reichte Gretter die Hand.

Gretter schüttelte sie, und antwortete: „Ich lebe von deiner Heerde, „und schulde dir Dank. Aber der Mensch lebt nicht vom Brote allein. „Ich habe ein Verlangen, mich auszusprechen. Darum laß uns gute „Nachbarn werden, und einander besuchen!" —

Thorer führte den Gretter in seine Hütte. Hier sah es wohnlich und sauber aus. Um ein helles Heerdfeuer saßen zwei jugendliche Frauengestalten.

„Meine Töchter," sagte Thorer, und rief die Mädchen herbei.

Sie traten vor, und reichten Gretter die Hand.

Nun setzte man sich auf die gebleichten Schädel geschlachteter Büffel, deren Hörner als Armlehnen dienten. In flachen Holzschalen wurde die Milch von Schafen gereicht, welche, leicht gegoren, einen angenehmen säuerlichen Geschmack hatte, und, in die Schalen gegossen, lebhaft aufschäumte. Die Mädchen sahen den Gretter mit großem Interesse an. Je seltener ein Mann in diese Einsamkeit kam, um so mehr war ihnen alles an diesem Fremdling merkwürdig. Besonders seine Worte! —

Gretter hatte viel von der Welt gesehen, und verstand es, gut zu erzählen. Gretter hatte viel in seinem Leben erduldet, und noch mehr gethan. Griff er in seine Erinnerung, so griff er in einen Schatz! —

Im Fluge vergingen die Stunden am Heerdfeuer.

Als er aufbrach, hieß es einstimmig und dringend: „Auf Wiedersehn!" — —

Durch das mondbeglänzte Thal schritt Gretter, längs dem murmelnden Bach, seiner einsamen Hütte zu.

Nicht Stolz erfüllte seine Brust über den Eindruck, den er unverkennbar bei diesen Halbwilden hinterlassen. Ein unendliches Weh überfiel sein Herz. Er dachte daran, was er hätte in dieser Welt werden können, und was es nun war! — Nach Ruhm und Glück hatte er von Jugend auf gedürstet; Ruhm und Glück hatten ihn beständig geflohen! Was war er denn mehr, als ein Abenteurer, ein Ausgestoßener, ein Geächteter?! — —

Es füllten Thränen seine Augen, als er die Thür seiner Hütte aufstieß, und sich dort auf das einsame Lager warf.

Diese Besuche wurden wiederholt. Sie kürzten das erdrückende Gleichmaß der Tage.

Aber, als die Frühlingswasser anschwollen, da schwoll auch Gretter sein Herz vor Sehnsucht nach den bewohnten Stätten der Menschen.

Sie liebten ihn nicht diese Menschen, sie haßten, sie verfolgten ihn; und doch konnte er sie nicht entbehren! —

Er verabschiedete sich von Thorer und seinen Töchtern, nahm seinen geringen Hausrat auf die Schulter, und wandte sich nach Süden. In Skjaldbreid richtete er einen flachen Stein auf, schlug ein Loch durch denselben, und markierte so die Richtung des eben zurückgelegten Weges. Denn, wenn man das Auge dicht an dieses Loch legte, sah man gerade auf die Bergschlucht hinab, welche in das Thorerthal einführte. Darauf begab er sich nach dem Südlande und dann nach dem Ostlande der Insel. Er verlebte hier den ganzen Sommer und den nächstfolgenden Winter. Er besuchte alle angesehenen Leute. Aber überall trat seiner Feinde Haß ihm hindernd in den Weg, sobaß niemand den Mut fand, für längere Zeit ihm Aufenthalt zu geben. Darauf ging er nach dem Nordlande, und hielt sich auch hier an verschiedenen Plätzen auf, ohne ein besseres Geschick zu finden.

So waren drei Jahre vergangen, seitdem er die Myraharde verlassen hatte, und nirgends hatte er wieder festen Fuß fassen können! —

Unstät und flüchtig! — Ohne Liebe und ohne Halt! — Das war sein Los! —! —

Kapitel 35.
Hallmund's Tod.

Gretters verlassene Hütte auf der Arnarvatnsheide war nicht leer geblieben. Sie hatte einen Insassen gefunden. Grim, der Sohn einer Wittwe auf dem Hofe Krop, gleichfalls ein Geächteter, war dort eingezogen.

Groß und stark war er, wenn auch an die Kräfte eines Gretter in keiner Weise heranreichend. Im benachbarten See machte er fortlaufend reichlichen Fischfang.

Dieses Eindringen in sein Reich verdroß den Hallmund, und er beschloß den Grim dafür zu strafen.

Grim hatte eines Tages 100 Fische gefangen, brachte sie nach Hause, und warf sie in einen Bottich, der vor seiner Hütte stand. Aber am folgenden Morgen, als er die Fische verkaufen wollte, waren sie alle verschwunden. Er fand das sehr sonderbar; aber er ging wieder an den See, und fing diesmal 200 Fische. Erfreut brachte er den reichen Fang nach Hause. Indessen auch sie waren am folgenden Morgen bis auf den letzten Fisch verschwunden.

Das war doch nun ganz unbegreiflich! —

Den dritten Tag fing er 300 Fische. In mehreren Trachten schleppte der starke Mann diese Last hinauf zu seiner Hütte.

„Diesmal soll mir der Fang nicht verschwinden," sprach Grim zu sich selbst. „Ich passe die ganze Nacht hindurch auf." —

Zu diesem Zweck schnitt er ein Loch in die Thür seiner Hütte, durch welches hindurchlugend, er bequem den ganzen Vorplatz übersehen konnte.

Ein Drittteil der Nacht war verlaufen. Da hörte er jemand mit schweren Schritten den Hof betreten. Der Fremde war von riesenhafter Gestalt, und trug auf seinem Rücken einen schweren Kasten, den er auf die Erde niedersetzte. Dann sah der Riese sich forschend ringsum. Die Hütte lag da in schweigender, nächtlicher Einsamkeit, der Vorplatz war leer, und kein Laut regte sich. Rasch bückte sich der Fremde, griff mit beiden Händen in den Bottich, langte Fische heraus, und warf sie hinüber in seinen Kasten, den er bis zum Rande füllte. Es war mehr als eine Pferdelast. Der Riese hob dann den vollen Kasten mühelos auf seine Schulter.

Grim hatte, hinter der Thüre lauernd, durch das Loch hindurch alle diese Bewegungen scharf beobachtet. Nun griff er nach seiner Streitaxt, stieß die Thüre auf, und sprang ins Freie.

Mit beiden Händen die Axt fassend, holte er aus, und traf mit wuchtigem Schlage des Riesen Hals, sodaß die Schneide des Beils tief in das Fleisch eindrang.

Der Verwundete machte eine rasche Wendung, und lief südwärts über die Berge hin, den schweren Kasten auf seinem Rücken.

Grim verfolgte ihn, denn er wollte wissen, ob die Wunde tötlich sei. So gelangten sie zum Balljoekull, wo der Verwundete in eine Höhle einbog.

Grim folgte nicht, sondern trat am Höhleneingange in den Schatten eines Felsens, von wo aus er, was im Inneren der, durch ein Feuer erleuchteten, Höhle, vor sich ging, leicht übersehen konnte. Er sah am Heerde ein Weib sitzen von starkem Gliederbau, aber mit nicht unschönen Gesichtszügen. Sie erhob sich, und ging dem verwundeten Manne, der mit dem Kasten auf dem Rücken eingetreten war, lebhaft entgegen.

Dieser warf die Last ab, und stöhnte laut auf.

Aus der breiten Halswunde, nach der er griff, quoll reichlich Blut hervor.

„Warum blutest du? — Vater!" — fragte das Weib.

„Niemand poche auf seine Stärke! Mein Sterbetag ist gekommen! „Rüste mir das letzte Lager, Kind! — Mut und Mannheit verlassen mich jetzt!" —

„Sag an, was ist geschehen? — Vater!" fragte das Weib, und geleitete den Wankenden, sorglich ihn stützend, nach seinem Bette.

Er streckte sich aus, und sie legte Tücher auf die Wunde, um das Blut zu stillen.

In Absätzen teilte er mit, was geschehen, und wie er zu dieser Wunde gekommen sei.

„Der Mann, der nach dir schlug," sagte die Tochter, „hat sein Werk „vollauf gethan! — Die Wunde reicht bis auf den Knochen, und alle Adern „sind durchschnitten. Man kann es ihm nicht verdenken, daß er seine „Kraft gebraucht hat, denn du hast ihn schlecht behandelt!" —

„Er hatte kein Recht in Gretters Haus zu wohnen, und dort in „meinem Teich zu fischen," sagte Hallmund. —

Denn Hallmund war es, der hier zum Sterben sich hinstreckte.

„Wer, meinst du," fragte die Reifriesin, „wird deinen Tod rächen?"

„Ob das je geschehen wird, wer weiß es?" sagte Hallmund. „Gretter ist wohl der Einzige, auf den ich rechnen kann. Er hat ein „treues Herz und einen starken Arm. Doch dieser Grim, der mich schlug, „wird Glück haben in dieser Welt, das sage ich dir!" —

Dann ruhete der Verwundete ein wenig, und schloß die Augen. Die Tochter sank an seinem Bette nieder, und barg ihr Angesicht in beide Hände.

Er strich mit seiner Hand liebkosend über das herabfallende, volle Haar, und sagte weich: „Weine nicht, Kind!" — „Laß uns die letzten Augenblicke nützen!" — „Nimm deinen Runenstab, und grabe darauf ein, was ich dir singe!" —

Nun begann Hallmund mit matter Stimme ein Lied.

Er sang, wie er dem Gretter einst die Zäume aus den Händen geruckt, daß sie schmerzten. Er sang, wie er, Rücken an Rücken mit Gretter, Thorers 80 Mann geworfen, daß 18 davon das Aufstehen vergaßen. Er sang, wie er mit Reifriesen und Halbreifriesen gekämpft, und sie bezwungen; wie die Erdgeister samt den Elfen und den Gnomen seine Macht gespürt! —

Das alles schnitt die Tochter, während der Riese singend sprach, mit einem Messer in den Stab von Buchenholz ein, den sie auf ihrem Schoße hielt, in Runen, nicht Buchstaben, sondern Merkzeichen, von denen jedes nicht einen Laut, sondern ein Wort, oft einen ganzen Satz bezeichnend, für das Gedächtnis festhielt.

Dieses Lied bekam den Namen Hallmunds-Kvida, (Kvida heißt auf deutsch Gedicht) und lebt noch heute in der Isländer Gedächtnis. Mit dem letzten Worte erstarb auch Hallmunds Stimme. Er streckte seine Glieder, und war nicht mehr! —

Laut schluchzend warf sich die Tochter über die Leiche ihres Vaters! — Da trat Grim aus seinem Versteck hervor.

Sein Tritt weckte die knieende Frau aus ihrer Betäubung. Sie richtete sich auf und sah ihn fragend an. Das dunkle Haar hatte sich gelöst, und umfloß Haupt und Schultern, gleich wie ein Trauerschleier. In ihren Wimpern hingen Thränen. Die Hand hielt sie, wie abwehrend, gegen den Eintretenden vorgestreckt.

„Wer stört hier die Totenklage einer Tochter?" fragte sie vorwurfsvoll.

„Ich folgte deinem Vater von der Arnarvatnsscheide herauf," sagte Grim.

„Du folgtest einem wunden Manne!" — „Sag an, wer schlug die Wunde?" —

„Meine Hand!"

„Deine Hand!?" — rief die Reifriesin und richtete sich drohend auf. „Warum kommst du denn her nach solcher That? Willst du auch mich töten?" —

„Nein, ich kam hierher, um dich zu trösten!" sagte Grim mit weichem Klang in seiner Stimme. „Ich hörte deines Vaters Sterbelied, und sah deinen Schmerz!" —

„Es ist vermessen, mit der Hand trösten zu wollen, welche die Wunden schlug!" —

„Sie schlug sie in der Notwehr!" — „Ich suchte nicht den Streit. „Ich verteidigte nur, was mein war. Es war die dritte Nacht, daß ich „um den sauren Schweiß meiner Tagesarbeit betrogen wurde. Hättest „du es ruhig mit angesehen, wenn jemand dich bestahl? — Gieb dem „Recht die Ehre!" —

„Ich hätt's nicht!" — sagte sie stolz. „Unrecht bringt Unheil!" „Es bleibt wahr!" —

„Meine Hand schlug ungern! Laß dir's sagen! Und, da ich nun „in deinem Schmerze hier dich sah, wünscht' ich zwiefach jenen Schlag „zurück!" —

Sie trat auf Grim zu, und reichte ihm die Hand.

„Ist so dein Herz gesonnen, so laß uns Frieden schließen!"

Grim schlug in die dargereichte Rechte ein, und sagte:

„Jeder muß fort von hinnen, wenn seine Stunde schlägt! — „Auch uns wird sie schlagen!" —

Grim half der Reifriesin nun ihren Toten beklagen, und seinen Leib bestatten.

Er blieb mehrere Tage in der Höhle, und lernte, am Feuer mit der Riesin sitzend, die Hallmunds-Kvida aus ihrem Munde. Dann stieg er wieder nach der Arnarvatnsheide hinab, und blieb dort noch den folgenden Winter.

Eines Tages kam Thorkel-Eyjulfsohn herauf, um Grim zu töten.

Sie kämpften miteinander. — Grim trug den Sieg davon; schenkte aber
großmütig dem Überwundenen das Leben. Als Widervergeltung nahm
Thorkel den Grim in sein Haus auf, half ihm ins Ausland fort, und
streckte die Mittel dazu ihm reichlich vor.

Im Ausland wurde Grim ein angesehener Kaufmann.

Diese hochherzige Gesinnung beider Männer fand in Island allgemeines Lob.

Kapitel 36.

Gefoppt.

Drei Jahre waren vergangen, seitdem Gretter den sicheren Unterschlupf in dem Fagraskogarfelsen auf der Myrahurde hatte
verlassen müssen, und nirgends war es ihm gelungen, festen
Fuß zu fassen. Seines Feindes Thorer ungestillter Zorn und dessen ge-
wichtige Machtmittel übten einen so starken Druck nach allen Seiten aus,
daß auch Gretters Blutsverwandte und wärmsten Freunde es nicht mehr
wagten, ihn auf längere Zeit bei sich aufzunehmen.

So zog denn Gretter während des Sommers auf dem Kamm des
Hochgebirges umher, wo ausgedehnte Heideflächen, von Heidekraut und
Moosgeflecht überzogen, von Sümpfen und niedrigem Gestrüpp durch-
setzt, dalagen.

Hier und da standen vereinzelte Saeter als Sommerquartier für
Hirten, welche auf dieser Höhe mit ihrem Vieh die Gebirgswiesen ab-
weideten.

Diese Gegenden durchstreifte unstät und flüchtig Gretters Fuß. Wir finden ihn auf der Moedruthal- und der Reykjaheide. Nichts desto weniger dehnte Thorer seine rastlosen Nachstellungen auch auf diese öden Gegenden aus.

Er hatte gehört, daß Gretter auf der Reykjaheide sich aufhalte, rief seine bewaffneten Knechte zusammen, und zog mit starkem Gefolge dorthin.

Hier auf offenem Felde fehlte dem Gretter jene Rückendeckung, welche dort in der Klamm ihn gerettet hatte.

„Hier umzingeln wir ihn leicht, und strecken ihn nieder!" Das war Thorers Plan.

Und dieser Plan schien zu gelingen.

Gretter wurde den anrückenden Feind erst gewahr, als derselbe bereits ganz nahe war. Dazu hatte er nur einen einzigen Begleiter!

Beide warfen, als sie des Feindes ansichtig wurden, ihre Pferde rasch herum, und Gretter suchte eine Saeterhütte zu erreichen, welche seitwärts vom Wege lag. Hier zogen sie die Pferde rasch ins Haus, und verrammelten die Thür.

Thorer, der sie nicht bemerkt haben mußte, ritt vorbei, nordwärts.

„Das Gewitter ging diesmal vorüber, ohne einzuschlagen," sagte Gretter zu seinem Gefährten, und trat aus der Hütte heraus.

Der Zug der Bewaffneten stieg eine Bergkuppe hinan, und hielt dort Umschau. Offenbar berieten sie sich. Dann machten sie kehrt, und kamen denselben Weg wieder zurück.

„Ich habe Lust mit Thorer zu reden," sprach Gretter zu seinem Begleiter. „Hüte du die Pferde! — Ich trete zu Fuß ihm in den Weg. „Schwerlich erkennt er mich. Wenn er dann später davon hört, daß ich „es war, der ihn zum Besten hielt, wird er schwer sich darüber ärgern!" —

„Gretter, du riskierst dein Leben!" rief der Knecht warnend. „Laß diesen tollkühnen Streich!" —

„Nur keine Furcht, mein Junge! — Zunächst eine Verkleidung!" —

Er warf sein Wams ab, und langte des Hirten langen Rock von der Wand. Den zog er an. Dann setzte er einen breitkrämpigen Hut auf, und drückte ihn tief in die Augen. Endlich nahm er einen Knotenstock in die Hand. So verließ er die Hütte, und schritt dem Zuge des Thorer entgegen.

Dieser begrüßte den Wanderer, hielt ihn an, und fragte:

„Hast du hier nicht jemanden über das Gebirge reiten sehen?" —

„Ja wohl Herr, das habe ich!" sagte der vermeintliche Hirte.

„Der Gretter war es und sein Knecht! — Den suchst du doch?"

„Gewiß, den suchen wir," bestätigte Thorer eifrig.

„Nun, die waren heute Morgen hier ganz nahe, und sind abwärts geritten zu den Mooren hin. Links südwärts!"

Thorer dankte für die Nachricht, und gab seinen Leuten Befehl, links südwärts abzureiten.

Sie kamen zu den Mooren, und versuchten es, auf den schmalen Dämmen, welche die Moore durchschnitten, diese zu durchqueren.

Jene Dämme waren indessen so voll Wasser gesogen, daß die Pferde, eins nach dem anderen, mit den Hufen abglitten, und in den Schlamm versanken. Der Zug kam dadurch in Verwirrung, und die Leute hatten den größten Teil des Tages damit zu thun, wieder aus dem Sumpfe herauszukommen.

Thorer fluchte dem Landstreicher, der sie so zum Besten gehalten hatte! —

Gretter war indessen schnell zur Hütte gegangen. Dort legte er sein Wams wieder an, stülpte den Eisenhut auf, stieg, den Spieß in der Hand, zu Pferde, und ritt mit seinem Knecht westwärts die Felsen hinab.

Gretter nahm die Richtung auf Gard, Thorers Hof, zu. —

Diesen erreichte er lange Zeit bevor Thorer mit seinen Knechten aus dem Sumpf sich herausgearbeitet hatte. Auf dem Wege dorthin schloß sich ihnen ein fremder Mann an, der den Gretter nicht kannte, aber sich als ortskundig zeigte.

In stattlicher Breite lag der Hof Gard vor ihnen. Gretter spürte Lust, diesem einen Besuch zu machen. Der Fremde und sein eigener Knecht folgten. Als sie dem Thorweg sich näherten, sahen sie vor demselben ein jugendliches Weib in prächtiger Kleidung stehen. Gretter fragte den Fremden, wer das sei. Und dieser gab Auskunft: „Das ist Thorer's Tochter."

Gretter ritt sogleich auf sie zu, grüßte höflich, und warf folgenden Reim ihr hin:

> Du goldene Sonne,
> Des Vaters Wonne,
> Nimm hier meinen Gruß! —
> Er müht sich zu streben
> Nach meinem Leben,
> Folgt hier auf dem Fuß! —

hat nichts zu bedeuten,
Wir können schon reiten!
Wenn auch nur zu zwei! —
Ift doch Gretter dabei!! — —

Aus diesen Worten hörte der Fremde, wer der Sprecher fei, warf rasch sein Pferd um, und sprengte dem Thorer entgegen, um Gretters Anwesenheit auf Gard zu melden. Aber Thorer war noch weit ab. Und ehe die Meldung ihn erreichte, war Gretter längst über alle Berge.

Verdrossen bog Thorer in seinen Hof ein, mit der Empfindung, einen schimpflichen Tag hinter sich zu haben. Und alle, zu denen diese Geschichte kam, teilten die Meinung, Gretter habe seinen ärgsten Feind arg gefoppt.

Sofort schickte Thorer Spione nach allen Richtungen aus, welche den Gretter aufspüren, und unverzüglich seinen Aufenthalt ihm melden sollten.

Gretter schickte seinen Knecht mit den Pferden nach dem Westlande, selbst aber stieg er in Verkleidung, zu Fuß, die Berge hinauf. So entkam er, und erreichte am Anfang des Winters das Nordland.

Es war die übereinstimmende Meinung aller, daß dieses die größte Niederlage gewesen sei, welche Gretter dem Thorer beigebracht hätte.

Kapitel 37.

Der Kirchgang.

Im nordöstlichen Teile der Infel Island zieht sich von Süden nach Norden das Bardarthal hin, durchströmt von der Eyjadalsau, einem Fluß von ansehnlicher Länge und Breite, der in raschem Lauf, von vielen Wasserfällen unterbrochen, dem Meere zueilt.

In diesem äußerst fruchtbaren Thale liegt der stattliche Hof Sandhaugar in malerischer Lage. Dicht neben ihm stürzt die Eyjadalsau, durch eine Felsenschlucht sich zwängend, mit mächtigem Wasserfall in die Tiefe.

Besitzer dieses Hofes war Thorstein mit dem Zunamen der Weiße, sein Weib war Steinvoer, beide noch jung verheiratet, und im Besitze eines Töchterchens von zartem Alter.

Reich an Ertrag, und herrlich in der Lage, hatte dieser Hof doch einen Nachteil; es spukte auf demselben.

Und bald sollte der umherpolternde böse Geist auch ein schweres Opfer verlangen.

Es war um die Weihnachtszeit, und die Hausfrau Steinvoer fühlte ein Verlangen, in der heiligen Christnacht dem Vespergottesdienste beizuwohnen, welcher in der Kirche zu Eyjadalsa abgehalten wurde. Diese Kirche lag nach Norden zu thalabwärts, und zwar auf der anderen Seite des Flußes, sodaß die Leute von Sandhaugar über den Fluß setzen mußten, um zu ihrer Kirche zu gelangen, was im Winter oft große Schwierigkeiten machte.

Dennoch wollte es Steinvoer! Die Kirche im Schnee, das helle aus den Fenstern quellende Licht, der fromme Gesang, das kräftige Gotteswort mit seinen das Herz erquickenden Verheißungen, das alles hatte zu viel Anziehungskraft für sie. Sie mußte hin.

Zudem war der Hof zu Sandhaugar dem Pfarrhofe, der neben der Kirche zu Eyjadalsa lag, eng befreundet.

Hier waltete seines Berufes der christliche Priester Namens Stein, verheiratet, ein guter Hausvater und ein wohlhabender Mann.

Auf diesem Pfarrhofe konnte Steinvoer bequem übernachten, um nicht nach des Gottesdienstes Schluß bei Dunkelheit den beschwerlichen Rückweg zu machen.

Sie ging. Aber der Hausherr blieb daheim.

Am Abend legte sich alles auf Sandhaugar zu Bette, was nicht mit der Hausfrau zur Kirche war. Auch Thorstein mit dem Zunamen der Weiße legte sich zur Ruhe.

Um Mitternacht ging ein großes Gepolter durch das Haus, und alles fuhr erschreckt aus den Betten. Doch wagte keiner von dem Gesinde sich hervor, aus Angst vor dem Gespenst.

Der Morgen graute, und bei Zeiten kehrte die Hausfrau zurück. Allein der Hausherr war aus seiner Schlafkammer verschwunden, und niemand wußte, wo er geblieben sei.

Jeden Tag zerbrach man sich den Kopf und auch das Herz über Thorsteins Verschwinden. Jeden Tag hoffte man auf seine Wiederkehr. Aber das Jahr verging, und Thorstein kam nicht zurück.

Weihnachten war wieder da.

Wieder wurden in Eyjadalsa die Lichter zum Vespergottesdienst angezündet, und die Gläubigen strömten thalauf, thalab herbei, um das gloria der Engel mit anzuhören, mitzusingen.

Auch Steinvor wollte wieder dorthin.

Sie beauftragte ihren Großknecht, unterdessen das Haus zu behüten. Dieser machte zunächst Einwendungen, ließ sich jedoch schließlich bewegen, auf dem gefährlichen Posten zu bleiben.

Wiederum um die Mitte der heiligen Nacht ließ sich im ganzen Hause das große Getöse vernehmen. Wiederum die allgemeine Beklemmung. Und am Morgen, als die Hausfrau zurückkehrte, wiederum das spurlose Verschwinden eines Mannes, diesmal des Großknechtes. Man durchsuchte dessen Kammer, man durchforschte die übrigen Räume des Hauses, den Hausflur, den Wirtschaftshof. Man betastete, und untersuchte die Thüren und die Schlösser. Alles war in guter Ordnung. Endlich entdeckte man auf der Außenseite der Hausthür einige leichte Blutflecken.

Nun kam man zu dem Schluß, daß ein Troll es gewesen sein müsse, der jetzt den Knecht, wie Jahres zuvor den Hausherrn, in der heiligen Nacht entführt hätte.

Die Kunde von diesem sonderbaren Vorfall verbreitete sich rasch über das ganze Bardarthal, wie auch die benachbarten Thäler, und wurde Gegenstand allgemeinster Erörterung.

So lagen die Dinge, als Gretter, nachdem er den Thorer gefoppt hatte, in Verkleidung über die Berge kommend, das Bardarthal betrat.

Er erfuhr von Thorstein's und des Großknechtes geheimnisvollem Verschwinden, sowie von der Vermutung der Nachbaren, daß ein böser Geist die Ursache all dessen sei.

„Ich habe vor Jahren auf Thorhallstaetten im Forsaeluthale den „Glam überwunden, und dort das Haus von diesem bösen Gespenst be- „freit. Damals war ich noch jung und unerfahren. Jetzt traue ich mir „mehr zu. Ich will den Leuten dort helfen, und mir neue Freunde „werben. Ich kann sie brauchen." So sprach Gretter zu sich selbst und nahm den Weg auf Sandhaugar zu. Er wußte es so einzurichten, daß er gerade am Weihnachtsabend dort eintraf.

Als er vom Pferde gestiegen war, und seine Riesengestalt im Gerüste der Hausthür stand, ergriff die Dienstleute, welche durch all das Erlebte eingeschüchtert waren, mächtige Furcht, und sie wichen zurück.

Indessen die Hausfrau Steinvoer war mutiger. Sie trat vor, und fragte nach des Ankömmlings Namen und Begehr.

„Mein Name ist Gast," sagte Gretter, „und ich bitte hier um ein Nachtquartier."

„Nachtquartier und Essen stehen dir zu Diensten, Gast," sagte Frau „Steinvoer, „aber für deine Sicherheit hier in diesem Hause mußt du selber „sorgen!" —

„Ich weiß Bescheid," sagte Gast, „und habe keine Furcht. Ich will „nicht bloß für meine Sicherheit hier sorgen, sondern auch für die deinige, „Frau! Gehe ruhig in den Vespergottesdienst heute, wenn du magst. „Ich werde in dieser Nacht hier Wache halten."

„Das nenne ich mutig gesprochen," sagte Steinvoer, und reichte Gast die Hand.

„Wer nichts wagt, gewinnt auch keinen Ruhm!" erwiderte Gretter.

Und beide traten zusammen in die Wohnstube.

„Nach dem Entsetzlichen, was zweimal hier gerade in der heiligen „Nacht sich zugetragen hat, wollte ich eigentlich heut nicht fort von Hause, „so gerne ich auch den Weihnachts-Vespergottesdienst besuche. Auch ist „der Fluß geschwollen, und geht mit Treibeis. Das Hinüberkommen „wird heute schwer sein!" —

„Ich helfe dir hinüber," sagte Gast „und übernehme dann im Hause „die Wache. Du magst ruhig gehen!" —

So ging denn Steinvoer, und kleidete sich festlich an. Auch ihr Töchterchen, ein zartes Kind, nahm sie mit sich.

Es war draußen Tauwetter geworden. Der Fluß ging breit und tief. Das Eis war geborsten, und trieb in dicken Schollen den Fluß hinab. Dazu das Tosen des nahen Wasserfalls, der Sturm, der in den Zweigen der Tannen wühlte, und die Bäume ächzen machte; das alles gab ein beängstigendes Bild des Aufruhrs in der Natur.

„Es ist unmöglich, heut über den Fluß zu kommen," sagte Steinvoer, als sie an das Ufer getreten waren, und in die schäumenden Wasser blickten. Ihr kleines Mädchen drückte sich ängstlich an die Mutter.

„Nicht Mensch, noch Pferd, sag ich dir, kommen heut hinüber!" —

Gretter, der zur Seite stand, sah prüfend auf die Wasserwirbel.

„Es findet sich wohl oberhalb eine Furt, wo der Fluß nicht so tief ist," sprach er zu Steinvoer.

Sie schritten aufwärts.

„Hier wird es gehen," versicherte Gretter, und sie hielten still.

„Ich wate durch den Fluß, und trage euch beide auf dem Arme hinüber. Habt keine Furcht!" —

„Nimm erst das Kind, und bring es an's andere Ufer," bat die Mutter. „Dann hole mich!" —

„Ich mag nicht zweimal gehen," sagte Gretter, „ich nehm' euch beide auf eins!" —

„Wie das?" fragte Steinvoer.

„Nun, dich nehme ich auf meinen linken Arm, und das Kind setze ich in deinen Schoß. Die rechte Hand muß ich freibehalten, um die Eisschollen abzuwehren" erklärte Gretter.

Steinvoer ergab sich in den Vorschlag. Sie machte fromm das Zeichen des Kreuzes über sich und ihr Kind. Dann hob Gretter sie auf seinen Arm, und setzte das Kind in ihren Schoß.

„Es ist mein gewisser Tod!" sagte Steinvoer.

Gretter stieg mit seiner Last in den Fluß hinab. Mit den Füßen vorsichtig tastend, suchte er sicheren Grund zu finden. Er schritt zu, und der Fluß ward immer tiefer und tiefer.

Erst reichte das Wasser ihm bis an das Knie, dann stieg es bis an die Brust, endlich sogar bis an die Schultern.

Er stand mitten im brausenden Strome in seinem nervigen Gliederbau da, ein ragender Fels.

Sein rechter Arm ruderte, und wehrte ab die auf sie zuschießenden Eisschollen.

Steinvoer schlang ihren Arm um Gretters breites Haupt, und schmiegte sich in ihrer Angst dicht an ihn. Das Kind klammerte sich wieder an seine Mutter.

Beide brachten keinen Laut hervor. Die Brust war ihnen wie zusammengeschnürt, im Gefühl der höchsten Gefahr, und das Auge hielten sie geschlossen.

Auch Gretter sprach kein Wort. Mit gespanntem Nerv achtete er auf jeden Wirbel, jede Eisscholle, jeden Stein, den unten im Grunde seine Fußspitzen anrührten, um des wilden Elementes Herr zu bleiben.

So schritt er weiter, das Herz erfüllt von der Verantwortung für das Leben zweier Menschen, die sich ihm anvertraut hatten.

Nun war die Mitte des Flusses überschritten, nun sank das Wasser wieder von Gretters Schultern bis zu Gretters Brust, von der Brust bis zu seinen Knien. Das jenseitige Ufer wurde erreicht.

Steinvoer öffnete ihre Augen, und glitt am nassen Arm des Gretter hinab. Er hatte Mutter und Kind sorglich so hoch über der Flut gehalten, daß sie, von den Wellen unberührt, fast ganz trocken geblieben waren.

Sie verabschiedete sich mit herzlichem Dankeswort, und Mutter und Kind schritten, das Ufer entlang, auf ihre Kirche zu.

Der Priester Stein auf Eyjadalsa war sehr erstaunt, als er Steinvoer unter den Festbesuchern seiner Kirche sah.

„Wie hast du es nur möglich gemacht, heute über den Fluß zu kommen?" — fragte er sie.

„Weiß ich es doch selbst nicht", gab sie zur Antwort „wer mich „hinübergetragen hat! — War es ein Mann? — War es ein Troll? — „Genug, er hatte Riesenkräfte! —

„Ein Troll würde dir nicht auf dem Gang zu unserem Gotteshause „geholfen haben", sagte der Priester. „Da kannst du sicher sein. Die „Trolle hassen das Kreuz, und in keiner Zeit des Jahres sind sie zorniger, „als in dieser heiligen Nacht, wo der Held geboren wurde, der ihnen das „Reich genommen hat. Dein Hof hat diesen ihren Zorn reichlich er- „fahren!" —

Steinvoer seufzte bei diesen Worten tief auf. Sie dachte nach Hause, und an die Opfer, welche die heilige Nacht schon zweimal dort gefordert hatte, und vielleicht auch dieses Jahr fordern würde.

„Sei überzeugt, Steinvoer," sagte der Priester, „es war ein Mensch, „der dich über den Fluß trug, wenn auch gewiß kein gewöhnlicher. Denn „die That ist unvergleichlich! Vielleicht ist er dir von Gott als Retter „zugesandt, um dein Unglück zu wenden!" —

Steinvoer sah dem Priester gläubig dankend in die Augen für dieses Trostwort.

„Doch, sprich nicht," setzte Stein hinzu, „mit vielen Leuten über diese „Sache! — Verschließ es in dir selbst! — Es ist so besser! —"

Als der Vespergottesdienst zu Ende war, ging Steinvoer mit in's Pfarrhaus, um dort zu nächtigen.

Gretter hatte, als er Mutter und Tochter glücklich am bergenden Ufer niedergesetzt hatte, denselben Weg, den Fluß durchwatend, noch einmal zurückgelegt, nur rascher, sorgloser, weil auf sich selbst gestellt und mit dem Gange schon vertraut.

Er schüttelte am andern Ufer das Wasser aus seinen Kleidern, schlug die Arme kräftig in einander, um sich zu erwärmen, und schritt dann rüstig aus, auf den Hof Sandhaugar zu.

Es war Dämmerung, als er das Haus betrat. Er wechselte rasch die Kleider, und bestellte das Abendessen.

In scheuer Befangenheit trug das Gesinde auf. Das plötzliche Erscheinen dieses fremden Mannes, sein starker Gliederbau, sein kühner Entschluß hier diese gefährliche Nacht zu wachen, sein Gang durch den angeschwollenen Fluß; das alles hatte sie erfüllt mit einem Gefühl, das, in sich selbst nicht klar, zwischen Furcht und Ehrfurcht schwankte.

Allein saß Gretter in der großen Halle auf dem hochlehnigen Armstuhl, der an den schweren Eßtisch gerückt, dem Hausherrn eignete. Das Licht zweier Kerzen erhellte unsicher den weiten Raum.

Die Speisen waren verzehrt, und das Trinkhorn stand vor ihm. Er schaute sinnend in dasselbe hinein, und überlegte den Gang der nächsten Stunden. Dann leerte er auf einen Zug das Horn, und stand auf.

Dem Gesinde befahl er zu Bette zu gehen. Es zog sich scheu zurück, und, das Kreuz über sich schlagend, stieg jeder rasch in seinen Schlafsack.

Gretter blieb wach, und sah gespannt einer verhängnisvollen Nacht entgegen.

Kapitel 38.

In Todesnot.

Die große Halle, in der Gretter zurückgeblieben war, hatte zwei Eingänge, einen breiten Haupteingang und eine Nebenthür. Jenen, in der Mitte der einen Giebelwand gelegen, verrammelte er mit Tischen und Bänken der Halle, welche er übereinander türmte. Hier war ein Eindringen nun unmöglich.

Die Nebenthür lag jenem Haupteingange gegenüber, aber gerückt nach der Ecke hin, wo Längs- und Giebelwand zusammenstießen. Diese Nebenthür ließ er unverschlossen. So war der Angriff nur von einer Seite her möglich.

In diesem Teile der Halle schnitt eine Estrade quer durch den Raum. Auf ihr stand eine hochlehnige Bank, welche unbeweglich mit der Vertäfelung verbunden war. Über sie lagen Felle gebreitet.

Gretter kleidete sich nicht aus, behielt auch das kurze Schwert umgegürtet. Die eine der beiden Kerzen löschte er, die andere stellte er brennend auf einen Tisch, dem kleinen Thüreingang gegenüber.

Prüfend überschaute er noch einmal den Raum und seine Verteidigungsmittel, dann warf er sich, in einen Friesmantel gewickelt, auf jene Bank nieder.

Der Schlaf floh ihn. Unsicher tastete sich das Licht, von der einen Kerze ausgehend, in die Vertäfelung des hohen Daches hinauf, und kämpfte dort mit den spielenden Schatten. Diesem Spiele folgend, schlossen sich doch endlich Gretters Augen.

Er entschlief.

Es mochte Mitternacht heran sein, da hörte man durch das ganze Haus hindurch ein gewaltiges Dröhnen und Krachen.

Gretter erwachte, und richtete sich auf seiner Bank in die Höhe. Die kleinere Eingangsthür, ihm gegenüber, wurde in diesem Augenblick aufgestoßen, und eine Riesengestalt trat ein.

Es war ein Weib. Unter dem einen Arm trug es einen hölzernen Trog, in der anderen Hand ein langes, blankes Messer.

Forschend sah sich das Weib in der Stube um. Als sie Gretter erblickte, stürzte sie auf ihn zu. Dieser sprang auf. Trotz und Messer ließ die Riesin fallen. Dann packte sie den Mann, und beide rangen mit einander.

Gretter fühlte es im Ringen, daß jenes Weib stärker sei, als er. Er mußte alle seine Kraft anspannen, alle seine Geschicklichkeit einsetzen, um nicht zu Falle zu kommen.

Sie rissen sich, in der Halle ringend, auf und ab. Woran sie stießen, Tische, Bänke, Stühle, das stürzte, das zerbrach.

Selbst das Täfelwerk der Wand wich ihrem Anprall, und ging aus den Fugen.

Die Riesin hatte offenbar die Absicht, den Gretter aus der Thür der Halle heraus zu zerren.

Und das gelang! —

Der Kampf verpflanzte sich nun auf den Hausflur. Hier wiederholte sich dasselbe Spiel. Das Sichreißen aus einer Ecke in die andere, das Stürzen, das Zerschellen des Geräts, das Knacken und Krachen des Täfelwerks der Wände.

Die Riesin zerrte den Gretter, obwohl er sich mit allen Muskeln dagegen stemmte, nun doch zur Hausthür hinaus, auf den freien Hof.

Hier war der Kampf für ihn noch ungünstiger. Der Erdboden, durch das eingetretene Tauwetter erweicht, gab den sich stemmenden Füßen nach. Es fehlten hier die festen Gegenstände, welche als Rückhalt umklammert, als Stütze benutzt werden konnten. Dazu fühlte Gretter seine Kräfte unter dieser übermenschlichen Anstrengung schier erlahmen.

Die Riesin hielt ihn fest an sich gepreßt, so daß er Arme und Hände zu nichts weiter brauchen konnte, als des Gegners Leib zu umspannen. Namentlich jeder Versuch, mit der Hand zu seinem Schwerte zu gelangen, war unmöglich.

So schleppte sie ihn, fest an sich gepreßt, zum Flußufer hin. Schon waren sie jener Felsenschlucht ganz nahe, durch welche der Strom, sich pressend, in die Tiefe stürzt; schon mischte sich das Getöse des Wasserfalls mit den ächzenden Lauten der auf Leben und Tod Ringenden, und die aufspritzenden Wassertropfen mischten sich mit dem Todesschweiß auf Gretters Stirne! Noch einen Schritt, und das Ungetüm zerrte ihn in den Wasserfall hinab! Da, in dem letzten Augenblick, gelang es ihm, durch eine schwingende Bewegung den Gegner auf die Seite zu drehen, so daß der rechte Arm ihm frei wurde. Rasch packte er nun sein kurzes Schwert, das ihm an der Seite hing, riß es aus der Scheide, und versetzte dem Ungetüm einen wuchtigen Schlag nach seiner Schulter, sodaß der rechte Arm durchhauen wurde.

Dadurch ward das Riesenweib kampfunfähig, und Gretter wurde frei.

In diesem Augenblick ging eine eigentümliche Bewegung durch die Luft. Die grauen Schatten der Nacht tauchten sich in ein grünes, unheimliches Licht. Ein gelber Strahl zuckte im Osten auf, und mit einem Schrei, aus dem Wut und Schmerz erklang, stürzte sich das Riesenweib über die Felsenschlucht hinab in die Tiefe.

Ein donnerartiges Getöse kam herauf, und die Schaumperlen des Wassers zischten hoch in die Luft.

Aus Gretters Augen blitzte auf ein Strahl des Triumpfes.

Dann tastete er sich mit beiden Händen über seinen Leib, und stöhnte laut auf. Überall fühlte er sich geschwollen, und alle seine Glieder schmerzten heftig.

Tief erschöpft ließ er sich auf einen Stein niedersinken. Hier saß er eine geraume Zeit ganz still, und atmete tief und schwer.

Der Tag brach durch die Wolken, und es wurde Licht! Da erhob Gretter sich von seinem Stein, und schritt langsam dem Hause zu. Als er die Kleider abstreifte, sah er über seinen ganzen Körper hin blaue Flecken, die Spuren der eisernen Griffe seines Gegners. Er streckte sich auf das Bett, und, zum Tode müde, ersehnte er den Schlaf als den Erfrischungsquell für seine abgespannten Kräfte, als den Stiller seiner pochenden Gedanken.

Er entschlief! — —

Die Hausfrau Steinvoer kehrte zeitig aus dem Pfarrhof mit ihrem Kinde heim.

Voll Entsetzen sah sie die Verwüstung auf ihrem Hofe, dann ebendieselbe auch in dem Hausflur, am schlimmsten aber in der Halle.

In banger Ahnung hämmerte ihr das Herz. Kaum traute sie sich zu fragen. Das Gesinde kam herbei, und erzählte, so weit es davon wußte, die Erlebnisse der Nacht.

„Gott Lob!" rief sie, „daß keiner von euch fehlt, daß ihr alle unverletzt seid!" — „Und der Fremde?" — „Der Gast, der den Troll zum Hause hinausbrachte, wo ist der?" — —

„Er schläft!" —

„So soll ihn niemand wecken!" —

Die Hausfrau machte sich jetzt daran, mit den Hausleuten die Ordnung wieder herzustellen, und die Spuren des nächtlichen Kampfes, soweit dies anging, in Halle und Hausflur zu verwischen.
Die Weihnachtsfeiertage sollten nun doppelt froh gefeiert werden. Gretter erwachte vom Schlaf erquickt; doch fühlte er sich außer Stande aufzustehen. Die Glieder waren ihm wie gelähmt.
Steinvoer trat an sein Bett, und reichte dankend ihm beide Hände.
„Du hast mich mit Gefahr deines Lebens durch den Fluß getragen, „und auch mein Haus von dem bösen Troll befreit, der uns zwei „Jahre lang in schwerer Furcht hielt. Sage mir nun auch, wem ich „den Dank schulde? Denn Gast ist doch wohl nicht dein rechter Name!" —
„Du sollst es wissen, Frau, wenn du schweigen kannst. — Du hast „einen Verfolgten vor dir, dessen Namen nicht alle Leute hören dürfen!" —
Sie gelobte Verschwiegenheit.
„So wisse denn, ich bin Gretter, der Starke, Asmunds Sohn aus „dem Midfjorddal." —
Dann erzählte er ausführlich die Erlebnisse der letzten Nacht, und Steinvoer fiel aus einem Erstaunen in das andere.
Als er geendigt hatte, fragte sie: „Meinst du, daß dasselbe Riesenweib auch Thorstein, den Weißen, geholt hat, und den Großknecht?"
„So meine ich," sagte Gretter. „Und vielleicht leben beide noch!" —
„Wo?" fiel Steinvoer lebhaft ein.
„Dann müssen sie in der Höhle der Reifriesen sein," entschied „Gretter. „Und die wird nirgends anders liegen, als hinter dem Wasser„fall! — Laß den Priester kommen! Wir wollen ihn in unser Vertrauen „ziehen, und seine Meinung hören!" —
Stein der Priester kam, und Steinvoer empfing ihn auf der Hausschwelle.
„Alles steht gut, Vater Stein," sagte sie freudig. „Keiner ist tot!" „Vielmehr der Troll ist verjagt, und in den Wasserfall hinabgestürzt! — „Der fremde hat's gethan!" —
„Der Gast?" fragte Stein.
„Wer er ist, wird er dir selber sagen! — Tritt ein!" —
Sie kamen an Gretters Bett.
Dieser nannte auch dem Priester seinen wahren Namen, und bat um seine Verschwiegenheit.
„Hier sollst du den Winter in Ruhe bleiben", sagte Stein, „von uns

„gehütet und gepflegt. Nenne dich weiter Gaſt vor den Hausleuten. Für uns beide biſt du der Gretter!" —

„Mein Werk iſt hier noch nicht beendigt," ſagte Gretter. „Thorſtein und den Knecht, die verſchwunden ſind, will ich ſuchen. Sie müſſen in der Höhle der Reifrieſen ſein."

Stein ſchüttelte zweifelnd den Kopf.

„Den Beweis werde ich dir liefern, ſobald ich geſund bin", ſagte Gretter.

Viele Tage mußte er noch das Bett hüten, und wurde von Steinvoer liebevoll gepflegt.

Es bildete ſich ſpäter die Sage im Bardarthale, daß die Reifrieſin nicht in den Waſſerfall ſich geſtürzt habe, ſondern in Stein verwandelt ſei, als der Strahl des Weihnachtsmorgens ſie getroffen hatte. Man zeigt noch heute an der oberen Schlucht einen aufrechtſtehenden Felſen, der in der That dem Körper eines Weibes nicht unähnlich ſieht.

Kapitel 39.

Thorſtein gefunden.

Die Weinachtstage waren vorüber, uud Gretter verließ das Bett. Er fühlte ſich wieder in Beſitz ſeiner vollen Kraft.

Sein erſter Beſuch galt dem Pfarrhofe in der Eyjabalſa. Als er beim Trinkhorn dem Prieſter Stein gegenüberſaß, kamen ſie noch einmal zu ſprechen auf das Erlebnis der letzten Weihnacht.

„Ich bleibe dabei", ſagte Gretter, „die Reifrieſin, welche ich bezwang, hat auch den Thorſtein und den Großknecht fortgeholt. Mich wollte ſie in den Waſſerfall ſtürzen, das war unverkennbar. Sie wird

„dasselbe auch mit jenen beiden gethan haben. Mithin muß ihre Höhle
„in der Nähe des Wasserfalls liegen, vielleicht hinter demselben. Ich
„setze meinen Kopf darauf!" —
„Und ich schüttle den Meinigen!" sagte Stein noch immer zweifelnd.
„Nun, probieren wir's! Probieren geht über Studieren!" warf
Gretter leicht hin, und stand auf. „Komm mit mir zum Wasserfall.
Wir wollen die Örtlichkeit dort prüfen!" —
Stein willigte ein, und ging mit.

Der Wasserfall maß in seiner ganzen Höhe 50 Faden. Ein Faden
ist so viel, als ein erwachsener Mann mit ausgebreiteten Armen erklaftern
kann, also etwa sechs Fuß. Demnach fiel die Wassermasse aus der oberen
Felsenschlucht, welche dicht neben dem Hofe Sandhaugar lag, etwa 300
Fuß in die Tiefe, mehr denn Kirchturmshöhe.

Unten schäumten die Strudel auf, und unzugängliche Felsen umstarrten das Wasserbecken. Hier war ein Vordringen unmöglich.

Von oben also kletterten die beiden Männer die Seitenwände des
Falls hinab, soweit sie kommen konnten. Das Resultat ihres Forschens
war, daß sie durch den Wasserschleier hindurch deutlich die Umrisse einer
Öffnung sehen konnten, vermutlich den Zugang zu einer Höhle.

Gretter war entschlossen das näher zu untersuchen.

Aber wie dorthin gelangen?

Von der Seite? — Unmöglich! — Von unten? — Noch weniger!
So blieb denn nur übrig der Zugang von oben! —

Gretter holte von dem Hofe Sandhaugar ein Tau von 50 Faden
Länge, um damit auf die Sohle des Wasserfalls zu gelangen.

Am oberen Ende des Sturzes rammte er einen Pfahl in den Erdboden ein, und hing an ihm mittelst einer Schleife das eine Ende des
Taues auf, das andere Ende beschwerte er mit einem großen Stein, und
ließ dieses Ende in den Wassersturz hinab. Auf diese Weise war eine
Verbindung zwischen Oben und Unten hergestellt.

„So, nun kann es losgehen"! sagte Gretter voll Zuversicht.

„Es ist dein gewisser Tod, wenn du da hinabsteigst", sprach der
Priester.

„So schlimm wird es gewiß nicht werden", sagte Gretter, „aber
„Mut gehört dazu! Bleibe du hier, und hüte mir das Tauende, daß
„es vom Pfahl nicht abgleitet. Ich werde unten Arbeit finden, und ver-
„mutlich den freien Gebrauch meiner Glieder nötig haben!" —

Darauf machte sich Gretter fertig, zog seine Oberkleider aus, und gürtete das kurze Schwert fest um seine Hüften. So sprang er von dem Felsen ab in den Wassersturz, umklammerte das Tau, und ließ sich an demselben hinunter.

Eine Zeit lang noch konnte Stein Gretters Hünengestalt in den Strudeln sehen. Dann verschwand er in der Tiefe.

Stein beugte sich gespannt über den Felsenrand, und forschte hinab. Er konnte nichts weiter sehen, als den Schaum, nichts weiter hören, als das Tosen der Wasser.

Als Gretter ganz unten angekommen war, hatte er die Empfindung, als wäre er in der Hölle. So umstarrten ihn die Felsen, umheulten ihn die Fluten. Er klammerte sich fest an ein Riff, um den Wasserwirbeln, die ihn fortreißen wollten, Widerstand zu leisten.

Er atmete lange und tief auf.

Dann suchte er auf der Seite, wo der Strom weniger stark war, hinter den Wasserstrahl zu kommen.

Hier gewann er einen Absatz im Gestein, und erkletterte ihn.

Er befand sich in der That am Eingang einer großen Höhle. In derselben brannte ein starkes Feuer.

Gretter trat hinein, und er sah an dem Feuer ein Ungetüm sitzen, einen Reifriesen von unmenschlicher Größe und von erschreckender Häßlichkeit. Als der Riese den Fremdling eintreten sah, sprang er auf, und stach nach ihm mit einem langen Spieß.

Gretter wehrte den Angriff des Ungetüms ab, indem er mit seinem Schwert nach dem Speerende schlug, und es gelang ihm durch diesen Hieb die Eisenspitze von dem hölzernen Schaft zu trennen.

Da griff der Riese mit seiner Hand rückwärts nach einem langen Schwerte, das hinter ihm an der Felsenwand hing.

Diese Wendung, welche die Seite des Ungetüms entblößte, benutzend, stürzte Gretter auf den Gegner zu, und stieß ihm sein Schwert tief in den Bauch, den er der Länge nach aufschlitzte.

Dröhnend fiel das Ungetüm zu Boden.

Seine Eingeweide entquollen dem Bauch, die Flut leckte sie auf, zog sie in den Strudel hinein, und schwemmte sie den Fluß hinab.

Als der Priester Stein, welcher oben stand, und das Tauende hütete, diese blutigrote Masse den Strom hinabschwimmen sah, glaubte er bestimmt, Gretter sei gestorben.

Darum gab er seinen Wachtposten auf, und eilte nach dem Hofe Sandhaugar, um Gretters Tod der Hausfrau zu melden.

Steinvoer war tief betrübt, daß Gretter gestorben sei und zwar so nutzlos, als ein Opfer seiner Abenteuersucht.

Gretter in der Höhle beugte sich über den Leib des Riesen, und überzeugte sich davon, daß er wirklich tot sei.

Dann zündete er einen Holzspan an, und begann die Untersuchung des Raumes. Ob er Gold oder Kleinodien fand, berichtet die Saga nicht. Er blieb bis in die Nacht hinein dort, und durchforschte alles ganz genau. Endlich stieß er auf zwei Menschengerippe, die halb verscharrt in einer Ecke lagen.

"Das sind die Gebeine Thorsteins", sagte er, "und hier die des Großknechts. Sie sollen ein christliches Begräbnis haben!" —

Er steckte die Knochen in einen Sack.

Als er sich überzeugt hatte, daß nichts von Belang mehr in der Höhle war, rüstete er den Aufbruch.

Er band den Sack mit den Menschenknochen sich auf den Rücken, und suchte schwimmend das Tauende zu erreichen. Er rüttelte stark daran, um so ein Zeichen nach oben hin zu geben. Der Wink wurde nicht erwidert.

"Aha! Stein hat seinen Posten verlassen! — Die Zeit ist ihm zu lang "geworden! — Vielleicht auch bekam er Furcht! — Hoffentlich hält das "Tau!" —

So sprechend griff Gretter nach diesem Ende. Er klomm an dem Tau hinauf, und gelangte glücklich oben an. Völlig durchnäßt war er. Dennoch ging er nicht sogleich nach Hause. Er nahm seinen Weg vielmehr nach der Kirche von Eyjadalsa.

Das letzte Viertel des Mondes beschien seinen Weg, den er Fluß ab, dann durch die Furt, und endlich am andern Ufer weiter nahm.

Die Kirche lag vor ihm.

Ein Holzbau! Über der in Kreuzform angelegten Grundfläche erhob sich ein niedriges Geschoß. Auf dieses setzte sich ein hohes, mit Holzschindeln gedecktes Dach, welches nach oben spitz zulaufend, durch drei Einschnitte in vier übereinander sich erhebende Dächer zerlegt war, deren jedes sich nach oben hin verjüngte. In diese Dächer fügten sich Erker mit Lichtöffnungen ein. Im Innern stieg die Vertäfelung bis zur Dachspitze hinauf, und schuf einen Raum von stattlicher Höhe. Das Ganze, aus der Ferne betrachtet, machte den Eindruck einer, in Stufen aufsteigenden, Pyramide. Rings um das untere Geschoß lief eine offene Halle, gebildet durch Holzsäulen, die auf eine Brüstung von mäßiger Höhe aufsetzten. Es war die sogenannte Vorkirche, welche stets unverschlossen war.

In diese Vorkirche legte Gretter den Sack mit den menschlichen Gebeinen, und stellte daneben einen Runenstab, auf den er in Schriftzeichen die Nachricht eingrub, daß er diese Gebeine aus der Höhle des Reifriesen geholt, und solche vermutlich dem Thorstein und dem Großknecht angehörten.

Als der Priester Stein am nächsten Morgen sein Gotteshaus betrat, fand er Sack und Runenstab, las die eingeschnittene Nachricht, und gewährte den ihm anvertrauten menschlichen Resten ein christliches Begräbnis.

Gretter war, nachdem er diese Pflicht der Frömmigkeit erfüllt hatte, nach Sandhaugar zurückgegangen, und hatte müde, wie er war, sich zu Bett gelegt.

Am Morgen vernahm Steinvor Gretters Rückkehr, und war nun überaus glücklich, daß die Nachricht von seinem Tode ein Irrtum gewesen war. Auch der Priester Stein stellte sich ein, neugierig, Näheres über den Verlauf des Abenteuers zu hören.

Scherzend warf ihm Gretter vor, daß er schlecht auf das ihm anvertraute Tauende aufgepaßt habe. Dann erzählte er in der ihm eigenen, schwungvollen Rede, wie der kalte Mund des Wasserfturzes ihn angegähnt, wie der reißende Strom seine Brust zusammengeschnürt, wie der arge Freund der getöteten Reifriesin ihn in der Höhle angegriffen, wie nach heftigem Kampfe die Lohe seines Schwertes jenem die schwarze Brust gespalten, wie er die beiden Gerippe dort als Schatz gehoben, und an das Tageslicht gezogen habe.

Man war nun überzeugt, daß die Raubanfälle in jenen beiden Weihnachtsnächten von diesen Reifriesen verübt seien, und die aufgefundenen Gebeine Thorstein und dem Großknecht wirklich zugehörten.

In der That kamen auch in der Folgezeit Räubereien derart im Barbarthale nicht wieder vor.

Gretter hatte auch hier mit seiner Kraft viel Gutes gestiftet, und die Leute von einer schweren Landplage befreit.

Der Winter verlief, und Steinvor pflegte ihren Gast, dessen Name streng geheim gehalten wurde, auf das Beste.

Indessen dieses Bravourstück, das er hier wiederum verrichtet hatte,

und dem die flügel sich nicht binden ließen, daß es als begierig auf-
gegriffene Kunde von Hof zu Hof flog, brachten alle Sachverständigen
in Verbindung doch nur mit einem Namen, mit dem des Gretter! —
Wer anders, als er, der Tollkühne, der Riesenstarke, der Opferbereite,
konnte das gewagt, das verrichtet haben? —! —

Auch Thorer vermutete so, und sandte seine Spione aus nach dem
Barbarthale. Sie kamen bald der Wahrheit auf den Grund, und Thorer
bot seine Mannen auf, um Sandhaugar zu überfallen.

Gretter wollte die ihm lieb gewordene Steinvoer dieser Gefahr nicht
aussetzen, und so beschloß er den Aufbruch.

Die wenigen Monate erquickender Rast waren nun wieder vorüber,
und nach einem Abschied, in den Steinvoers Thränen reichlich hineinflossen,
stieg er zu Pferde, und verließ das Barbarthal für immer! —

Er ritt westwärts.

Kapitel 40.

Heimatluft.

Aus dem Barbarthale westwärts reitend kam Gretter zunächst nach
dem Hofe Moedruveller. Hier wohnte Gudmund, der Reiche.
Er verdiente diesen Beinamen, denn er hielt auf seinem Hofe
durchschnittlich 100 Dienstleute. Gretter bat diesen Mann um seinen Beistand. Allein Gudmund lehnte ab.

„Ich kann mich nicht mit deinen Feinden überwerfen, indem ich dich
„unter mein Dach aufnehme. Thorer auf Gard und Thorodd Drapastuf,
„Thorbjoerns Bruder, sie beide stehen wider dich mit ihrer vereinten Macht,
„und sind zusammen stärker als ich. Schwerlich wirst du auch jemanden

„finden, der dich dauernd aufnimmt. Selbst deine eigene Mutter kann „das nicht. Einige Tage sei mein Gast, dann ziehe weiter!" —

„Wohin?" sagte Gretter. „Wohin?" — „Die bewohnten Stätten „Menschen, ein Hof nach dem andern, verschließen vor mir die Thür. „Und die unbewohnten Stätten versagen mir die Nahrung. Raube ich, um „meinen Hunger zu stillen, so nennt man mich einen Räuber. Die Bauern „fallen in Scharen über mich her, und Tag und Nacht finde ich keine Ruhe."

Gudmund sagte: „Du mußt deinen Aufenthalt an solch einem Orte „wählen, wo du nicht immer zu fürchten brauchst, überfallen und erschlagen „zu werden."

„Solch einen Ort kenne ich nicht", erwiderte Gretter. „Ich habe „ganz Island durchstreift. Ich habe am Kjoel gelegen. Ich habe die „Arnarvatnsheide bewohnt. Ich habe, wie ein Raubvogel, auf dem „Fagraskogarfelsen genistet. Ich bin durch die Keykjaheide gestreift. Aber „nirgends habe ich auf die Dauer mich halten können!" —

„Und doch kenne ich einen Ort, der diesen Schutz dir voll bieten „wird", sagte Gudmund, der Reiche, „nicht einen Berg, nicht eine Heide, „sondern eine Insel. Draußen im Skagafjord liegt eine Insel, die Drang-ey, „(ey heißt zu deutsch Insel) nicht zu weit vom Festlande entfernt. Sie „ist von keinem Menschen bewohnt. Ihre Ufer sind felsig, und steigen „senkrecht aus dem Meere auf, so hoch, daß man nur auf Leitern sie „ersteigen kann. Die Insel ist grasreich, und wird von Schafen beweidet. „Die Ufer sind fischreich, und in den Felsenwänden nisten zahllose Vögel, „deren Eier eine wohlschmeckende Speise sind. Gelänge es dir, dorthin „zu entkommen, dann wüßte ich niemanden, der imstande wäre, dich „von dort zu vertreiben, falls nur die Leitern, der einzige Zugang, sorg- „fältig gehütet werden!" —

„Deinen Vorschlag werde ich prüfen," sagte Gretter. „Nur ein „Bedenken habe ich. Ich bin jetzt so dunkelscheu geworden, daß ich lieber „sterben möchte, als auf der einsamen Insel in den Nächten allein zu „sein!" —

„Dann nimm dir einen Gesellen," sagte Gudmund, „aber sei vor- „sichtig! — Es ist nicht leicht, Leute auszukennen. Traue niemand, außer „dir selbst. Das ist das Beste!" —

Gretter dankte für den guten Rat, und verließ Moedruveller. Un- unterbrochen setzte er seinen Ritt fort, bis er nach dem Midfjordthale kam, und sein väterlicher Hof Bjarg zu seinen Füßen lag.

Wohl zehn Jahre war er nicht hier gewesen. Seit er seinen Bruder Atle an Thorbjoern gerächt, und, von seiner Mutter Asdis mit einem Lobspruch dafür gesegnet, in die weite Welt gezogen war, hatte er diese Dächer, auf denen die Stiefmütterchen und die Anemonen ihm so anheimelnd entgegen blühten, nicht wieder gesehen. Da unten verkehrten die Leute so fleißig, so frieblich, und er war so frieblos, so zwecklos in dieser Welt! —

Ob sie noch lebten die beiden einzigen Menschen, welche von dem alten Stamm hier noch hausten? —

Er legte dem Pferde die Schenkel an, und trabte rasch hinab.

Vor dem Hofe angelangt, sprang er aus dem Sattel, und trat in die Hausthüre.

„Mein Sohn! — Mein geliebtes Kind!" — so schloß ihn Asdis zärtlich in die Arme.

Sie war alt geworden, diese vielgeprüfte Asdis! —

Das schneeweiße Haar, noch voll unter der dunklen Haube hervorquellend, umrahmte ein von Sorgen tief durchfurchtes Angesicht.

Gretter strich mit seiner breiten Hand liebkosend über ihren Scheitel, ihr zärtlich in die Augen blickend.

„Meine Mutter!" — Welche eine Welt von Gefühlen enthielt nicht dieses eine Wort! — „Meine Mutter!" —

„Und Illuge, wie groß bist du geworden, und wie breitschultrig! „Kein Knabe mehr, in Wahrheit ein Mann!" sagte er zu dem Bruder, der neben die Mutter hintrat.

„Er ist schon fünfzehn Jahre alt, mein Spätgeborener! Nun meine einzige Stütze und mein Trost!" —

Beide nahmen Gretter in ihre Mitte, und führten ihn so in die große Halle ein, in welcher vor Zeiten 200 Gäste an vier Reihen von Tischen bewirtet wurden.

Die Gluppen im Dach waren geöffnet, Holzrahmen mit einer dünnen Haut überzogen. Das volle Sonnenlicht strömte durch dieselben ein, und glitt an dem Schnitzwerk der Vertäfelung herunter. Wie oft hatten ihn diese braunen Bilder angeblickt, und als Kind erfreut. Hier Odin mit seinen Wölfen zu den Füßen, dort Heimdal mit seinem großen Gjallarhorne; so daß, wenn die Mutter zu Weihnacht, oder, um einen stattlichen Gast zu ehren, die kostbaren, goldverbrämten Wandteppiche mit ihren eingewirkten Figuren aus der Truhe holte, und mit den Mägden in der

Halle aufhing, er sie bat: „Mutter hänge diese braunen Bilder mir nicht zu, sie sind viel schöner, als jene bunten!" —

Asdis und Illuge führten Gretter zu dem reichgeschnitzten Hochsitz in der Mitte der rechten Langseite der Halle.

„Hier saß einst Asmund, euer Vater," sagte die Mutter, „als sein „Haar noch blond war, und seine Augen blitzten, wenn rings um ihn her „die Sippen und die Nachbarn fröhlich schmausten! — Hier setze auch „du dich nieder, mein Sohn! Je kürzer deine Rast im Vaterhause, je „mehr der Liebe und der Ehre!" —

Diener traten ein, und breiteten über ein vor den Stuhl gerücktes Holzgestell die schwere, blankgebohnte Tischplatte aus, welche, wenn nicht gebraucht, an Ringen die Vertäfelung herabhing.

Mägde trugen aus dem Bur, der Speisekammer, reichlich Speisen auf.

Und an das Skapgefäß, den Mischkrug, welcher auf dem Schenktisch links vom Eingange seinen Platz hatte, trat Illuge selbst heran, und schöpfte den Met in das kostbarste der Trinkhörner, mit Silber reich beschlagen, und mit edlem Gestein verziert. Er reichte das gefüllte Horn dem Bruder hin, und sprach: „Hier, nimm diesen Trunk zum Gruß, und auch zur Labe!" —

„Ach, Mutter," rief Gretter, sie umarmend, aus: „Wo ist es schöner, als im Vaterhause!" —

Als das Mahl beendet, und die Aufwärter abgetreten waren, mußte Gretter von seinem abenteuernden, sorgenvollen Leben viel erzählen, was beide, Mutter und Bruder, mit geteilter Empfindung anhörten, jene mit Herzweh, dieser mit leuchtenden Augen und erwachender Kampfeslust.

„Und nun erzählt auch ihr mir," sprach Gretter: „Was trug sich inzwischen unter unseren Sippen und Nachbarn zu?"

„Dein Vetter, Thorstein Kuggasohn, ist tot," sprach die Mutter! —

„Da ist ein fleißiger und geschickter Mann von hinnen gegangen „und ich verlor einen braven Freund," erwiderte Gretter. „Einen gast„lichen Winter habe ich in Ljaskogar verlebt. Ich half ihm seine Schellen„brücke bauen, auf die er so stolz war. Denn es war alles seine eigene „Erfindung. Er stärkte mich damals sehr durch sein kluges Wort, und „seine willenskräftige Hand. Wenige waren ihm gleich! — Wenige so „zuverlässig und so treu!" —

„Ja, mein Sohn, die Zahl deiner Freunde nimmt immer mehr ab, „und die Zahl deiner Feinde wächst," sprach die Mutter. Thorer auf

„Gard und Thorodd Drapastuf sind voller Haß wieder dich, und ihr An-
„hang wächst. Es ist wenig Hoffnung, daß der Althing, auf dem sie
„das große Wort jetzt führen, seine ungerechte Verurteilung wider dich
„zurücknehmen wird!" —

„Mutter, ungerecht ist sie! — Ich habe Thorers Söhne in jener
„Nacht in Norwegen nicht zum Feuertode gebracht. Glaub' es mir, ich
„bin unschuldig!" —

„Ich glaube deinem Wort, mein Sohn! — Aber das weißt du doch,
„der Gerechte muß in dieser ungerechten Welt viel leiden! Könnt ich dich
„nur hier behalten unter meinem eigenen, schützenden Dach!" —

„Nein Mutter, das kannst du nicht! — Thorer griff mich einst mit
„80 Mann auf der Urnarvatnsheide an, als er vom Althing zurückkam.
„Und er kann vielmehr Leute aufbringen, wenn er will. Überfällt er
„unsern Hof, so brennt er alles nieder. Und er hat ein Recht dazu,
„wenn ich unter deinem Dache bin!" —

„Wüßt ich doch nur einen gesicherten Unterschlupf für dich, wo du
„bessere Zeiten abwarten könntest," sagte Asdis. Denn, wenn du zwanzig
„Jahre lang deine Friedlosigkeit getragen hast, spricht, so hoffe ich, der
„Althing dich frei!" —

„Solchen sicheren Ort hat mir Gudmund, der Reiche, auf Moedru-
„veller genannt. Es ist die Drang-ey im Skagafjord, eine Felseninsel,
„grasreich, aber unbewohnt, auf steilen Felsenwänden ruhend, und nur
„durch Leitern ersteigbar. Dort könnte ich mich halten! — Aber, wenn
„ich an die dunklen Nächte denke, die ich dort so ganz allein verleben
„soll, dann schaudre ich doch davor zurück. Meine Dunkelscheu ist noch
„gewachsen, und macht das Alleinsein mir zur allergrößten Pein! — Lieber
„will ich sterben!!" — —

„So suche dir einen zuverlässigen Knecht! An Mitteln, ihn zu zahlen,
„soll es dir nicht fehlen," sagte die Mutter.

„Wer ist zuverlässig?" — „Niemand!" „Ich habe die übelsten
„Erfahrungen auf der Urnarvatnsheide gemacht. Zwei Knechte hatte ich
„dort hintereinander, und beide wollten mich töten. Sie waren von Thorer
„bestochen."

Da trat sein Bruder Jlluge an den Tisch und sagte: „Nimm mich
„mit nach der Drang-ey, Bruder! Zwar kann ich dir wenig nützen! —
„Mein Arm ist noch schwach, aber mein Herz ist treu, und ich werde
„dich nicht verlassen, so lange du lebst!" —

Freudig bewegt sprang Gretter auf. „Du bist der Mann, dessen Gesellschaft ich am liebsten hätte"! — „Doch unsere Mutter!" — setzte er zögernd hinzu — „Was sagt dazu die Mutter?" —

„Daß sie heute noch zwei Söhne hat, und bald keinen mehr! „Das sagt die Mutter! — Doch hier bleibt, meine Kinder, keine Wahl! „Gretter, du kannst ja nicht allein bleiben! Ich seh es! Ich aber kann, „und muß es! Mein Herz ist an Entsagung schon gewöhnt. Auch in „dieses Letzte werde ich mich finden! — Illuge soll mit dir nach der „Drang-ey ziehn! — Vielleicht höre ich so auch öfter, wenn ihr zu zweien „seid, wie es euch, meinen Kindern, geht?" —

Es war eine große Stunde für das alte Haus in Bjarg, als dieser Entschluß gefaßt wurde. Schweigend nahte hier der Untergang eines alten Geschlechtes! — ! —

Gretter erhob sich. „Noch eine Pflicht habe ich hier auf dem Fest-„lande zu erfüllen. Hallmund, mein Freund, mein Lebensretter, starb, „von Grim, aus dem Hofe Krop, erschlagen. Und Hallmund hat auf „mich gerechnet! „Gretter ist der Einzige, der meinen Tod rächen wird! — „Er hat ein treues Herz und einen starken Arm!" — Das waren seine letzten „Worte. Dieses Vermächtnis muß ich noch einlösen! — Wenn das ge-„schehen ist, dann auf nach Drang-ey!" — ! —

Gretter hielt sich noch einige Nächte in Bjarg auf. Dann ritt er nach der Urnarvatnsheide, wo er den Grim noch vermutete.

Kapitel 41.
Ein Zwischenspiel.

Snorre, der Gode, auf dem Hofe Tunga am Hvammsfjord, hatte einen erwachsenen Sohn Thorodd. Dieser hatte sich gegen seinen Vater durch Ungehorsam vergangen, und erhielt dafür folgende Strafe. „Du verläßt mein Haus, und ich befehle dir, nicht früher zurückzukehren, bis du einen geächteten Mann auf Island getötet hast!" Der Sohn, welcher wußte, daß des Vaters Wille unabänderlich sei, verließ den Hof, um dieser Weisung zu folgen.

Der Staat als solcher vollzog in Island die über die Geächteten verhängte Strafe nicht, besaß auch keine Organe dazu. Er überließ dies privaten Händen, den zunächst Gekränkten, oder auch den Fernerstehenden, wer es eben thun wollte. Niemand war verpflichtet einen Geächteten, dem er begegnete, zu töten; aber jeder durfte es thun, wenn er Lust, Mut und Mittel dazu besaß. That er es, so ging er selbstverständlich straflos aus.

Thorodd zog also auf seines Vaters, des Goden, Befehl aus, einen Geächteten zu töten. Dies war die ihm auferlegte Buße. Nun wohnte nicht weit von Tunga auf Breidabolstad an der Südküste der Hvammsfjord eine Witwe, Namens Geirlaug, deren Schafhirte geächtet war, weil er im Streit einen Mann verwundet hatte. Dieser Hirte war ein noch junger Mensch.

Thorodd erfuhr davon, und ritt nach Breidabolstad hinüber. Die Hausfrau empfing ihn freundlich, und fragte nach seinem Begehr.
„Ich suche deinen Schafhirten!" —
„Was willst du von ihm?"
„Ich will ihn töten!" —
„Warum?"
„Er ist ein geächteter Mann!" —
„Das ist er," sagte die Hausfrau. „Aber du wirst dir geringen „Ruhm erwerben, wenn du einen Schafhirten, und dazu einen so jungen „Menschen, vom Leben zum Tode bringst; du ein so starker und vornehmer „Mann!" —

Thorodd schwieg, aber sein Auge verriet, daß er diese Schmeichelei nicht ungern hörte.

„Ich will dir ein anderes Ziel für deinen Ehrgeiz zeigen," fuhr Geirlang fort, „das deiner Tapferkeit würdiger ist!" —

„Und das ist?" fragte Thorodd.

„Hier oben im Gebirge hält sich jetzt auf Gretter der Starke, Asmunds Sohn, aus Bjarg. Messe an ihm deine Kraft. Das paßt sich besser für einen Häuptlingssohn und für einen Helden von deiner Art!" —

Thorodd versicherte, das thun zu wollen. Er saß auf, und ritt thalaufwärts.

Geirlang blickte ihm nach, zufrieden, daß ihre Klugheit diesen Schlag von ihrem jungen Hirten, den sie nicht missen wollte, abgewendet habe.

Die Nachricht war richtig gewesen. Gretter hielt sich zur Zeit oben im Gebirge auf. Auf dem Wege zur Arnarvatnsheide hatte er erfahren, daß jener Grim, welcher einst den Hallmund erschlug, vor Jahren schon von der Heide fort und ins Ausland gezogen sei. So kehrte er wieder um, durchstreifte die Gebirge am Hvammsfjord, und ließ die Kleinbauern, wie in alter Zeit, seine Anwesenheit fühlen.

Thorodd hatte Glück. Als er von Breidabolstad aus das Thal hinaufgeritten war, und in das Hochgebirge einbog, sah er ein falbes Pferd gezäumt und gesattelt umhergehen, und grasen. Nicht weit davon stand auch ein großer Mann auf seinen Spieß gelehnt.

Es war Gretter.

Thorodd ging auf ihn zu, und grüßte ihn.

Gretter erwiderte den Gruß, und fragte: „Wer bist du?"

„Ich bin Thorodd, Snorres Sohn!" antwortete der Gefragte. „Indessen, warum fragst du nach meinem Namen, und nicht vielmehr nach meinem Geschäft?" —

„Weil dein Geschäft vermutlich nicht viel zu bedeuten haben wird!" sagte Gretter. „Aber noch eins. Bist du der Sohn des Snorre, welcher Gode ist?" —

„Das ist so!" — „Und ich bin hergekommen, mein Schwert mit dem deinigen zu kreuzen!" —

„Daran thust du sehr unklug!" sagte Gretter. Denn dir muß bekannt sein, daß nur wenigen es gut bekommen ist, mit mir im Kampfe sich zu messen!" —

„Das weiß ich, sagte Thorodd; aber wer nichts wagt, gewinnt auch nichts!" —

Darauf zog er sein Schwert, und griff den Gretter hitzig an.

Dieser begnügte sich mit seinem Schilde die nach rechts und links geführten Streiche aufzufangen, ohne selbst sein Schwert zu brauchen.

So ging es eine ganze Zeit lang, und Gretter parierte so geschickt, daß trotz aller Hartnäckigkeit des Gegners auch nicht ein einziger Hieb bei ihm saß.

Endlich sagte Gretter: „Wir wollen diese Possen endigen! — Über mich gewinnst du doch niemals den Sieg!" —

Dennoch setzte Thorodd, und zwar mit verstärkter Heftigkeit, seine Angriffe fort. —

Nun wurde Gretter ungeduldig, packte Thorodd mit der Faust, entwand ihm sein Schwert, und schleuderte es weit fort. Den Gegner aber setzte er auf den Sand.

„So, nun könnte ich mit dir ja machen, was ich wollte!" sagte „Gretter. „Verschone ich dich, so geschieht es nicht um deinetwillen, sondern „um deines Vaters willen! — Das Wort von den Lippen des greisen „Goden Snorre hat schon manch einen Mann dazu gebracht, in die Knie „zu sinken! — — Du aber solltest so viel Verstand besitzen, dich nicht „auf Dinge einzulassen, denen du nicht gewachsen bist! — Es ist kein „Kinderspiel, mit dem Gretter zu fechten!"

Thorodd stand auf, und trennte sich von seinem großmütigen Gegner tiefbeschämt.

Er war übrigens ehrlich genug, seinen Angriff, wie seine Niederlage, seinem Vater zu melden.

Der Greis lächelte verständnisvoll, und sagte: „Du warst unklug „genug, dich in Gretters Gewalt zu begeben; und er war klug genug, „dich zu schonen. — Er schonte dich um meinetwillen. Das war klug „und edel von Gretter. Diese Großmut werde ich vergelten, wenn „Gretters Sache vor dem Althing zur Verhandlung steht. Bald müssen „die 20 Jahre voll sein, die er friedlos lebt. Dann soll er frei „werden!" —

„Bleib jetzt in Tunga, Thorodd! — Ich nehme deinen Willen für „die That! — Dir ist vergeben!" —

Gretter brach aus dem Gebirge auf, und nahm seinen Weg nach

Bjarg. Der Sommer neigte sich zum Ende. In Bjarg wurden nun die Vorbereitungen zur Übersiedelung nach der Drang-ey beschleunigt. —

Die Mutter Asdis sah der Scheidestunde mit wachsendem Kummer, Illuge mit wachsender Hoffnung entgegen.

Kapitel 42.

Auf Nimmerwiedersehen.

Die Scheidestunde war gekommen. Packpferde mit allerhand Speise, Hausrat und Gewand hoch beladen, alles vom Blick der Mutter sorgfältig ausgewählt, standen vor der Thüre. Knechte hielten sie an den Zäunen. Andere führten die Reitpferde vor.

In der Halle nahmen Mutter und Söhne das letzte Frühmal ein. Beider Kinder Hände fassend, sprach die Mutter:

„Es schmerzt mich tief, meine geliebten Söhne, von euch jetzt scheiden „zu müssen, ohne die Hoffnung zu haben, jemals euch wiederzusehen!" —

„Mutter! warum so trübe Gedanken?" tröstete Gretter, „wir sahen „uns bisher doch stets wieder, wenn auch nicht so oft, als ich gewünscht „und gewollt!" —

„Nein! nein! mein Sohn, dieses Mal wird es ganz anders! — Ich „hatte in verwichener Nacht einen bösen Traum, der mir euer Schicksal „zeigte."

„Ihr werdet beide auf der Drang-ey sterben, und zwar durch Verrat „und durch Zauberei. Darum bitte ich dich, hüte dich besonders vor der „Zauberei. Nichts ist für den Menschen gefährlicher als diese." —

„Wir werden, liebe Mutter, alle Vorsicht anwenden," versicherte Illuge.

„Hier ist ein Beutel mit Gold! Keine geringe Summe! Nehmt
„hin! Das Gold ist viel vermögend in dieser Welt, eine zweite Waffe
„zu den anderen, die ihr bereits führt. Weise angewendet verdoppelt es
„die Kraft dessen, der es besitzt! — Gretter, dich muß ich ja ziehen lassen,
„denn die Verhältnisse sind stärker, als der Wille von uns Menschen.
„Aber dich, Illuge, mein Jüngster, mein Augentrost, dich geb ich frei-
„willig zum Opfer hin. Was ich an dir entbehren werde, bringe es
„zwiefach deinem Bruder zu an Trost und Beistand in seinem Leiden!" —

Sie verließen die Halle, und traten auf den Hof hinaus, wo die
Reit- und Packpferde standen samt den Hausleuten, welche Abschied
nehmen wollten.

Gretter und Illuge grüßten sie freundlichst. Dann erhielten die
Knechte Befehl, die Pferde thalabwärts zu führen. Mit der Mutter
Hand in Hand folgten die beiden Brüder langsam nach.

„Auf der Drang-ey glaubt ihr euer Glück zu finden, meine Kinder,
„nein! nein! ihr werdet dort euren Tod finden. Beide werdet ihr zu ein
„und derselben Zeit sterben. Mein pochend Herz sagt mir das voraus.
„So teilt denn das gemeinsame Los. Niemand vermag seinem Schicksal
„zu entgehen!" —! —

Asdis umarmte beide Söhne wiederholt unter heißen Thränen.

„Weine nicht liebe Mutter," beruhigte sie Gretter. „Das wird man
„jedenfalls von uns sagen können, wenn wir mit den Waffen in der
„Hand fallen, daß du Söhne an uns gehabt hast und nicht Töchter!" —

So schieden die beiden Recken, und schritten auf ihre Pferde zu.

Asdis stand noch lange, und sah den Scheidenden nach, bis ihre
liebe Gestalt in der Ferne verschwand. Dann kehrte sie zögernden Schrittes
in ihr einsames Haus zurück, nun in Wahrheit eine Witwe! —

Den Brüdern hingen auch die Tropfen in den Wimpern, als sie so
stille neben einander hinritten.

Gretter fühlte besonders tief die Schwere dieses Abschiedes. Langes
Entbehren hatte ihn den Wert der Liebe schätzen gelehrt. Illuge kannte
die Welt noch nicht und ihre Herzlosigkeit. Er sah ihr noch mit so viel
Hoffnung entgegen.

Sie ritten nordwärts, und besuchten am Hrutafjord im Vidi- und
im Vatnsthale nach einander alle Verwandten. Damit verging der Herbst.

Der Winter brach diesmal mit besonderer Heftigkeit herein, und sie
eilten, an Ort und Stelle zu kommen. Ostwärts zum Skagafjord hin

nahmen sie ihren Weg. Als sie den Hof Glauinbaer passiert hatten, begegnete ihnen ein Mann mit einem großen Kopf auf einem mageren, lang aufgeschossenen Körper. Er war schäbig gekleidet, augenscheinlich ohne Stellung, und bot sich ihnen zum Begleiter an. Der Mensch schien ortskundig, flink war seine Zunge, und er wußte vielerlei Schnurren hier über die Leute der Nachbarschaft, welche er nicht ohne Witz zum Besten gab. Das belustigte den Gretter, und er erlaubte ihm zu bleiben.

„Wie heißt du denn, Geselle?" fragte Gretter.

„Ich heiße Thorbjoern, aber, weil ich so flott erzählen kann, nennen „mich die Leute immer Gloem" (d. h. lautes Gerede). „Nennt mich Gloem, „Herr!" —

Das Wetter war kalt, und es schneite stark. Alle waren fest in ihre Mäntel gewickelt. Nur Gretter hatte die Kapuze seines Mantels auf die Schultern herabfallen lassen, und trug den Kopf mitten im Schneesturm frei.

„Die Leute auf Glauinbaer, Herr, wunderten sich darüber," sagte „Gloem, „daß ihr die Kapuze nicht über den Kopf gezogen trugt, und „meinten: Ist der Mann wohl ebenso tapfer, als er gut die Kälte er- „tragen kann?" —

„Ich sah dort des Bauern Söhne mit wollenen Handschuhen in „der Stube sitzen! — Die scheinen mir nicht sehr tapfere Leute zu sein!" „warf Gretter hin.

Reykjanes lag hinter ihnen, und sie näherten sich der Küste. Gloem rückte jetzt mit der Bitte heraus, die beiden Brüder möchten ihn auf die Insel mitnehmen. Er wolle ihnen täglich gut aufwarten. „Darin bin ich Meister, das ist mein Fach!" setzte er hinzu.

Die lustige Art des Burschen und seine Gewandheit ließen ihn nicht ungeeignet erscheinen für einen so einsamen Aufenthalt, wie die Drang-ey es war, und Gretter sagte: „Wir wollen es mit dir versuchen!"

Sie waren nun auf Reykir angelangt, welcher Hof hat am Meere lag, und dem Bauer Thorwald gehörte.

Von hier aus nach der Insel Drang hinüber betrug die Entfernung nur eine Seemeile. Das Schiff zur Überfahrt mußte ihnen aber Thorwald stellen, sonst war das Hinüberkommen unmöglich.

Gretter beschloß sich ihm anzuvertrauen, und sagte:

„Es ist meine Absicht auf Drang-ey Aufenthalt zu nehmen!" —

„Das werden die Leute am Skagafjord dir gewiß sehr übel nehmen;

„denn sie haben alle mit einander Besitzrecht an dieser Insel, und benutzen sie zur Fettweide für ihr Vieh!" —

„Dennoch bitte ich dich um deine Hülfe, dorthin zu kommen," sagte Gretter.

„Das kann ich nicht, und das thu' ich nicht," sagte Thorwald, „sonst werden sie mir alle feind!" —

Gretter griff in die Tasche, holte Gold heraus, und ließ einen Beutel schwer in des Bauern Hand fallen. Das wirkte. Nun schwanden seine Bedenken, und er wurde gefügig.

So wurde verabredet, die Sache geheim zu halten, und in der nächsten Nacht die Überfahrt zu bewirken.

Gretter verabschiedete jetzt die Leute seiner Mutter mit den Pack- und Reitpferden, die ihm fortan überflüssig waren. Die mitgebrachten Geräte, Vorräte und Sachen wurden in des Bauern Schiff verstaut, und Gretter mit Illuge und dem Knechte Gloem hielten sich um Mitternacht bereit. Als der Mond aufgegangen war, schifften sie sich ein. Drei Hausknechte des Thorwald setzten sich an die Riemen. Es blies ein scharfer Wind aus Nordost, und die Wellen im Fjord gingen hoch. Aber die drei Knechte samt Illuge und Gloem zogen mit den Riemen scharf durch, und Gretter stand hoch aufgerichtet am Steuer.

Bald tauchten auch die dunklen Massen der Drang-ey vor ihnen aus dem Wasser auf, und nahmen feste Umrisse an. Von allen Seiten fielen ihre Felsenwände steil ab in die Brandung, und nur auf einer Seite waren Landung und Aufstieg möglich. Hier waren drei Leitern über einander angebracht, welche vom Strande aufwärts zur Hochfläche der Insel führten. Selbst hier, wenn die oberste Leiter eingezogen wurde, war es auch dem gewandtesten Kletterer unmöglich, diese steile Felsenwand hinauf zu kommen.

Gretter sprang zuerst aus dem Schiff, und stieg die Leitern hinauf. Oben angelangt sah er sich befriedigt um. Die Örtlichkeit war ganz nach seinem Wunsch, gerade so, wie Gudmund, der Reiche, sie ihm beschrieben hatte, ausnehmend sicher, und leicht zu verteidigen. Die Hochfläche der Insel hatte eine kräftige, gewürzreiche Grasnarbe, und war zur Zeit von etwa 80 Schafen, darunter viele Melkschafe, beweidet.

Im Frühjahr, von den einzelnen Anwohnern des Skagafjords hergebracht, weideten die Thiere ungehütet, und wurden meist zur Weihnachtszeit abgeholt, um geschlachtet zu werden.

Zur Zeit waren die 80 Schafe noch vollzählig, und boten dem Gretter beides, Milchstube und Schlachthaus, zugleich.

Dazu fand sich hier im Sommer ein sehr reicher Vogelfang, und ein großer Vorrat an Eiern.

Äußerst befriedigt befahl Gretter, das Gepäck aus dem Schiff heraufzubringen. Und als alles beisammen war, entließ er Thorwalds Unechte, reichbelohnt. Das Schiff stieß ab, und seine Ruderschläge verhallten in der Nacht.

Gretter mit Illuge und Gloem blieben samt dem Gepäck auf der Insel zurück. Ein neues Leben hatte für sie begonnen! —

Nach der Berechnung des Snorre aus dem Geschlechte der Sturlungen, dem wir die erste schriftliche Aufzeichnung dieser Gretter·Saga verdanken, waren es damals 15 bis 16 Winter gewesen, daß Gretter in der Acht gelebt hatte.

Er war jetzt 42 Jahre alt.

Kapitel 43.

Der Eindringling.

Durch die Besitzergreifung der Insel Drang brachte sich Gretter in Widerspruch mit sämtlichen Bauern, die rings um den Skagafjord wohnten, denn alle hatten Anteil an dieser Insel.

Wir müssen nun diese Leute, welche fortan in die Geschichte Gretters eingreifen, näher kennen lernen.

Es waren zunächst die beiden Söhne des Thord, des mächtigsten

Häuptlings am Fjord, Hjalte auf Hof im Hjaltathale, und sein Bruder Thorbjoern mit dem Beinamen Dengul auf Oidvik. Wenn Hjalte leutselig war, so war Thorbjoern roh und gewaltthätig. Schon als Knabe war er mit seiner Stiefmutter in einen bösen Streit geraten. Beim Brettspiel war er wegen falschen Spielens von ihr getadelt worden. Seine Widerworte reizten aber die Frau so sehr, daß sie einen Spielstein ergriff, und damit nach des Knaben Backe stieß. Unglücklich ging der Stoß ihm in's Auge, und dieses lief aus. Thorbjoern sprang wütend auf, und mißhandelte seine Stiefmutter so stark, daß sie davon starb. Auch in Zukunft blieb Thorbjoern ein großer Friedensstörer. Die Schwester beider, Thordis, war verheiratet an Haldor, der auf Hoefdi ganz oben am Eingange des Fjords wohnte. Er war angesehen und reich.

Haldors bester Freund war Bjoern auf Fagranes. Dann weiter hinab wohnte Tungustein auf Steinstaetten, dann Eirik auf Goddaler, ebenso Stein, ein angesehener Bauer. Endlich zwei Brüder, die gemeinsam den Hof Breidau in Slettahlid bewirtschafteten, stark und einträchtig.

Diese Bauern, als Anwohner des Fjord, waren die gemeinschaftlichen Besitzer der Drangey.

Gegen die Wintersonnenwende wollten sie nun ihr Schlachtvieh von der Insel holen, und rüsteten gemeinsam ein großes Schiff aus, zu dem jeder Hof ein bis zwei Mann Besatzung stellte. Als dieses Schiff der Drangey sich näherte, waren die Insassen sehr erstaunt, dort oben auf der Insel Menschen umhergehen zu sehen. Sie meinten, es seien Schiffbrüchige, die sich hierher gerettet hätten. Dann fuhren sie die Stelle an, wo die Leitern standen, und einige von ihnen stiegen aus.

Als sie die beiden unteren Leitern erklommen hatten, und zur dritten und letzten gelangten, wurde diese von oben her plötzlich eingezogen. Sie waren darüber sehr verwundert, und riefen hinauf:

„Wer seid ihr denn da oben?" —

„Ich bin Gretter, Asmunds Sohn auf Bjarg, mit meinem Bruder Illuge und einem Knecht," gab Gretter zurück.

„Wer hat euch denn hier her nach der Insel gebracht?" fragten sie weiter.

„Das that der, dem das Boot gehörte, welches uns trug, und der „mein Freund war, schwerlich aber der eure!" —

„Wir wollen unsre fetten Schafe hier abholen!" —

„Die sind nicht mehr vollzählig, wir haben davon geschlachtet!" —

„So gieb den Rest heraus!" —

„Es ist besser zu behalten, was man hat! — Kommt und holt sie!" —

„Laß die Leiter nur herunter. Wir wollen dich und deine Leute an's Land bringen!" —

„Das ist höflich von euch, aber ich ziehe vor, hier zu bleiben. Auf das Bestimmteste erkläre ich, nur Gewalt bringt mich von hier fort!" —

Die Bauern unten im Schiff schüttelten die Köpfe, und es schien ihnen, daß ein sehr gefährlicher Mensch dort oben auf der Drangey Wohnung genommen habe. Die abgeschickten Boten kletterten unverrichteter Sache die Leitern wieder herunter, und man stieß das Schiff ab, höchst unzufrieden mit diesem Mißerfolge.

Die Nachricht von diesem Ereignis verbreitete sich bald auf allen Höfen am Fjord. Mancher mußte nun auf den Weihnachtsbraten verzichten. Man beriet eifrig hin und her über Mittel, den unwillkommenen Gast zu vertreiben. Aber niemand konnte etwas Annehmbares vorschlagen. So verging der Winter.

Kapitel 44.

Auf Hegranesthing.

Gretter, durch sein langes Nomadenleben hinreichend geübt, hatte sich und Illuge auf der Drangey ganz wohnlich untergebracht. Er führte eine geräumige Hütte auf, wie er sie schon auf der Arnarvatnsheide besessen hatte, aus Holz zusammen gezimmert, und nach nordischer Art durch einen Erdmantel, der Seitenwände wie Dach gleichmäßig einhüllte, gegen Sturm und Kälte ausreichend geschützt. Eine

Öffnung im Dach führte den Rauch hinaus, und das Licht herein. Durch die geöffnete Thür drang die frische Luft, Fenster gab es nicht. Diese Hütte war zugleich Schlaf- und Feuerhaus. Da die Insel ganz holzarm war, mußte das erforderliche Bauholz vom Festlande her verschafft werden. Hier half wiederum das mütterliche Gold, und Thorwald auf Reykir öffnete bereitwillig seine Hand, um zu geben, und zu empfangen.

Über Reykir, dessen Leute Gretter sich stets zu Freunden hielt, empfing er auch fortlaufend Kunde aus der Welt. Freilich mußte Thorwald in Rücksicht auf seine Nachbarn, welche sämtlich dem Gretter feind waren, mit äußerster Vorsicht zu Werke gehn. Die Verbindung fand darum in Pausen, und stets zur Nachtzeit, statt. So trotzten die Brüder dem Winter in einem verhältnismäßig warmen und behaglichen Nest. Illuge, dem dieses ganze Leben neu und reizvoll erschien, war von munterster Laune, und unterhielt seinen Bruder auf das Beste, ihm die dunklen Stunden der langen Abende kürzend.

Das Leben hier war auch nicht ohne Hoffnung. Denn, wenn es Gretter gelang, sich auf der Drang·ey noch zwei bis drei Jahre zu halten, dann war er ja frei.

Nach Landes Gesetz und Brauch galt nämlich die Strafe der Ächtung für verbüßt, wenn der Geächtete 20 Jahre lang sich unstät und flüchtig gehalten hatte, ohne getötet zu werden.

Der Frühling zog nun in das Land ein. Der letze Rest von Schnee auf der Drang·ey zerschmolz, das junge Gras sprießte kräftig auf, laue Winde wehten.

Vor ihrer Hütte stehend, badeten die beiden Brüder mit tiefstem Behagen ihre Brust im warmen Sonnenschein.

„Weißt du, Bruder, ich will mir einen Scherz machen," begann Gretter. „Der Winter war so lang, und ich bedarf der Zerstreuung!" —

„Das wäre?" fragte Illuge.

„In Hegranes sammeln sich jetzt die Fjordlaute zum Thing. Ich „hörte es von den Knechten auf Reykir. Dort will ich hin, und mich „unter sie mischen!" —

„Und wenn sie dich erkennen?"

„Ich werde mich verkleiden!" —

„In welcher Maske?"

„Als Bettler!"

„Dennoch ist es möglich, daß man dich erkennt!" —

„So muß mich meine Klugheit retten!"
„Wer sich in Gefahr begiebt, verdirbt darin!"
„Und wer rastet, der rostet! — Laß mich! — Ich habe die Leute von
„Reykir verständigt. Nächste Nacht kommt ein Schiff, mich zu holen.
„Du und Gloem, ihr beide bleibt hier zurück. Seid wachsam, und hütet
„mir die Leitern, daß kein fremder Vogel uns in das Nest fliegt!" —
Illuge war bange über das abenteuernde Vorhaben seines Bruders;
allein er war zu jung, um seinen Gründen ein starkes Gewicht zu geben.
Und Gretter mit seinen mehr als doppelten Lebensjahren, mit seiner
Erfahrung, mit seiner Heldenkraft stand ihm gegenüber in dem Ansehen
eines Vaters, für dessen Wohl man betet und zittert, den man aber gleichwohl bewundert, und dem man niemals widerspricht.

In der nächsten Nacht verließ Gretter die Insel.

Bevor in der Mitte des Juni der Althing für die gesamten Angelegenheiten der Insel in Thingvalla zusammentrat, hielten die dreizehn
unteren Thinge, von denen wieder jeder drei Godeämter umfaßte, ihre
Vorversammlungen ab, damit, was hier ungesichtet und ungeschlichtet
geblieben war, noch vor die höchste Berufungsinstanz, den Althing, gebracht werden konnte. Diese dreizehn unteren Thinge durften nicht kürzer
als vier, nicht länger als acht Tage ihre Beratungen halten.

Auf diesen Gauversammlungen ging es im Kleinen gerade so zu,
wie auf dem Althing im Großen. Rechtssachen wurden erledigt, Geschäfte wurden abgeschlossen, und der Geselligkeit wurde gepflegt, an
welcher Männer, Frauen und junges Volk in munterster Weise teilnahmen,
sich für die Abgeschlossenheit der Wintermonate entschädigend.

Der Hegranesthing war in diesem Frühjahr besonders stark besucht,
und es herrschte dort viel Leben, weil die jungen Leute sehr zahlreich
sich eingefunden hatten.

Die ernste Vormittagsarbeit der Männer war vorüber, und man
sammelte sich am Nachmittag zu Kurzweil, Spiel und Tanz. Das Wetter
war herrlich, und es wurde vorgeschlagen zu ringen. Erst sollten die
Schwächeren, dann die Stärkeren, endlich die Stärksten paarweise sich
messen. Spielordner waren die beiden Brüder aus Breidau, sehr geübte
Ringkämpfer. Und Thorbjoern aus Didrik, mit dem Beinamen Dengul,
trieb alles Volk zusammen, und sorgte dafür, daß niemand sich dem an-
geordneten Kampfspiel entzog.

Alles lagerte im Kreise. Die Aufgerufenen traten vor und kämpften.

Knaben, Jünglinge, Männer hatten sich bereits miteinander gemessen, und, je nachdem das Los fiel, Beifall oder Spott geerntet. Nur die Stärksten waren noch übrig. Unter diesen galten als unbezwinglich die beiden Brüder aus Breidau. Die Bauern verhandelten mit einander, wer von ihnen sich diesen Riesen stellen sollte, aber keiner wollte sich das zutrauen.

Die beiden starken Männer schritten nun die Reihen der Sitzenden entlang, und forderten nach einander jeden auf, mit ihnen zu kämpfen, aber alle schüttelten den Kopf.

Man war nun in großer Verlegenheit.

Thorbjoern Dengul sah sich forschend im Kreise um. Da erblickte er einen Mann in Bettlerkleidung, gleich den anderen auf der Erde sitzend, aber von auffallend breiter Brust und starken Schultern, so daß man ihm schon etwas zutrauen konnte. Sein Gesicht war unbekannt.

Thorbjoern trat auf diesen zu, und forderte ihn auf, am Ringkampfe teilzunehmen. Der Fremde antwortete nichts. Da griff ihm Thorbjoern unter die Arme, und versuchte den Sitzenden in die Höhe zu recken. Vergebens! Er vermochte nicht um eines Zolles Breite den wuchtigen Gesellen von der Stelle zu rühren. Da rief Thorbjoern Dengul erstaunt:

„Keiner von allen, welche ich heute angefaßt habe, war so gewichtig, wie du! — Wer bist du, Kamerad?" —

Der Fremde antwortete: „Ich heiße Gast."

„Du bist hier ein willkommener Gast, wenn du zu unserer Unterhaltung beitragen willst," sagte Thorbjoern.

„Ich kenne keinen von euch," sagte Gast, „und keiner von euch kennt mich; daher wäre es unklug von mir, in eure Spiele sich zu mischen!" —

Andere Leute traten nun auch auf den Fremden zu, und sprachen lebhaft auf ihn ein: „Wir würden dir danken, wenn du, obschon ein Fremder, uns hier unterhalten wolltest!" —

„Und worin soll diese Unterhaltung bestehen?" fragte Gast.

„Du sollst mit einem der beiden Brüder aus Breidau im Ringkampf dich messen," riefen alle durcheinander.

„Es gab eine Zeit, wo das Ringen mir Spaß machte," erwiderte der Fremde, „aber es ist lange her, daß ich es übte."

„Versuch es nur!" munterten sie alle ihn auf.

„Nun gut," sagte Gast, „wenn ihr es so sehr wünschet, mich im Ringkampf überwunden zu sehen, mag es ja sein!" —

Jetzt stand der Fremde, welchen Chorbjoern nicht um eines Zolles Breite von der Stelle hatte rücken können, von seinem Platze auf.

Wie erstaunten da alle, als er aufrecht vor ihnen stand in der ganzen Breite seiner Glieder.

Ein neugieriger Kreis, der immer größer wurde, schloß sich um den Fremden.

„Aber eine Bedingung stelle ich," sagte Gast, „daß man mir hier auf dem Thing, und dann, bis ich nach Hause zurückgekehrt sein werde, allen Frieden und volle Sicherheit verbürgt und zusichert!" —

Dazu waren sie sämtlich bereit.

Ein Mann, Namens Hafr, riet vor allen dazu.

Dieser Hafr war ein Sohn des Chorarin, ein Enkel des Chorb-Knapp, welcher bei der Besiedelung von Island alles Land zwischen Stifla und Fljot in Besitz nahm. Er wohnte jetzt auf Knappstaetten, und galt als ein sehr gewandter Redner.

Hafr trat in den Kreis vor, formulierte aus dem Stegreif den Friedensvertrag, und sagte mit lauter Stimme seinen Entwurf her, wie hier folgt:

„Hierdurch verbürge ich," sprach er, „einem jeden Frieden und Sicher-
„heit, besonders aber dem Fremden, dessen Name Gast ist, und der hier
„in unserer Mitte sitzt. Hierin sind beschlossen alle Hauptleute und biederen
„Bauern, alle waffenfähige Jünglinge, das ganze Hardevolk zu Hegranes-
„thing und endlich jedermann, benannt oder unbenannt, wo er auch her-
„gekommen sei. Wir alle verbürgen diesem Fremden, der sich Gast nennt,
„Sicherheit und Frieden während der Zeit, wo er an unserer Belustigung
„teilnimmt, und mit uns ringt, oder hier verweilt, so wie auch auf seiner
„Heimfahrt. Er möge zu Lande, oder zu Wasser reisen; er möge reiten,
„fahren oder segeln; überall soll er sicher sein, und diese Friedens-
„zusicherung ihm gehalten werden."

„Ich verbürge ihm Frieden in unserem Namen, im Namen unserer
„Verwandten und Freunde. Sie mögen Weiber oder Männer, männliche,
„oder weibliche Leibeigene, freie oder unfreie Männer sein. Derjenige,
„welcher den Frieden und die Sicherheit bricht, ist ein Bösewicht. Er soll
„von Gott und guten Menschen, von dem Himmelreich, von allen Heiligen
„weggejagt werden. Nirgends soll er unter den Leuten geduldet werden.

Auf Hegranesthing.

„Er soll weggejagt werden von den Orten, wo die Leute Wölfe jagen;
„wo die Christen zur Kirche gehen; wo die Heiden in ihren Tempeln
„opfern; wo das Feuer brennt, das Gras wächst, das Kind seine Mutter
„ruft; wo Kinder geboren werden; wo die Leute Feuer anzünden; wo
„ein Schiff hingleitet; wo Schilde glänzen, die Sonne scheint, der Schnee
„fällt, ein Finne auf Schlittschuhen dahinfährt, die Fichte wächst; wo der
„Falke die langen Lenztage, mit dem Winde gerade unter seinen beiden
„Flügeln, fliegt; wo das Ende des Himmels ist; wo die Welt bebaut ist;
„wo der Sturm die Ströme auf das Meer zutreibt; wo die Leute Ge-
„treide säen! Derselbe werde von Kirchen und von dem Christvolke,
„von Heiden, von Haus und von Höhlen, von jedem Aufenthaltsorte,
„die Hölle ausgenommen, ausgeschlossen! Wir sollen in Gesinnung und
„Gespräch einträchtig sein, wir mögen uns im Gebirge, oder an der
„Küste, auf einem Schiffe, oder auf Schneeschuhen, auf einem Feldwege,
„oder auf Joekulln, auf dem Meere, oder zu Pferde uns befinden! Wir
„wollen ebenso einträchtig sein, wie Vater und Sohn, oder Sohn und
„Vater in allen Verhältnissen. Hierauf geben wir einander die Hand.
„Wir wollen den Frieden, und alles, was hier gesagt ist, halten. Wir
„rufen Gott und gute Männer an, und alle diejenigen, welche meine
„Worte gehört haben, und auch diejenigen, welche sich möglicherweise
„in der Nähe befanden, wir rufen sie alle an — als Zeugen!" —! —

Als Hafr geendigt hatte, riefen einzelne Stimmen: „Das sind viel
der Worte, und viel ist damit gesagt!" —

Gast aber sprach: „Du hast gut geredet!" —

Sie reichten sich die Hände, und der Vertrag war auf diese Weise
geschlossen.

„Möchte nur nicht ein Knoten in das Garn kommen!" setzte Gast
hinzu. „Doch jetzt werde ich nicht säumen, euch, ihr Leute, hier nach
Kräften zu unterhalten!" —

Mit diesen Worten warf er den Friesmantel ab, dazu das
Wams, lüftete den Hemdkragen, so daß die breite, hochgewölbte Brust
sichtbar wurde, und streifte die Hemdärmel über die muskulösen Arme in
die Höhe. Sein kraftvoller Bau trat nun voll hervor.

Alle sahen ganz erstaunt auf ihn, dann wechselten sie fragende
Blicke unter einander.

In diesem Augenblick wurde aus der Menge eine Stimme laut, welche
rief: „Das ist ja Gretter, der Starke, Asmund's Sohn aus Bjarg!" —

Nun sprangen sie sämtlich auf, und, wie im Chor, wurde das Wort wiederholt: „Das ist ja Gretter, der Starke, Asmund's Sohn aus Bjarg!" — Es entstand ein unbeschreiblicher Tumult.

Die Bauern traten entrüstet in Gruppen zusammen, und fingen an sich zu beraten.

Einer schalt den andern, daß sie durch jenen Vertrag die Hände sich selbst gebunden hätten, diesem Räuber von der Drang-ey kräftig hier zu Leibe zu gehen.

Hafr, der erst das große Wort geführt hatte, wurde nun ganz kleinlaut, und von allen am meisten gescholten.

Gretter stand da mitten in diesem Tumult wie ein Fels, die Fäuste in seine Hüften gestemmt, und sagte gelassen:

„Laßt mich nun bald wissen, ihr Leute, was ihr beschlossen habt, „denn ich will nicht lange halb nackt hier warten. Ich versichere euch „aber, es würde euch schlecht bekommen, wenn ihr mir nicht halten „wolltet, was wir mit einander ausgemacht haben!" —

Gretter bekam darauf nur unbestimmte Antworten.

Die Häuptlinge sonderten sich ab, setzten sich, und begannen ein förmliches Thing.

Einige von ihnen wollten das gegebene Wort halten, andere wieder nicht.

Auf Gretter trat zu Tungustein aus Steinstaetten, und sagte ihm: „Was, meinst du, werden die Häuptlinge beschließen? — Du bist ja ein „wegen deiner Tapferkeit hochberühmter Mann. Aber sie sind noch „unschlüssig, und stecken die Köpfe zusammen!" —

Gretter antwortete: „Ja, ich sehe es wohl, es steckt dort Nase bei „Nase, und Bart reibt sich an Bart! — Das gegebene Wort verdrießt sie. „Sie fühlen sich arg zum besten gehalten. Ihre Einigkeit ist hin. Und „der Redefluß des Hafr hat ein Ende!" —

Da erhob sich in der Häuptlingsversammlung Hjalte, der Sohn des Thord, der Einflußreichste unter ihnen, und sprach:

„Das soll nun und nimmermehr hier geschehen, daß wir unser „gegebenes Wort dem Gretter brechen. Dumm haben wir uns ja be- „nommen. Das steht fest. Aber wir wollen zu dem ersten Fehler nicht „den zweiten begehen, und das üble Beispiel geben, einen Frieden zu „brechen, den wir feierlich verbürgt haben. Laßt den Gretter unbehelligt „ziehen, wohin er will. Und laßt ihn Sicherheit genießen, bis er von

„dieſer Reiſe heimgekehrt ſein wird. Dann ſind wir unſeres Verſprechens „ledig, und ſpäter mag geſchehen, was da will! — Darüber hinaus ſind „wir nicht mehr gebunden!" —

Alle dankten ihm für ſein männliches Wort, und fanden, er habe wie ein Häuptling geſprochen. Auch Thorbjoern Dengul, ſein Bruder, der ſonſt ſtets zum Streite trieb, ſchwieg und bezähmte ſich.

Nun ſchloß ſich wieder friedlich der Kreis, und man kehrte zum Kampfſpiel zurück.

Hielten die Bauern ihr gegebenes Wort, ſo hielt auch Gretter das ſeinige, und war zum Ringkampf bereit.

Es wurde beſchloſſen, daß zunächſt einer der beiden Brüder aus Breidau, man hielt ſie für gleich ſtark, mit Gretter ringen ſollte.

Der dazu Beſtimmte trat vor.

Gretter ſtand da, breit und wuchtig, die Arme verſchränkt, den Kopf leicht geneigt, den rechten Fuß vorgeſetzt.

So maß er ſeinen Gegner mit lauerndem Blick.

Dieſer rannte gegen Gretter an, konnte aber in keiner Weiſe ihn von der Stelle rücken.

Gretter packte nun mit der rechten Hand den Gegner von hinten, griff ihm in den Hoſengurt, hob ihn in die Höhe, und warf ihn rücklings über ſeinen Kopf hinter ſich, ſo daß Thord hart auf den Erdboden aufſchlug.

Betroffen ſchwiegen alle ſtill. Das hatten ſie nicht erwartet; doch keine Hand löſte ſich zum Beifall für den Fremden.

Auch Gretter ſchwieg, ſchlug die Arme feſt in einander, und erwartete ſo den zweiten Gegner.

Es wurde nun beſchloſſen, daß beide Brüder aus Breidau vereint den Gretter angreifen ſollten.

Das wurde ein harter Kampf, und der Sieg neigte ſich bald auf die eine, bald auf die andere Seite; immer aber hatte Gretter den einen der Beiden unter ſich. Ihre Körper wurden ganz blau und blutrünſtig von den eiſernen Griffen des Gegners.

Dieſes Schauſpiel ergötzte die Leute auf's Höchſte.

Als die Kämpfer aufhörten, dankte man ihnen.

Die Anweſenden waren darin einig, daß beide Brüder aus Breidau zuſammengenommen nicht ſtärker ſeien, als der eine Gretter, und doch beſaß jeder von ihnen die Stärke von zwei ſehr ſtarken Männern.

Also konnte man Gretter schätzen als im Besitz einer Kraft von vier starken Männern zusammengenommen.

Gretter zog nun seine Kleider wieder an, und mischte sich unter die Bauern, welche ihm freundlich begegneten.

Man suchte ihn zu überreden, freiwillig die Drangey zu verlassen, allein davon wollte Gretter nichts wissen, das schlug er rundweg ab. „Ich weiche nur der Gewalt!" sagte er.

Lange blieb Gretter nicht mehr auf dem Thing, sondern trat den Rückweg nach seiner Insel an, unbehelligt von den Thingmännern, wie sie ihr Wort ihm gegeben hatten.

Illuge freute sich herzlich, den Bruder heil und gesund wieder zurück zu haben, und ließ sich von seinen Erlebnissen erzählen.

So schwand den Brüdern der Sommer schnell dahin.

Die Kunde von dem kühnen Auftreten des Gretter auf dem Hegranesthing verbreitete sich schnell auch über die Grenzen der Harde, und wurde lebhaft besprochen. Man lobte auch die Biederkeit der Skagafjordleute, weil sie ihr gegebenes Wort treu gehalten hatten, trotzdem Gretter ihr Feind war, und so viel Unbill ihnen zugefügt hatte.

Kapitel 45.

Ein Besitzwechsel.

Die von Gretter auf dem Hegranesthing bewiesene Stärke hatte doch auf die Männer der Harde einen tiefen Eindruck gemacht. Sie zweifelten jetzt sehr an der Möglichkeit, diesen starken Mann gegen seinen Willen aus seiner festen Stellung auf der Drangey vertreiben zu können. Und je mehr diese Überzeugung sich bei ihnen befestigte, um so tiefer sank in ihren Augen der Nutzungswert der Insel.

In der That, die weniger vermögenden Bauern boten ihre kleineren Anteile an der Insel zum Kaufe aus.

Die Söhne des Thord, Hjalte und Thorbjoern Oengul, besaßen, als zugehörig zu ihren Höfen, bereits den größeren Teil dieses wirtschaftlich so wertvollen Eilandes. Was lag nun näher, als daß die Brüder diese günstige Gelegenheit nützten, auch die kleineren Lose an sich zu ziehen, und so den ganzen stattlichen Besitz sich zu sichern.

Indessen ein Haken lag bei der Sache.

Die Losinhaber wollten für ein Billiges losschlagen, stellten indessen dabei die Forderung, der Käufer müsse den Eindringling von der Insel mit Gewalt fortbringen, sei es lebendig, sei es tot. Ein sachliches Interesse daran hatte freilich nur der zukünftige Besitzer, allein sie alle wollten den Gretter für sein rechtswidriges Eindringen in ihren Besitzstand gezüchtigt sehen.

Hjalte, der ältere Sohn des Thord, welcher eine noble, friedliebende Natur war, hatte nicht Lust, sich auf solche Bedingung einzulassen, und lehnte den Kauf ab.

Thorbjoern Oengul dagegen, der ein Klopffechter war, griff den Preis, wie die Bedingung, lebhaft auf, und schloß den Vertrag ab.

Sein Bruder Hjalte überließ nun auch seinerseits ihm seinen Erbanteil an der Insel, und zog sich ganz aus der Sache zurück.

So wurde Thorbjoern Oengul alleiniger Besitzer der Drang-ey, freilich zunächst nur dem Namen nach. Um es auch mit der That zu werden, rüstete er ein Schiff, und beschloß einen förmlichen Krieg gegen Gretter.

Es war gegen Ende dieses Sommers, da zog Thorbjoern mit einem vollbemannten Schiff nach der Drang-ey. Bei seinem Nahen wurden die Leitern eingezogen. Oben stand Gretter mit seinen Begleitern, unten an der Landungsstelle lag das Schiff. Die Verbindung war aufgehoben. So begann denn folgendes Wortgefecht:

Thorbjoern: „Ich fordere hiermit dich, den Gretter, auf, diese „Insel zu verlassen!"

Gretter: „Das wird der Gretter, Asmund's Sohn aus Bjarg, „niemals freiwillig thun!"

Thorbjoern: „Ich bin jetzt ein mächtiger Häuptling. Denn „mir allein gehört diese Insel. Alle Bauern habe ihre Anteile an mich „verkauft."

Gretter: „Um so weniger weiche ich. Statt vieler Gegner habe

„ich jetzt nur einen, dich! Das ist einfacher! Wir beide machen fortan „unter uns die Sache aus. Laß uns also um den Besitz der Insel gleich „hier, Mann gegen Mann, ehrlich fechten!" —

Thorbjoern: „Wir passen als Gegner nicht zu einander!"

Gretter: „Sehr passen wir einer zum andern, schon darum, „weil keiner von uns beiden durch die Liebe seiner Nachbaren erwürgt wird!"

Thorbjoern: „Ich stelle dir großen Gewinn in Aussicht, wenn „du freiwillig die Insel räumst, und werde dich in Zukunft unter„stützen!" —

Gretter: „Du brauchst dich nicht zu bemühen, Dengul. Mein „Entschluß steht fest. Ich bleibe hier!" —

Thorbjoern: „Alles hat seine Zeit, Gretter. Zuletzt wird es „dir doch übel ergehen!" —

Gretter: „Das laß uns abwarten!"

So endete der Wortkampf, welcher von unten nach oben hinauf, und von oben nach unten herunter mit lauter Stimme geführt wurde.

Der Weg gütlicher Vermittelung war hiermit abgeschnitten.

Thorbjoern sah wohl ein, daß Gretters Stellung unangreifbar sei. Auch wenn er alle Männer der Harde aufbot, Waffen thaten hier nichts. Er mußte andere Mittel einsetzen.

So stieß denn das feindliche Schiff wieder von der Landungsstelle ab. Die Männer legten die Riemen ein, und bald war Thorbjoern Dengul außer Sicht.

Kapitel 46.

Ohne Feuer.

Zwei Winter hatte Gretter bereits auf der Drang-ey gelebt. Die 80 Schafe, der ursprüngliche Viehbestand der Insel, welchen sie vorgefunden hatten, waren aufgezehrt bis auf einen einzigen großen Bock, mit gesprenkeltem Fell und starken, gewundenen Hörnern.

Dieses Tier sollte auch von dem Schlachtmesser verschont bleiben, denn er war ganz zahm, und folgte seinen Herren wie ein guter Kamerad. Des Abends, von der Weide heimtrabend, stellte der Bock sich regelmäßig bei der Hütte ein, und, war sie geschlossen, rieb er seine mächtigen Hörner so lange an den Pfosten der Thüre, bis er Einlaß fand. Obwohl nun die Hammelherde aufgezehrt war, so litten die Brüder samt dem Knecht doch keine Not. Es waren Vögel die Menge auf der Insel und schmackhafte Eier genug. Sie durften nur die Hände ausstrecken und greifen. Nur mit einem Mangel hatten sie schwer zu kämpfen. Die Insel war völlig holzarm, und so fehlte es ihnen sehr an Feuerung zur Erwärmung ihrer Hütte, wie auch zur Zubereitung ihrer Speisen. Sie waren lediglich angewiesen auf die Holzstücke, welche das Meer vom Lande herüber freundlich ihrem Gestade zutrieb.

Eine Hauptbeschäftigung für Gloem, den Diener, war es daher, täglich den Strand abzusuchen, und das aufgesammelte Holz auf seinem Rücken die steilen Leitern hinaufzutragen bis zur Hütte. Dort ließ man es in der Sonne trocknen und dann zerkleinern. Gloem wurde dieser Arbeit überdrüssig. Er murrte, klagte laut über das einförmige Hundeleben, und vernachlässigte seine Pflichten.

Eine Hauptpflicht für ihn war es auch, die Glut auf der Feuerstätte in der Hütte zu unterhalten. Ging das Feuer aus, so war die Verlegenheit groß. Die Erzeugung eines Feuerfunkens durch Stahl, Stein und Zunder war den Nordmännern zwar bekannt, indessen das Verfahren war umständlich, und, falls das Zündmaterial nicht ganz trocken war, sogar unmöglich. Auch war, wenn Stahl und Stein, so doch der Zunder nicht immer zur Stelle. Man zog es darum vor, die Glut auf dem Herde niemals ausgehen zu lassen, das war einfacher und wirksamer.

Gloems Pflicht war es hierfür zu sorgen, und namentlich des Abends Vorkehrungen zu treffen, daß die Glut bis zum nächsten Morgen vorhalte.

Eines Morgens zeigte es sich, daß das Feuer über Nacht ausgegangen sei, und zwar durch Gloems Schuld.

Gretter war sehr entrüstet darüber, packte den Knecht am Kragen und rief: „Du hast verdient mit Ruten gezüchtigt zu werden!" —

Der Knecht jammerte über sein erbärmliches Leben auf dieser gottverlassenen Insel und über die harte Behandlung. Er werde bei dem geringsten Vergehen gescholten oder abgeprügelt.

„Beklage dich nicht!" rief Gretter. „Wie man's treibt, so geht's!" und warf den Burschen zur Hütte hinaus.

Gretter und Illuge standen jetzt am kalten Herde, und ratschlagten, was zu machen sei.

„Das Feuerzeug ist nicht im Stande," sagte Gretter, in der Hütte umher suchend, „es fehlt uns der Zunder."

„Und hätten wir ihn," sagte Illuge, „es ging doch nicht mit „unserm feuchten, vom Meerwasser durchzogenen Holz, welches die Sonne „nicht trocknen will!" —

„So haben wir kein warmes Essen heute, und die Hütte bleibt kalt. „Wer weiß, wie lange das hier dauern kann!" grollte Gretter. „Ich „könnte den nachlässigen Schlingel zermalmen!" —

„Laß uns warten, bis ein Schiff aus Reykir herüberkommt," begütigte Illuge.

„Das kann lange genug dauern; das abzuwarten, ist unmöglich," sagte Gretter. „Ich habe einen andern Plan. Ich schwimme nach „Reykir hinüber, und hole von dort Feuer!" —

„Welch ein Opfer!" warf Illuge ein.

„Was ich in Norwegen für fremde Leute that, die mir schlecht „genug dafür dankten, das kann ich auch für uns selbst thun," versicherte Gretter.

„Die Strecke nach dem Festlande hin ist zu weit, du könntest verunglücken," warnte Illuge.

„Der Sund dort in Norwegen war breiter. Und durch Ertrinken „sterbe ich nicht. Das wird nicht mein Los sein!" —

„In deiner Abwesenheit kann uns hier Gefahr drohen!" —

„Ich bin morgen schon wieder zurück. Aber dem Gloem will ich „in Zukunft doch nicht mehr trauen. Dies war ein böser und, wie ich „fürchte, absichtlicher Streich von ihm!" —

Gretter machte sich nun fertig ans Land zu schwimmen. Er trug einen groben Mantel, den er fest um die Lenden gürtete, darunter ein enges Beinkleid. Die Finger mußte ihm Illuge mit Bast durchflechten. Auf diese Weise schuf er sich ein Paar künstlicher Schwimmhäute. So ausgerüstet stieg er die Leitern hinab, und tauchte ins Meer, mit kräftigem Arm das Wasser durchschneidend.

Es war klares Wetter, und das Meer lag still. Das erleichterte die Fahrt. Aber die Entfernung nach Reykir war doch eine volle Seemeile.

Illuge war dem Bruder die Leitern hinabgefolgt. Nun stieg er wieder hinauf, um von oben mit forschenden Blicken dem Schwimmer zu folgen so lange, bis sein Kopf, grau in grau, mit den Wellen sich mischte, und dem Auge entschwand.

Illuge trat beklommenen Herzens in die Hütte zurück, wo Gloem mürrisch in einer Ecke kauerte.

Gretter hatte den Strom mit sich, so schwamm er schnell und leicht, und kam bald nach Sonnenuntergang auf Reykir an.

Der Bauer dort war mit seinen Leuten bereits zu Bette, doch waren die Thüren nach Landessitte über Nacht unverschlossen. So konnte Gretter ungehindert eintreten.

Er ging zuerst in das Badehaus, und nahm ein heißes Dampfbad. Dem erhitzten Ofen konnte nämlich jeder Zeit leicht durch Aufgießen von kaltem Wasser Dampf entlockt werden.

Jetzt trat er in die Wohnstube, welche leer war.

Zwischen den Steinen der Feuerstätte auf dem Erdboden der Stube flackerte noch die Glut, und gab dem Raume eine behagliche Wärme. Gretter streckte sich der Länge nach auf dem Estrich aus, und entschlief.

Am nächsten Morgen traten zuerst zwei Frauen ein, des Bauern Tochter und die Magd. Sie sahen den Mann ausgestreckt am Boden liegen, und erkannten sofort in ihm den Gretter.

Er schlief ganz fest, und hatte dabei sich entblößt.

Die Magd lief neugierig hinzu, und beguckte den schlafenden Mann. „Wahrhaftig, liebe Schwester," sagte sie, „hier liegt Gretter, der Starke, „Asmund's Sohn. Er ist mächtig über der Brust und den Hüften, aber, „sieh nur da, alles Übrige ist klein! — Merkwürdig!" —

Die Bauerntochter antwortete: „Warum bist du immer so geschwätzig? „Schweig' doch still!" —

Die Magd aber lief hin und her, bald zu dem schlafenden Manne, ihn zu begucken, bald wieder zurück zu der Bauerntochter, und hörte nicht auf mit Kichern und mit Lachen.

Gretter erwachte davon, stellte sich aber, als ob er weiter schliefe.

Als ihm die Magd nun wieder ganz nahe gekommen war, griff er sie beim Rock, und hielt sie fest.

Die Bauerntochter lief davon, die Magd aber schrie laut auf; doch trennte sie sich von Gretter ohne alle Feindschaft.

Kurz darauf kleidete sich Gretter an, und suchte den Bauer Chorwald auf. Er erzählte ihm seine Verlegenheit, bat um Feuer und um

ein Schiff, sich und die Glut nach der Insel zu bringen. Der Bauer
that, wie gebeten, gab Feuer, Schiff und Mannschaft. Den in einem
Topfe sorglich gehüteten Brand trug dann Gretter hinauf in seine Hütte.
So kam wieder Feuer auf die Insel.

Als die Leute am Fjord erfuhren, daß Gretter die ganze Strecke
von der Drang-ey bis zum Festlande schwimmend zurückgelegt habe, be-
wunderten sie ebensosehr seine Schwimmkunst, wie seine Tapferkeit. Die
Aussicht, einen solchen Mann aus seiner starken Stellung mit Gewalt
zu vertreiben, ward immer geringer.

Kapitel 47.
Der Haerings-Sprung.

Die Kleinbauern hatten ihre Anteile an der Drang-ey dem Thorbjoern Oengul für billigen Preis abgetreten, lediglich unter der
Bedingung, daß er den Gretter lebendig oder tot von der
Insel schaffe. Nun dieses nicht geschah, wurden sie ungeduldig, und
drohten, ihren Vertrag zu kündigen.

Oengul suchte sie nach Kräften zu vertrösten. Aber es kam ihm
doch sehr gelegen, als nächsten Sommer ein fremdes Schiff den Fjord
anlief, von dem ein Passagier Namens Haering sein Sommergast wurde,
und zugleich als Helfer in der Not dem Hauswirt sich zur Verfügung
stellte.

Haering, ein junger und gewandter Mensch, rühmte sich, ein besonders
tüchtiger Bergsteiger zu sein.

„Ich kann klettern, wie eine Katze, die steilsten Felswände hinauf!"
sagte er.

„Dann kommst du vielleicht auch die Drang-ey ohne Leitern in die
Höhe?" rief Oengul.

„Das wollte ich meinen!" versicherte Haering.

Thorbjoern griff mit aller Lebhaftigkeit diesen Gedanken auf, und rief: „Goldene Berge verspreche ich dir, wenn du dieses Wort wahr machst!" —

Nun verabredeten sie folgenden Plan.

Thorbjoern sollte ein Schiff, voll bemannt, an die Landungsstelle der Drang-ey führen, und sich den Anschein eines ernsthaften Angriffes geben. Dieses würde den Gretter und seine Gesellen bei den Leitern festhalten. Unterdessen sollte Haering das Schiff unbemerkt verlassen, unten am Strande die Stellung des Gretter umgehen, an der entgegengesetzten Seite die Felswand zu erklimmen suchen, oben leise sich heranschleichen, und dann den Brüdern in den Rücken fallen.

„Das ist ein ausgezeichneter Plan," rief Thorbjoern, „das muß gelingen! — Und gelingt es, dann gewinnst du hier Gut und Ehre! Setze nur alle deine Kräfte ein!" —

Der verabredete Tag kam, und sie fuhren.

Wie geplant, wurde auch gehandelt.

Das vollbemannte Schiff des Thorbjoern legte unten bei den Leitern an. Gretter zog oben die letzte Leiter ein, und hob die Verbindung auf.

Es entspann sich nun wieder von oben nach unten, und von unten nach oben, das bekannte Wortgefecht.

Thorbjoern schimpfte weidlich auf Gretter, und Gretter schonte den Thorbjoern nicht.

Thorbjoerns Absicht war es ja, die Zeit möglichst hinzuziehen, und Gretter stark aufzuregen, daß er alles andere vergaß.

So sparte er denn die groben Klötze nicht, auf welche Gretter sich beeilte, seine groben Keile zu setzen.

Haering gelang unterdessen unten am Strande die Umgehung. Dann stieg er die Felsenwand hinauf, hier seinen Fuß einstemmend, dort mit der Hand sich hochziehend. Der Mann kletterte in der That wie eine Katze. Was niemand jemals früher, noch jemals später vollbracht hat, das gelang ihm. Haering erreichte kletternd die Hochfläche der Insel. Er stand wirklich oben.

Nun kam das zweite! — Der Angriff der Brüder im Rücken! —

Haering übersah, oben angelangt, sofort die Lage. Die zwei Brüder standen, voll beschäftigt, an den Leitern, und über die Felsen gebeugt, wandten sie ihm den Rücken zu. Sie hatten keine Ahnung von der im Rücken drohenden Gefahr. Denn fest waren sie davon überzeugt, daß es ganz unmöglich sei, auf irgend einer anderen Seite die Insel zu ersteigen, ausgenommen den Ort, wo sie und die Leitern standen.

Haering schlich sich nun, leise wie eine Katze, heran, die Hand am Schwerte. Der Augenblick schien gekommen, um Ehre und Gut hier zu gewinnen.

Da, wie von einer inneren Eingebung getrieben, sah sich Illuge um, und bemerkte den heranschleichenden fremden Mann, der den Brüdern schon ganz nahe gekommen war.

Ein Schrei, ein Stoß gegen Gretters Schulter, und die Meldung: „Da! Ein fremder Mann, der kein Freund zu sein scheint!" — Dies war das Werk eines Augenblicks! —

Gretter warf den Kopf herum, und maß den Fremden mit scharfem Blick.

„Greif ihn an, Illuge!" befahl er. „Ich hüte hier die Leitern. „Das ist ein abgekartetes Spiel! Und von unten her droht jetzt die „größere Gefahr!" —

Illuge riß sein Schwert aus der Scheide, und stürzte sich auf Haering. Dieser wich dem wuchtigen Angriff. So fechtend, zog sich Haering bis an die Stelle der Felsenwand zurück, von woher er gekommen. Hier hatte er die Wahl, entweder von Illuges Schwert zu fallen, oder den gefährlichen Weg, die Felswand hinab, noch einmal zu wagen. Er entschied sich für das Letztere.

Haering schwang sich über das Gestein, und kletterte abwärts. Aber in der Aufregung traten seine Füße fehl, seine Hände griffen falsch, er verlor das Gleichgewicht, er stürzte, und unten, auf den Klippen aufschlagend, lag er zerschmettert, eine unförmliche Masse.

Dieser Ort auf der Drang-ey wird noch heute Haeringshloep (hloep = Sprung) Haeringssprung genannt.

Illuge kehrte zu Gretter zurück, und meldete den Ausgang.

„Er wollte von meiner Hand nicht sterben, drum sprang er selbst „die Felsenwand hinab. Die Bauern mögen für ihn, als einen Toten, „beten!"

„Thorbjoern soll das sogleich wissen," rief Gretter hastig, und schrie die Nachricht mit Stentorstimme in das Schiff hinab.

Thorbjoern erschrak, und gab sofort den Befehl zum Aufbruch. So stießen sie ab, und fluchtartig war ihr Rückzug.

„Zweimal schon war ich hier," schrie Thorbjoern in Verzweiflung,

„und zweimal habe ich nichts ausgerichtet. Scheitert zum dritten mal
„mein Angriff, dann, fürchte ich, wird Gretter, unbehelligt von mir, auf
„dieser Insel leben und sterben können.
 Sie ruderten ans Land. Groll im Herzen stieg Thorbjoern aus. Der
Spott folgte ihm auf dem Fuße nach. Aber er brütete über neuen
Plänen, seinen Zweck zu erreichen! „Gretter muß von der Drang·ey fort!
— Das zu erreichen, soll mir nun jedes Mittel recht sein!" —

Kapitel 48.

Rettung nahe.

Den folgenden Winter verlebte Gretter auf der Drang·ey in vollem
Frieden. Er und Thorbjoern begegneten sich nicht. Der
Frühling brach nun wieder an, und mit ihm eine Zeit, welche
eine frohe Wendung für Gretters Leben versprach. Seine Verwandten
hatten einmütig beschlossen, in diesem Sommer in Thingvalla vollzählig
zu erscheinen, mit Nachdruck aufzutreten, und die Aufhebung von Gretters
Acht zu verlangen. Denn sie waren der Meinung, mit diesem Frühjahr
habe bereits das zwanzigste Jahr von Gretters Friedlosigkeit begonnen.
Und damit galt nach Landes Gesetz und Brauch die Strafe für verbüßt.
 Die Entscheidung hierüber stand dem Gesetzessprecher zu.
 Der Gesetzessprecher war der vornehmste Mann auf ganz Island.
Er präsidierte dem Althing, und entschied mit seinem Spruch endgültig
alle Streitsachen.
 Sämtliche auf Island geltenden Gesetze mußte er fest in seinem
Kopfe haben, und auf Verlangen hersagen können. Denn erst im Jahre
1117 wurde das mündlich überlieferte Recht schriftlich abgefaßt in einem
Buche, welches den seltsamen Titel Graagaas, d. h. „graue Gans", führte.
 Vererbte das Gode- oder Häuptlingsamt der Harden bei der führenden
Familie sich meist von Vater auf Sohn, so war das Amt des Gesetzes-

sprechers Produkt einer Wahl. Er wurde gewählt von den 48 Häuptlingen, welche bei dem Althing das Gesetzesgericht bildeten. Dieses Amt war auch das einzige besoldete Staatsamt auf Island. Freilich war die Einnahme nicht groß. Der Gesetzessprecher erhielt jährlich 240 Ellen Williram, ein im Lande selbst gefertigter Wollenstoff, und außerdem einen kleinen Anteil an den Strafgeldern der Verurteilten. Das war alles.

Mußte der Gesetzessprecher eine Art von lebendigem Gesetzbuch sein, so war es deutlich, daß bei dieser starken Anforderung an das geistige Können, die Zahl der Kandidaten für solch ein Amt auch unter einem so bedeutenden Geschlechte, wie es die damaligen Recken auf Island waren, keine große sein konnte. So stand denn der Wiederwahl eines tüchtigen Mannes zum Gesetzessprecher gesetzlich nichts im Wege.

Aus der Heldenzeit, in welche unsere Erzählung fällt, kennen wir folgende Gesetzessprecher:

Thorjeir Thorkelsohn von 985—1001, Grim Sverlengsfohn von 1002—1003, und Skapte Thoroddsohn von 1004—1030.

Skapte, neunmal wiedergewählt, war ein Mann von hervorragenden Gaben, klug, scharfen Verstandes und von wohlwollendem Herzen.

Er war ein Freund des alten Heldengeschlechtes derer auf Bjarg, verfolgte Gretters Schicksal mit reger Teilnahme, und hatte versprochen, dafür sorgen zu wollen, daß Gretter nach zwanzig Jahren seiner Friedlosigkeit von der Acht gelöst würde. Wie groß war also der Verlust für Gretters Sache, als Skapte gerade in diesem Frühjahr starb.

Von nicht minderem Gewicht war es auch, daß Snorre, der Gode auf Tunga, letzten Winter gestorben war. Er war dem Gretter stets ein wohlwollender Freund gewesen, und hatte auf dem Althing oft seine Stimme zu des unschuldig Verurteilten Gunsten erhoben.

Daß Skapte und Snorre gerade um diese Zeit starben, bedeutete für Gretters Sache allerdings einen sehr schweren Verlust.

Der Althing tagte, wie üblich, in der Mitte des Juni auf Tingvalla. Gretters Familie trat dort geschlossen auf, und brachte den Antrag ein: „Das Gesetzesgericht wolle unsern Verwandten von der Acht lossprechen, da in diesem Frühjahr das zwanzigste Jahr seiner Friedlosigkeit begonnen hat!" —

Zunächst erledigte der Althing die Wahl eines neuen Gesetzessprechers, und es fiel dieselbe auf Stein, den Sohn des Thorgest, den Enkel des Stein Mjocksiglande (des Vielsegelnden), den Urenkel des

Thorer Hauſtmyrkr (d. h. Herbſtdunkel). Aber die Mutter Steins war die Tochter des Thord Geller (des Brüllenden). — Dieſer Stein hatte gleichfalls den Ruf eines ſehr klugen Mannes. Die beiden erbitterten Gegner Gretters, Thorer auf Gard und Thorodd Drapaſtuf, welche gemeinſam den hohen Preis von 96 Lot Silber (= 2160 Mark) auf Gretters Kopf einſt geſetzt hatten, waren auch mit ſtarkem Anhang zur Stelle, und beide entſchloſſen, alles einzuſetzen, um die Aufhebung von Gretters Acht zu hintertreiben.

Da folgende Beſtimmung für Island feſtſtand: „Niemand darf länger als zwanzig Jahre friedlos bleiben!" ſo handelte es ſich in dem vorliegenden Falle lediglich um dieſe Entſcheidung. „Wann hat Gretters Friedloſigkeit begonnen, und wann darf ſie demnach als beendet gelten?" —

Thorer wandte ein: „Gretter hat während der Zeit ſeiner Acht „ſoviel Übelthaten auf Island begangen, daß verſchiedene von dieſen, „wenn ſie zur Aburteilung kämen, ſelbſt wieder mit Friedloſigkeit beſtraft „werden müßten. Dieſes verlängert die Zeit ſeiner Acht um ebenſoviele „Zuſchläge. Alſo kann von ſeiner Freilaſſung nicht die Rede ſein!" —

Auf dieſen Einwand entſchied der Geſetzesſprecher Stein:

„Niemand darf länger als zwanzig Jahre friedlos bleiben, auch „dann nicht, wenn während ſeiner Friedloſigkeit Verbrechen von ihm ver„übt ſein ſollten, welche ihm ſonſt die Strafe der Acht zuziehen würden!"

Nach dieſem Spruch forderten die Verwandten Gretters mit verſtärktem Nachdruck deſſen Freiſprechung.

Da trat Thorodd Drapaſtuf auf, und wies folgendes nach: „Gretter „hat das erſte Jahr ſeiner Acht in Norwegen verlebt, alſo im Auslande, „und das zählt nicht mit. Somit beſteht ſeine Friedloſigkeit hier in „Island erſt neunzehn Jahre. Seine Freiſprechung darf demnach erſt „nach Jahresfriſt erfolgen!" —

Der Geſetzesſprecher Stein ſtimmte dieſem Einwande zu. „Unter „zwanzig Jahren der Friedloſigkeit, die in Island ſelbſt verbüßt ſein „müſſen, darf kein Geächteter loskommen!" Das war ſein bindender Spruch.

So zogen denn Gretters Verwandte ihren Antrag einſtweilen zurück, um ihn auf dem kommenden Althing zu erneuern.

Alſo noch ein Jahr der Acht für den viel geprüften Mann! — Dann die goldene Freiheit! — Was wird dieſes Jahr für ihn bringen? —

Der Beſchluß des Althings wurde auch am Skagafjord bekannt, und es ärgerte die Leute mächtig, daß dieser Eindringling, der ihnen so vielen Verdruß, Schaden und Spott bereitet hatte, nun doch nach Jahresfrist entwischen sollte. Sie gingen daher zu Thorbjoern Oengul auf Vidvik und erklärten ihm: „Entweder du tötest den Gretter im kommenden „Jahre, oder die Insel fällt wieder in ihren einzelnen Teilen an uns „alle zurück!" —

Das machte dem Thorbjoern nun viele Pein. Er grübelte und grübelte, wie er dem Gretter an Leib und Leben kommen könnte, und fand doch nichts! — Gleichwohl wollte er die schöne Insel nicht fahren lassen! —

Kapitel 49.

Die Hexe.

Thorbjoern besaß eine Amme, die auf Vidvik das Gnadenbrot aß, und in einem der Nebengebäude des Hofes wohnte. Sie war schon sehr alt, und lag meistens zu Bette; aber ihr Verstand war noch scharf und klar.

In ihrer Jugend, wo die meisten Leute hier noch Heiden gewesen waren, galt sie als zauberkundig. Doch jetzt, so glaubte man, habe sie das alles vergessen. Außerdem stellte das Landesgesetz die Ausübung heidnischer Gebräuche, insbesondere aber die Zauberei, unter schwere Strafe. Es stand darauf der niedrigste Grad der Friedlosigkeit.

Das isländische Recht unterschied nämlich drei Grade der Friedlosigkeit. Der Niedrigste bestrafte nur mit zeitweiser Verbannung von dem Hofe. Der Zweithöhere mit dreijähriger Verbannung aus Island. Der Dritte und schwerste mit dem Recht, sogar mit einer gewissen Verpflichtung für jedermann, den Geächteten zu töten. Trotz dieser Strafandrohung hielten im Geheimen noch viele an den alten heidnischen Gebräuchen fest. Auch bei der alten Amme Thorbjoerns bestätigte sich das Sprichwort: „Jung gewohnt, alt gethan!"

Thorbjoern Oengul ging zu seiner Amme, sich Rat in seiner Verlegenheit zu holen. Alle seine Machtmittel waren erschöpft, und all sein Witz war verbraucht. Dennoch hatte er bisher nichts, garnichts erreicht. Gretter war immer obenauf, und Herr der Insel.

Nun entschloß sich Oengul, Rat und Beistand dort zu suchen, wo er ihn bisher am wenigsten vermutet hatte.

„Gott grüß dich! Mutter Thurid!" Mit diesen Worten setzte Thorbjoern seinen Fuß über die Schwelle des kleinen Hauses, in dem seine Amme wohnte, und ließ sich nieder an der Alten Bett.

„Er grüß' dich wieder, Oengul! Du warst lange nicht hier!" —

„Doch dein Auge blickt heute finster!" —

„Kein Wunder, Mutter, ich habe Verdruß!" —

„Erzähl', was dich bedrückt!" —

Nun erzählte Thorbjoern umständlich von seinen vergeblichen Versuchen, den Gretter von der Drang-ey zu vertreiben, und schloß mit den Worten: „Du hast mir, Mutter Thurid, schon manch einen guten Rat in meinem Leben gegeben, weißt du hier einen, so sag' ihn mir!" —

Thurid griff mit ihren mageren, braunen Händen nach dem Strick, der über ihrem Bette von der Zimmerdecke herabhing, zog sich daran in die Höhe, und setzte sich aufrecht in die Kissen. Ihr Auge nahm den Ausdruck der Verachtung an.

„Hier bestätigt sich wieder das alte Wort," sagte sie, „daß mancher „in das Ziegenhaus läuft, wenn er Wolle sucht. Du bist zu Hans und „Kunz gelaufen. Jetzt kommst du zu mir. Rat, Oengul, findet man nur „bei klugen Leuten! Du dünkst dich einer der vornehmsten Bauern in der „Harde zu sein; und doch hier, wo es gilt, weißt du nicht aus noch ein. „Das ist doch zu erbärmlich. Ich möchte mit dir nicht tauschen, Oengul, „bettlägrich, wie ich bin!" —

Thorbjoern runzelte die Stirn. Das war kein Pflaster auf sein wundes Herz. Er biß sich auf die Lippen. Allein, er schwieg.

„Blick nicht so finster drein, Oengul! Du bist hier nicht ins Geiß- „haus geraten. Du sollst die gesuchte Wolle haben!" —

Sie streckte die magere Knochenhand aus, und fuhr ihm, zärtlich streichelnd, über die Wange.

„Ich habe dich groß gezogen, ich, als deine rechte Mutter früh „gestorben war, und die zweite in das Haus kam, die dir nicht wohl- „wollte, und du nicht ihr! Du bist mir an das Herz gewachsen, Oengul!

„Du sollst den guten Rat haben, mein Kind, den du suchst. Doch fordere
„ich eins von dir, daß du in jedem Stück mir gehorsam bist, was ich
„auch fordern werde!" — „Dann, verspreche ich dir, stirbt der Gretter!" —
Thorbjoern gab die Zusicherung seiner Folgsamkeit, erhob sich, und
ging, von neuem Mut beseelt.

Der Sommer war verlaufen bis zur Mitte des August. Da schickte
eines Tages die Alte zu Dengul. Zu dem Eintretenden sagte sie:

„Heut ist das Wetter heiter und stille, begieb dich zur Stunde nach
„der Drang-ey, und bring den alten Streit mit Gretter wiederum zur
„Sprache. Ich selbst will ich dorthin begleiten. Du machst mir ein
„Lager in dem Schiff zurecht, legst mich hinauf, und deckst mich dann mit
„Decken zu. Mich soll der Gretter nicht sehen. Aber um so mehr will
„ich ihn sehen, und auf seine Worte merken. Dann kann ich es prüfen,
„ob diesem Mann in Zukunft das Glück noch lächeln wird, ob nicht.

„Ich bin dieser Reisen nach der Drang-ey müde," brauste Dengul
„auf. „Sie haben mir bisher nur Schimpf und Schande eingebracht."

„Und ich helf dir nicht," zürnte das Weib, „wenn du mir nicht
„blind gehorchst!"

„Laß es denn gut sein, Pflegemutter," begütigte Thorbjoern, „die
„Fahrt soll ja geschehen!" —

„Mein Sohn, unter tausend Stunden in diesem Leben giebt es nur
„wenig günstige; die heutige ist uns hold! Laß sie nicht ungenützt ver-
„streichen! Doch Mühe und Beschwerde wird es kosten. Und das sag
„ich dir voraus. Ob Gretter auch fallen wird, Glück bringt diese That
„dir selber nicht! Indessen Versprechungen, von dir gegeben, binden
„dich. Hier hilft kein Zaudern. Hier heißt's vorwärtsgehen!" — !" —

Thorbjoern ließ ein zehnrudriges Schiff in Dienst stellen, und stieg
selbstelfter ein. Die Amme legten sie auf Kissen in das Schiff, und
mit wollenen Decken deckte man sie zu. So ruderten sie nach der Drang-ey
hin. Als Gretter und Illuge den Thorbjoern kommen sahen, traten sie
an die Leitern.

Thorbjoern rief von unten hinauf:

„Ich bin noch einmal gekommen, Gretter, um zu hören, ob du
„nicht gesonnen bist, freiwillig die Insel zu verlassen. Thust du das,
„so soll alles vergeben und vergessen sein, dein gewaltsames Eindringen,
„dein unerlaubtes Hausen, und der Geldverlust, welcher durch beides mir
„geworden ist. Laß uns in Güte von einander scheiden!" —

Gretter lehnte das rund ab. „Ich habe schon erklärt, und erkläre „nochmals: die Insel verlasse ich nicht! Unternehmt, was ihr wollt. „Ich warte hier ab, was kommen mag!"

Thorbjoern sah nun auch diesen Versuch scheitern, und brauste auf: „Ha! Das wußte ich wohl, daß ich mit einem Schurken hier zu „thun habe. Dies ist mein letztes Wort. Nun magst du lange warten, „bis ich wiederkomme!" —

„Und wenn du niemals wiederkommst, mir ist's schon recht!" entgegnete Gretter.

Das Weib, hinten im Boote liegend, hatte alles mit angehört. Nun warf sie die Decken ab, und richtete sich auf. Zu Thorbjoern gewandt, sagte sie: „Dengul, diese Männer sind tapfer, aber vom Glück „verlassen. Du übertriffst sie an Edelmut. Gutes botest du ihnen an, „sie schlugen es aus. Nichts aber führt so sicher zum Verderben, als „Blindheit und Bosheit, welche Wohlthaten, freundlich angeboten, ver- „schmähen!" —

Dann, gegen Gretter die Hand ausstreckend, schrie die Alte hinauf: „Ich wünsche dir, Gretter, daß du von jetzt ab von allem verlassen „seist, von Heil und Glück, von Klugheit und Verstand. Verlassen, je „länger je mehr! — Und der guten Tage, die dich hier noch erwarten, „seien weniger als die, welche du bereits erlebt hast!" —

Sie hatte es mit kreischender Stimme und mit drohender Gebährde gesprochen.

Gretter ging es wie ein Schauder durch sein Gebein, als diese Worte sein Ohr trafen.

„Was für ein Satan liegt da unten im Schiff?" rief er.

„Ich glaube," sagte Illuge, „es ist die alte Hexe, Thorbjoerns „Pflegemutter!" —

„Verflucht sei dieses zauberkundige Ungetüm," schrie Gretter. „Jetzt muß man auf das Schlimmste hier gefaßt sein. Nie war mir „so wunderlich zu Mut, als bei den Worten dieses Weibes. Wie mit „Krallen packt es mir ans Herz. Mit ihrer Zauberei wird sie noch unser „Unglück werden! — Verlaß dich drauf! — Doch einen Denkzettel muß sie „von mir haben, das alte Weib!" —

Mit diesen Worten bückte sich Gretter, hob einen schweren Stein auf, und schleuderte ihn in das Boot hinab, nach dem Kleiderbündel zielend, unter welches die Hexe sich wiederum verkrochen hatte. Er hatte gut gezielt. Unter dem Bündel hervor kam ein kreischender Laut. Der Steinwurf hatte der Hexe den rechte Schenkel zerbrochen.

Thorbjoern kommandierte: „Riemen bei!" und in eiliger Flucht zog sich das Schiff aus dem Bereich der Insel zurück.

„Das hättest du nicht thun sollen, Gretter," sagte Illuge.

„Tadle mich nicht!" erwiderte dieser. „Ich wünschte nur, dieser „Wurf hätte mehr gewirkt! Das Leben dieser Hexe für das unsrige! „Ist das zu viel verlangt?!" —

„Wie meinst du das?" fragte Illuge, und sah den Bruder erstaunt an. „Dieses alte, welke Weib wird uns Beide doch nicht töten können?!" —

Auf dem Rückwege beugte sich Thorbjoern über seine Amme und sagte:

„Du siehst nun, Pflegemutter, daß meine Ahnung richtig war. Diese „Fahrt hat uns wenig Ehre eingebracht. Du bist gequetscht, und ich „habe nichts als Hohn und Schimpf geerntet."

Das Weib erwiderte: „Halt hoch den Kopf, Dengul! Von dem „heutigen Tage an geht es mit dem Gretter bergab. Mein krankes „Bein, das zahl ich ihm doppelt zurück, falls ich am Leben bleibe. Ver- „laß dich darauf!" —

„Du hast immer guten Mut, Pflegemutter," schloß Thorbjoern.

Sie kamen nach Hause. Thurid wurde aus dem Schiff gehoben, und mit aller Sorgfalt in ihr Haus gebracht. Hier lag sie einen ganzen Monat fest im Bette, ehe sie wieder aufstehen, auf das kranke Bein treten, und in der Stube humpelnd auf- und abgehen konnte.

Man spottete am Fjord über diese neue Niederlage des Thorbjoern, der in seiner Verlegenheit selbst mit einem alten Weibe sich verbunden hatte.

„Gretter schneidet doch immer gut ab," sagten die Leute. „Im „Frühjahr auf dem Thing, als wider Willen alle ihm Frieden und „Sicherheit verbürgten; dann im Sommer, als Haering uns Leben kam; „und nun im Herbst, wo dem alten Weibe das Bein zerbrochen wurde! „Immer ist Gretter obenauf! Und Thorbjoern? — Was hat Thorbjoern „denn bisher gethan? — Nichts! — Nicht ein Haar hat er dem Gretter „gekrümmt!" -- So sprachen die Leute am Fjord.

Thorbjoern verdroß solche Rede gewaltig.

Kapitel 50.
Das Holz des Fluches.

Es war Spätherbst und ungefähr drei Wochen vor Winters Anfang. Da verlangte die alte Thurid von Thorbjoern hinab an den Strand getragen zu werden.

„Was willst du dort, Pflegemutter?" fragte Dengul.

„Nur eine Kleinigkeit, mein Kind, aber Großes wird vielleicht daraus!" —

Thorbjoern that nach ihrem Wunsche.

Als sie an den Strand hinabgetragen war, ging Thurid, an einem Stecken humpelnd, auf und nieder, scharrte hier mit der Spitze ihres Stabes prüfend den Sand auf, forschte dort mit ihren stechenden Augen umher. Endlich stieß sie an einen knorrigen Holzklotz, ungefähr so groß, daß ein Mann ihn auf seiner Schulter forttragen konnte. Sie blickte prüfend das Holz an, und ließ den Klotz drehen und wenden. Auf seiner Kehrseite sah man eine angekohlte Stelle. Der Hexe Augen leuchteten befriedigt dabei auf. Die verkohlte Stelle ließ sie sorgfältig abschaben. Darauf zog sie ihr Messer aus der Tasche, hockte nieder, und schnitt mit eigener Hand auf der abgeglätteten Fläche Runen in den Ast. Dann ritzte sie die Haut ihrer Hand auf, drückte einige Blutstropfen aus der Wunde, und bestrich mit diesem Blut die eingeschnittenen Runen, dabei Zaubersprüche murmelnd.

Dieses gethan, hinkte sie dreimal im Kreise rings um den Ast, und zwar in der entgegengesetzten Richtung zu dem Sonnenlaufe.

Auf ihren Befehl nahm dann Thorbjoern den Klotz, und schleuderte ihn weit, weit in das Meer hinaus.

Thurid selbst humpelte bis dicht an das Wasser, welches ihre Füße bespülte, streckte drohend ihren Stab aus in der Richtung nach der Drangey, und rief:

„Fahr hin, du Holz des Fluches, und bringe dem Gretter alles „erdenkliche Unheil!" —

„Mein Werk ist hier gethan, Dengul," sagte sie dann erschöpft. „Trag mich jetzt wieder zurück in mein Bett!" —

Thorbjoern hob seine alte Amme, wie ein Kind, auf seine starken Arme, und trug sie sorgsam nach Vidvik in ihr kleines Haus zurück.

Als sie wieder zwischen ihren Kissen lag, von der Anstrengung tief erschöpft, sagte Thorbjoern zu ihr:

„Pflegemutter, ich begreife nicht, was dieses alles helfen soll?" —

„Die Zeit, mein Sohn, die Zeit welche vieles aufschließt, wird auch dieses dich lehren. Warte nur!" —

So trennten sich beide.

Der Wind wehte landeinwärts. Trotzdem trieb das Holz ziemlich schnell den Fjord hinaus! — — —

Die Brüder auf der Drang-ey sahen froh dem Winter entgegen. Hofften sie doch, daß es der letzte auf dieser Insel, der letzte in der Verbannung sein sollte. Dann ging es zurück zur Heimat, zurück zur Mutter! — Aus der Friedlosigkeit hinein in den Frieden. — Wie jauchzte ihr Herz auf bei diesem Gedanken! —! —

Am nächsten Tage, nachdem das Weib das verzauberte Holzstück in das Meer hinausgeschickt hatte, stiegen Gretter und Illuge die Leitern herunter, und suchten den Strand ab, um Feuerung zu sammeln. Die Insel umschreitend, fanden sie an der Westseite ein knorriges Holzstück aufgetrieben, von der Größe, daß ein Mann es auf seiner Schulter wegtragen konnte.

Illuge, freudig von diesem Funde überrascht, sagte:

„Sieh her, Bruder, hier haben wir ein gutes Stück Holz zu unserer „Feuerung gefunden. Laß es uns hinauftragen!" —

Gretter bückte sich, und betrachtete den Ast. Dann stieß er ihn mit Gewalt von sich, und sagte:

„Das ist ein böses Holz, vom Teufel uns zugeschickt! — Komm laß „uns anderes Brennholz suchen!" —

Darauf gab er dem Klotz noch einmal einen kräftigen Stoß mit dem Fuße, daß er weit in das Meer hinausflog.

Sie setzten ihren Rundgang um den Strand fort.

Gretter kam wieder auf das soeben Erlebte zurück, und sagte:

„Illuge, gieb ja acht, daß dieser Klotz, sollte er wieder antreiben, „nicht in unsere Hütte kommt. Er ist uns zum Unglück hergeschickt. „Mein Herz sagt es mir!"

Nach Hause zurückgekehrt, sprachen sie indessen vor dem Knechte nichts davon.

Um nächstfolgenden Tage stiegen die Brüder wieder die Leitern hinab, um denselben Gang rings um die Insel zu machen. Wieder fanden sie jenen Klotz angetrieben und zwar um ein beträchtliches Stück näher bei den Leitern.

Gretter stieß den Ast wiederum zornig mit seinem Fuße fort und rief:

„Niemals sollst du mit meinem Willen in unsere Hütte kommen, „du Holz des Fluches!" —

Der Oktober brachte schlechtes Wetter. Es pfiff ein schneidender Wind aus Nordost, und es regnete fast alle Tage. Aus diesem Grunde hielten sich die Brüder im Hause. Sie befahlen jedoch dem Gloem hinabzusteigen, und das erforderliche Brennholz zu sammeln.

Dieser knurrte, und sagte:

„Keinen Hund jagt man bei solchem Wetter hinaus, aber mich „schickt ihr. Ihr quält mich, wo ihr nur könnt!" —

Doch eine energische Handbewegung von seiten Gretters machte den Widerspenstigen verschwinden.

Gloem kletterte die triefenden Leitern hinab. Unten angekommen, trat er auf das nasse Geröll.

„Das Glück ist mir heute günstig," sagte er, und stieß mit seinem Fuß an einen großen Klotz, der hart an der Landungsstelle, dicht bei den Leitern, aufgetrieben lag.

„Da brauche ich nicht erst lange zu suchen. Für heute ist das „genug!" —

Er lud den Klotz auf seine Schultern, und schleppte ihn keuchend die Leitern hinauf, bis hin zur Hütte. Hier vor der Hausthür warf er das Stück Holz mit voller Wucht auf die Erde.

Gretter hörte drinnen den Fall, und sagte zu Illuge:

„Gloem scheint doch etwas gebracht zu haben. Ich will einmal „hinausgehen, und zusehen!" —

Er griff nach seinem scharf geschliffenem Beil, und trat vor die Thür der Hütte.

Gloem stand trotzig neben dem abgeworfenen Klotz, und sagte:

„Ich habe jetzt das Meinige gethan, thu' du das Deinige. Herauf„schleppen war schwer, spalten diesen Klotz, ist leichter!" —

Gretter maß den unverschämten Burschen mit einem zornigen Blick. Dann in Unmut, und wie, um seine überlegene Kraft den Burschen fühlen zu laffen, holte er mit voller Wucht aus, zielte mit dem Beil nach dem auf der Erde liegenden Klotz, und schlug zu. Aber die Schneide des Beiles glitt von dem Holze ab, ging seitwärts, und fuhr dem Gretter in das rechte Bein. Über diesem Knie entstand eine tiefe Wunde.

Der Getroffene griff zuerst mit der Hand nach der verwundeten Stelle, dann betrachtete er das Stück Holz genauer.

„Das Böse hat gesiegt!" sagte er finster zu Illuge. „Sieh' her, „dies ist derselbe Klotz, den ich zweimal in das Wasser geschleudert habe. „Es ist das Holz des Fluches, und heute ist der Anfang von unserm „Untergang!" —

„Gloem, du Unglücksmensch! Erst läßt du uns das Feuer auf „dem Herde verlöschen, dann schleppst du uns dieses vermaledeite Holz „hier in's Haus. Zum dritten Male wirst du uns den Tod bringen!" —

Illuge verband dem Bruder sorgfältig die Wunde. Das Blut stillte sich, und Gretter schlief fieberlos die ganze Nacht hindurch. So vergingen drei Tage und drei Nächte. Der Schmerz ließ merklich nach. Und als der Verband zum ersten Male abgenommen wurde, hatte sich die Wunde fast geschlossen. „Ich denke, Bruder," sagte Illuge vergnügt, „diese Wunde wird dich weiter nicht belästigen!" —

„Gott gebe es!" erwiderte Gretter. „Aber meine Ahnung spricht anders. Sie bereitet mich auf das Allerschlimmste vor!" —

Kapitel 51.

Schlimme Wendung.

Abends gingen die Brüder zu Bette. Gegen Mitternacht fing Gretter an zu stöhnen, und sich im Bette hin und her zu wälzen.

Illuge erwachte davon, und fragte: „Was fehlt dir Bruder?"

„Das Bein schmerzt mich so sehr," antwortete Gretter. „Auch

"scheint es mir stark entzündet und geschwollen. Laß uns Licht an-
"zünden!" —

Illuge verließ das Bett, fachte die Glut auf der Feuerstätte an,
und entzündete an ihr einen Holzspan. Damit leuchtete er dem Gretter,
welcher die Bettdecke zurückgeschlagen hatte.

Das Bein war in der That stark angeschwollen, entzündet, und sah
ganz blau-schwarz aus. Die gestern fast schon zugeheilte Wunde war über
Nacht wieder aufgebrochen, und eiterte stark. Gretter empfand so heftige
Schmerzen an diesem Beine, daß er keinen Augenblick stille liegen konnte,
und verbrachte den Rest der Nacht schlaflos.

Illuge hatte sich an des Bruders Bett gesetzt, tröstete, und pflegte ihn.

"Wir müssen uns darauf vorbereiten, mein Bruder," sagte Gretter,
"daß diese Wunde unheilbar ist, denn sie ist durch Zauberei verursacht."
"Das Weib hat mir den Denkzettel zurückgeschickt, den ich ihr gab. Der
"Steinwurf ist gerächt."

"Mir ahnte gleich Unheil, als ich die Hexe unten im Boot sah,"
sprach Illuge.

"Alles wird nun zu Ende gehen," sagte Gretter düster.

Er versank in Sinnen, welches zu Zeiten in lautes Sprechen und
Phantasieren überging. Bilder der Vergangenheit tauchten in seiner
Seele auf. Die verschiedenen Kampfesszenen, welche er durchlebt, zogen
an ihm vorüber: "Wie er mit den Berserkern gekämpft auf der Haramsinsel in Norwegen; wie er den Bären vor seiner Höhle zermalmt, und
den eitlen Bjoern gestraft hatte; wie er den ungeschlachten Snaekoll von
Einars Hof vertrieben, und seinen Bruder Atle an dem starken Thorbjoern, dem Sohn des Arnor, gerächt hatte; wie er mit Hallmund
zwischen dessen Gletschern zusammen gelebt!" Das alles zog an seiner
Brust, an dieser Wand der Erinnerungen, vorüber, und sprach sich in
Fieberphantasien aus. In lichten Augenblicken reichte er seinem Bruder
die Hand, und versicherte ihn seines Dankes für alle die bewiesene Liebe
und Treue.

"Gegen viele lanzenschwingende Männer habe ich mich verteidigt,
"und ging frank und rank aus all jenen Kämpfen hervor. Nun muß
"dieses alte, abgelebte Weib den Riesen mit ihrer Zauberei besiegen!
"Gegen Teufels Macht und Tücke hilft kein Schwert! — Laß uns nun
"doppelt vorsichtig sein, mein Bruder. Thorbjoern wird es bei diesem Wurf
"nicht bewenden lassen. Auf den ersten Schritt folgt sicher der zweite!" —

Beide Brüder schärften dem Gloem es nachdrücklich ein, bei Tage die Leitern sorgsam zu hüten, und zur Nachtzeit stets die letzte Leiter einzuziehen.

„Zeige deine Treue, denn daran ist jetzt viel gelegen! Betrügst du uns aber, so trifft dich sicher das Unglück mit!" —

Gloem versprach sein Bestes.

Das Wetter wurde nun immer schlechter. Der Regen ging in Schnee über, und der Nordost pfiff eisig kalt.

Jeden Abend fragte Gretter, ob die letzte Leiter auch hinaufgezogen sei?

Gloem machte den Einwand, ob es wohl einem Christenmenschen einfallen würde, bei diesem Hundewetter hier herüber zu kommen? „So lüstern, dich zu töten, ist doch niemand, daß er sein eigenes Leben dabei riskieren sollte. Haben dich Mut und Mannheit denn ganz verlassen? Du glaubst ja überall den Tod zu sehen!!" —

„Ob du Mannheit zeigen wirst, wenn es zum Kampfe kommt, ist mir gleich. Aber nicht gleich ist es mir, ob eine Wache bei den Leitern steht, ob nicht. Und dies ist deine Pflicht, nichts anderes. Trolle dich hinaus!" —

So trieben die Brüder den Gloem jeden Morgen hinaus, dort bis zum Abend an den Leitern Wache zu stehen.

Er that es widerwillig.

Die Brüder blieben in der Hütte, Gretter liegend auf seinem Schmerzenslager, unbeweglich, indem sein Pein von Tage zu Tage schlechter wurde. Um ganzen Schenkel bildeten sich Eiterstellen, und der Tod schien nahe.

Illuge pflegte ihn unermüdlich bei Tage und bei Nacht. In seine Augen kam kein Schlaf. Dabei stumpften sich seine Nerven ab, und er wurde gleichgültig auch gegen die drohende Gefahr.

Es war jetzt eine Woche vergangen, seitdem Gretter durch den Hieb nach jenem Klotze sich verwundet hatte.

Kapitel 52.

Der entscheidende Schritt.

Thorbjoern Dengul hielt sich in seinem Hofe Vibrik auf, und war bei übelster Laune, weil es mit seinen Anschlägen gegen Gretters Leben so wenig vorwärts ging.

Da ließ ihn Thurid eines Tages rufen. Ungefähr eine Woche war vergangen, seitdem die Hexe am Strande das Holz verzaubert, und den Wellen übergeben hatte.

„Willst du nicht einmal wieder den Gretter auf der Drang-ey besuchen?" fragte sie den Eingetretenen, der sich zu ihr an das Bett gesetzt hatte.

„Um keinen Preis thue ich das," sagte er ärgerlich. „Aber, vielleicht, Pflegemutter, verspürst du Lust dazu," bemerkte er boshaft, und schlug sich dabei auf seinen Schenkel.

Sie verstand diese üble Anspielung, erwiderte aber ruhig:

„Nein, ich reise nicht dorthin! Mein Geschäft ist gethan! — Ich „habe dem Gretter einen Gruß von mir hinübergeschickt. — Das ist genug! „Denn ich hoffe, dieser Gruß hat ihn angetroffen!" — —

Thorbjoern sah sie mißtrauisch an.

„Ja angetroffen! — Sieh mich nur so verdutzt an, Dengul! — Und, „ich rate dir, schiffe, so schnell du kannst, dich ein. Du würdest sonst einen „toten Mann dort antreffen!" —

Thorbjoern schüttelte energisch den Kopf. „Genug des Spottes und „der Schande habe ich von dort heimgebracht. Niemand bringt mich „wieder auf diesen Weg! — Außerdem, es rast der Sturm, und die See „tobt. Die Fahrt ist zur Zeit unmöglich! — Selbst bei dem größten „Kraftaufwande, unmöglich! —

Das Weib faßte energisch den Strang, der über ihrem Bette hing, und zog sich mit einem Ruck in die Höhe. Ihre grauen, stechenden Augen bohrten sich tief in die seinigen, und sie sagte mit einem schrillen Auflachen:

„Du bist in der That ein bedauernswerter Mensch, Dengul! Wenn „es zu handeln gilt, machst du Ausflüchte. Ja, es rast der Wind, und

„es tobt die See! Du haſt recht! Aber, wenn es mein Werk war, daß
„Gretter jetzt totkrank auf ſeinem Bette liegt, meinſt du dann nicht auch,
„daß meine Hände mit im Spiele ſind, wenn das Wetter jetzt ſich zu-
„ſehends verſchlechtert!?" —

„Pflegemutter, ich glaube, deine grauen Augen ſchauen tiefer in
„die Zukunft hinein, als die meinigen!" ſagte Thorbjoern, und ſtand auf.

„Das meine ich auch, Dengul!" ſagte Thurid befriedigt, und ließ
ſich langſam in ihre Kiſſen zurückgleiten. „Geh' jetzt zu deinem Schwager
„Haldor auf Hoefdi, und ratſchlage mit ihm, wie du eine Macht zuſammen-
„bringſt zu einem Angriff auf die Drang-ey. Haldor iſt angeſehen und
„reich!" —

Thorbjoern that das freilich nicht ſogleich, ſondern ſchickte in ſeinem
Eigenſinn erſt zu den früheren Losinhabern der Inſel, und verſuchte dieſe
zu einem gemeinſamen Vorſtoß gegen Gretter zu vereinigen. Hier fiel
er aber gründlich ab. „Haben wir nicht unſer gutes Land ſo billig dir
„abgetreten, darum, weil du, Thorbjoern, dich verpflichtet haſt, den
„Gretter von der Inſel wegzubringen, lebend oder tot? Und nun ſollen
„wir für dich die Steine aus dem Feuer holen? — Nimmermehr! — Wir
„beſtehen auf unſerm Schein!" —! —

Thorbjoern hatte eben nicht viele Freunde am Fjord, auf die er
rechnen konnte. Aber er beſchloß ſie aufzuſuchen. Und er hatte damit
Erfolg. Tunguſtein auf Steinſtaetten gab ihm zwei Mann. Sein Bruder
Hjalte gab drei Mann. Eirik auf Goddaler einen. Er ſelbſt konnte
ſich ſechs Mann ſtellen. Mit dieſen zwölf Mann ritt Thorbjoern zu
ſeinem Schwager Haldor auf Hoefdi.

Der war erſtaunt mit einer ſolchen Schar ihn anrücken zu ſehen, und
fragte nach dem Zweck ſeiner Reiſe.

„Ich will nach der Drang-ey hinüber, dem Gretter an Leib und
Leben."

„In dieſem Herbſtſturm?"

„Die Zeit iſt günſtig!"

„Wer hat dazu geraten?"

„Meine Pflegemutter!"

„Dann führt es zu nichts Gutem!"

„Warum nicht?"

„Sie hat's mit Zauberei zu thun. Und dergleichen Künſte ſind jetzt
verboten. Wir ſind Chriſten geworden!"

„Man darf's so genau nicht nehmen! Ich bin von allen Seiten „gedrängt, etwas zu thun, und irgendwie muß es ein Ende nehmen. „Hilf mir nach der Insel hinüber!"

„Ich seh' es wohl, dich spornt im Geheimen etwas zu dieser That. „Ob's gut und ehrlich ist? Ich weiß es nicht! Bist du dazu entschlossen, „so geh zu Bjoern auf Fagranes. Er hat ein Schiff, groß und fest „genug, um diesem Sturm zu trotzen. Er ist mein Freund! — Und um „meinetwillen wird er es dir borgen!" —

„Wenn ich nur schnell hinüberkomme, daran liegt mir viel!"
„Das Schiff macht's nicht allein. Wenn Gretter noch seine Ge-„sundheit hat, so thut ihr doch eine schlechte Fahrt. Und ist der Kampf „nicht ehrlich, in welchem ihr ihn besiegt, so fürchte seine Verwandten. Sie „sind mächtig, und werden begangenes Unrecht rächen!" —

„Gretter hat seinen Bruder Illuge bei sich. Ein lästiger Zeuge!" —
„Den töte nicht! Das rate ich dir, Oengul! — Mich läßt das „Gefühl nicht los, daß in deinen Anschlägen nicht alles ehrlich und dem „christlichen Gesetz gemäß ist!" —

Haldor gab dem Thorbjoern von seinem Hofe sechs Mann mit, von denen einer Kaar, der andere Thorleif, der dritte Brand hieß. Die Übrigen nennt die Saga nicht.

Nun waren es im Ganzen 18 Mann. Die ritten weiter. Ihr Weg ging auf Fagranes zu, wo Bjoern wohnte.

Mit einem Gruß von Haldor trat Thorbjoern dort ins Haus, und bat Bjoern um sein großes, festes Schiff.

„Thorbjoern! Dir bin ich keinen Dienst schuldig," sagte Bjoern wenig freundlich. „Aber um Haldors willen, der mein guter Freund ist, „geb' ich dir das Schiff. Wozu wollt ihr es denn gebrauchen?"

„Nach der Drang-ey wollen wir hinüber, und dem Gretter an Leib „und Leben!"

„Da rat ich ab! Habt ihr bisher nichts ausgerichtet, so schlägt's „auch diesmal fehl!" —

„Deine Warnung kommt zu spät. Der Plan ist reif. Ich muß „hinüber!" —

„So riegelt den Schuppen auf, und setzt das Schiff in's Wasser!" —
Die 18 Mann griffen zu, und zogen aus der Scheuer das Schiff auf Rollen über den Sand, bis es im Wasser schaukelte. Dann setzten sie die Segel auf, und legten die Riemen ein.

Die See ging hohl und hoch, und von Minute zu Minute wuchs der Sturm. Dennoch schiffte sich Thorbjoern mit seinen Leuten ein.

Bjoern stand am Strande, und sah den wagehalsig mit den Elementen Kämpfenden kopfschüttelnd nach.

„Es ist ist unmöglich, heute nach der Drang-ey hinüber zu kommen," sagte Bjoern zu seinen Leuten. Und alle stimmten ihm zu.

Indessen der Sturm ließ unerwartet nach, als sie eine gute Strecke hinaus in den Fjord gekommen waren, und legte sich dann sogar günstig in die Segel.

Abends, als es dunkelte, landeten sie auf der Drang-ey.

Kapitel 53.

Gretters Tod.

Gretters rechtes Bein war nun ganz in Eiter übergegangen, vom Knie aufwärts bis zur Weiche. Er fühlte sich zum Sterben krank. Illuge wachte Tag und Nacht an seinem Bette, Gloem aber wurde hinausgeschickt an die Leitern, um dort Wache zu stehen.

Er widersprach, und wollte nicht.

„Bei diesem Unwetter fällt es keiner Kreatur ein herzukommen. „Ohne die geringste Ursache glaubt ihr überall den Tod zu sehen!"

Illuge trieb ihn hinaus, und kehrte zu seinem schwer fiebernden Bruder zurück.

„Wahrscheinlich ist es ja nicht, daß bei diesem Sturm sich Leute „heranwagen. Aber der Ordnung halber muß an den Leitern einer „Wache stehen," sagte Illuge beruhigend zu Gretter.

Als Gloem an die gefährdete Stelle gekommen war, sagte er zu

sich: „Ich ziehe heute die Leiter nicht herauf. Wozu auch diese ewige „Plackerei? — Unsinn! — Bei diesem Wetter kommt keine Maus herüber!" —
Er wickelte sich in seinen Friesmantel, und streckte sich auf dem Erdboden aus.
„Liegen ist besser als Stehen!" „Auch gesunde Beine werden müde! „Ja, des Gretters Bein sieht schlimm genug aus! — Möcht's nicht „haben! Was helfen ihm jetzt seine Riesenfäuste, wenn er nicht mehr „auf seinen kranken Füßen stehen kann? Und es wird nichts mehr! „Nichts! Das sage ich!" —
Unter diesen Gedanken glitten seine Augen über die Schaumköpfe der zu seinen Füßen auf und ab tanzenden Wellen hin. Und unter dem Einerlei dieser Vorstellung entschlief er, so fest, daß der Abend anbrach, daß es finster, daß es Nacht wurde, und Gloem schnarchte noch immer, zusammengerollt, wie ein Igel, oben am Auftritt der letzten Leiter.

Um diese Zeit landete Chorbjoern unten an der Insel. Den scharfen Blicken der Männer entging es trotz der Dämmerung nicht, daß die letzte Leiter nicht eingezogen war, und daß oben keine Wache stand.

Sonst immer, wenn Chorbjoern landete, war alles im besten Verteidigungszustande gewesen. Oben wachende Männer, alles rege, und bereit. Heut überall Totenstille. Kein Mensch zu sehen! —

„Hier hat sich etwas verändert," sagte Chorbjoern zu seinen Leuten. „Und die Zeit zum Handeln ist da! Laßt uns das Schiff festmachen. „Drei Mann bleiben als Wache zurück. Die andern folgen mir hinauf. „Ist Gretter noch frisch und gesund, dann haben wir oben alle unsere „Kräfte nötig! —

Chorbjoern erreichte als erster die Hochfläche der Insel.

Nach einigen Schritten stieß sein Fuß an ein braunes, zusammengerolltes Bündel.

Er bückte sich, und erkannte einen schlafenden Menschen.

Mit dem Griff seines Schwertes kitzelte er den Schläfer am Ohre, und rief: „Wach auf, du Tropf! Übel daran ist der Mann, dessen „Leben von deiner Treue abhängt!" —

Gloem rieb sich schlaftrunken die Augen, und brummte in den Bart: „Immer dieselbe schlechte Behandlung! Glaubt ihr, daß es ein Ver„gnügen ist, hier unter freiem Himmel in der Nässe zu liegen?!" —

Chorbjoern rüttelte ihn an der Schulter, und rief: „Bist du von

„Sinnen, Mensch, daß du nicht gewahr wirst, was hier geschieht? Eure Feinde sind über euch gekommen, und werden euch alle töten!" —

Gloem starrte nun verdutzt die vor ihm Stehenden an, und, als er Thorbjoern und seine Leute erkannte, fing er an kläglich zu weinen.

„Still, du Narr," zischte Thorbjoern, „augenblicklich still, oder ich töte dich!" —

Gloem verstummte nun, wie ein Fisch.

„Sind die Brüder zu Hause?"

„Dort in der Hütte!" —

„Warum sieht man sie nicht?"

„Gretter liegt im Sterben, und Illuge wacht bei ihm!" —

„Welche Krankheit hat er?"

„Sein Bein ist verwundet!" —

„Aus welcher Ursach?"

„Er schlug mit der Axt nach einem Klotz, der angeschwemmt war! Die Axt glitt ab, und fuhr ihm in das Bein. Die Leute wollen wissen, der Klotz sei verzaubert gewesen!"

Thorbjoern lachte heiser auf, und sagte: „Zwei Sprichwörter beweisen sich hier: „Alte Freunde sind die treusten." Und: „Sklav und Schuft sind beide eins!" „Du hast deinen Herrn hier schändlich betrogen. Man halte von Gretter, was man will, aber er war doch dein Herr!"

Verächtlich stieß Thorbjoern den Gloem zur Seite. Das ganze Gefolge fiel nun über den schlaftrunkenen Knecht her, und prügelten ihn halbtot, bis er besinnungslos liegen blieb.

Darauf gingen sie zur Hütte, und pochten ziemlich kräftig an die Thür. Illuge sagte: „Der Widder pocht. Er will herein, mein Bruder!" —

„Der stößt ja heute gar gewaltig mit seinen Hörnern!" erwiderte Gretter.

In demselben Augenblicke wurde die Thüre aufgerissen, und Mänerköpfe wurden sichtbar.

Illuge sprang auf, und griff nach seinen Waffen.

Der Thüreingang hatte nur eines Mannes Breite, und Illuge stellte seinen Mann. Er stemmte sich den Andringenden entgegen, Schild gegen Schild, Brust gegen Brust. Die draußen Stehenden stachen mit ihren Speeren durch die Thüröffnung.

Illuge hieb mit seinem Schwerte ihnen die Spitzen von den Schäften herunter.

Hier kamen sie nicht vorwärts, hier konnte ihre Übermacht nicht zur Wirkung kommen, das sahen sie ein. „Auf's Dach also!" kommandierte Chorbjoern. „Reißt das Dach auf. Von dort aus bringt hinab!" —
Etliche Mann kletterten auf das Dach der Hütte, gruben den Torf ab, der, wie bei allen isländischen Gebäuden, so auch hier, die oberste Dachschicht bildete, legten erst die Sparren blos, dann die Balken.
Es war Nacht geworden, und hinein in die aufgedeckte Hütte schienen die Sterne. In ihrem Inneren brannte das Feuer. Das hatte den Nachteil, daß die beiden Brüder in der Hütte, scharf beleuchtet, ein sicheres Ziel für den Angriff boten. Die Angreifer aber wurden gedeckt durch die Dunkelheit.
Gretter hatte unter großer Anstrengung sich im Bette aufgerichtet, und war zum Knien gekommen. In dieser Stellung faßte er seinen Speer. Mit diesem stach er nach oben zwischen die Balken und die Dachsparren. Ein Stich traf den Kaar, Haldors Dienstknecht, welcher tot davon zusammenbrach.

„Nehmt euch in acht," mahnte Chorbjoern, „wir können die Zwei „ohne Verlust überwältigen, wenn wir das ganze Dach aufreißen. Macht „die Balkenköpfe los, und hebt sie aus!" —

Sie thaten es. Nun war der Zugang frei. Die Männer sprangen hinab, und es kam zum Handgemenge im Innern der Hütte.

Gretter kniete auf seinem Bette, und ergriff mit fast schon sterbenden Händen sein Schwert.

Gerade über Gretters Kopf ließ sich Vikar, Hjalte's Knecht, von oben herab. Gretter schlug nach ihm mit dem Schwerte, und von der linken Schulter abwärts spaltete er mit diesem einen Hiebe den ganzen Mann in zwei Hälften, dessen Stücke nun auf ihn herunterfielen, und den Knienden bedrückten.

Diesen Augenblick der Behinderung für Gretter benutzte Chorbjoern, und stach mit seinem Speere nach Gretters Rücken. Tief war die Wunde.

Da sagte Gretter: „Nackt ist der Rücken des Bruderlosen!" —

Illuge hörte dieses Wort, eilte herbei, deckte seinen breiten Schild über Gretter, und verteidigte den Bruder mit Löwenmut, sodaß alle ihn rühmen mußten.

„Chorbjoern! Wer zeigte euch gerade heute den Weg her zur „Insel?" frug Gretter.

„Der Herr Jesus Christus!" antwortete Chorbjoern.

„Das lügſt du!" ſchrie Gretter mit letzter Kraft. „Die verfluchte
„Hexe war es, deine Pflegemutter; ſie hat dir heute den Weg zu uns
„gezeigt. Ihren Rat haſt du geſucht, und befolgt!" —
„Bei euch läuft's doch wohl nun auf eins heraus, wem wir ver-
„traut haben!" höhnte Thorbjoern.
Sie erneuerten nun den Angriff, die zwölf gegen die zwei. Illuge
verteidigte ſeinen Bruder, und ſich ſelbſt, mit größtem Heldenmut; denn
Gretter war wegen ſeiner Krankheit, und ſeiner Rückenwunde, ganz kampfunfähig geworden.

Thorbjoern kommandierte: „Drängt den Illuge ab, und preßt ihn
„ein zwiſchen Schilde und Balken!" Und er ſetzte hinzu: „Niemals ſah
„ich ſeines Gleichen unter Männern von ſo jungem Alter!" —
Geſagt, gethan.

Die Übermacht drängte den Illuge ab, und preßte den 18 jährigen
Jüngling ein zwiſchen Waffen und Balken, ſodaß er nicht länger ſich
verteidigen konnte. Endlich überwältigten und entwaffneten ſie ihn. Drei
Männer hatte Illuge getötet, und viele verwundet.

Während Illuge von der einen Hälfte der Leute überwacht wurde,
ging Thorbjoern mit der anderen zu Gretter hin.

Dieſer war, kniend auf ſeinem Bette, vorn über auf ſein Geſicht
geſunken, und anſcheinend ſchon tot; denn ſein kurzes Schwert, deſſen
Griff feſt die Fauſt umſchloſſen hielt, hing mit dem Arm ſenkrecht am
Bettrande herunter.

Dennoch brachten ſie dem wehrlos Daliegenden noch viele Wunden
bei, die aber wenig mehr bluteten.

Als ſie ihn nun für völlig tot hielten, griff Thorbjoern nach dem
kurzen Schwerte, welches Gretters Fauſt noch umklammerte.

„Du haſt dieſes Schwert lange genug geſchwungen," ſagte Thor-
„bjoern. „Gieb es her! — Jetzt iſt es mein!" —

Dabei zerrte Thorbjoern an dem Griff des Schwertes hin und her,
und ſuchte es aus des Toten Hand zu reißen. Allein Gretters Fauſt
umklammerte den Griff ſo feſt, daß er dieſes nicht vermochte. Mehrere
der Leute ſprangen herbei, und halfen zerren, drücken, brechen. Alles
vergebens.

Endlich zogen acht Mann, vier am Schwerte und vier an dem Arm
des Toten; aber vergebens! Sie konnten Gretters eiſerner Fauſt, noch
im Tode unbeſiegbar, ſein Schwert nicht entreißen.

Da schrie Chorbjoern: „Was wollen wir den Waldgangsmann „hier schonen? — Einen Klotz her!" —
Darauf legten sie Gretters Faust samt dem Schwerte auf den herbeigezogenen Klotz. Dann durchhieb Chorbjoern Gretters Handgelenk. Nun erst streckten langsam sich die Finger aus, welche bisher den Knauf umklammert hielten, und das Schwert fiel klirrend zu Boden. Chorbjoern raffte es auf, und hielt es triumphierend in die Höhe. „Mein bist du!" — Dann schwang er es mit beiden Händen, und schlug nach Gretters Kopf.

Dieser Hieb war wuchtig genug.

Aber Gretters Schädel zeigte sich noch härter als das Schwert. Der Kopf blieb unverletzt, dagegen aus Gretters Schwert brach ein Stück aus.

Dengul legte die Schneide prüfend über seine linke Hand, und betrachtete die ausgebrochene Stelle.

„Warum zerstörst du solch ein Kunstwerk?" fragten ihn die Leute.

„Kein Schade, das! Find' ich; nur ein Nutzen für mich!" sagte „Chorbjoern. „Denn an dieser Scharte wird man später um so leichter „diese merkwürdige Waffe erkennen!" —

„Der Hieb war wahrlich nicht mehr nötig, seitdem der Mann dort „bereits tot war," grollten die Leute.

„Nötig war er," rief Chorbjoern, „und ich wiederhole ihn!" —
Dann hieb er zwei und drei Mal nach Gretters Halse, bis sich der mächtige Kopf vom Rumpfe endlich abtrennte.

Gretters Kopf rollte dumpf zu Chorbjoerns Füßen hin.

„Nun weiß ich es erst ganz gewiß, daß dieser Gretter wirklich tot ist," sagte Chorbjoern.

Er bückte sich, und hob, in die Haare greifend, den Kopf in die Höhe.

„Sechsundneunzig Lot Silber bist du mir wert! — Ich will den „Preis doch holen, den man auf dich gesetzt hat! — Dich nehm ich mit „an's Land! Du sollst mir der Beweis sein, daß ich es war, der diesen „gewaltigsten aller Helden auf Island hier erschlagen hat!" —

Die andern sagten nichts zu diesen Worten des Chorbjoern. Denn weder seine Worte, noch seine Thaten erschienen ihnen rühmlich.

Illuge, von einer Rotte Knechten bewacht und festgehalten, hatte düsteren Angesichts dieses alles mit angesehen und angehört.

Nun wandte sich Thorbjoern auch an ihn.

„Es ist schade um dich, mein Junge! Du bist so tapfer! Warum „hast du dich an diesen Missethäter gekettet? Nun trifft dich auch das „gleiche Los!" —

Illuge antwortete: „Was ich verdiene, und was du heute hier „verdient hast, Thorbjoern, das wird man erst erfahren, wenn der Althing „im nächsten Sommer gesprochen hat. Weder du, noch die Hexe, deine „Pflegemutter, sind Richter in dieser Sache! — Das aber steht schon „heute fest, durch Zauberkünste habt ihr den Gretter getötet. Und die „allerschimpflichste That habt ihr hier gethan, indem ihr einem sterbenden „Manne noch Wunden schlugt!" —

Thorbjoern antwortete ihm: „Deine rauhen Worte verbessern „deine Sache nicht! — Doch will ich an dir zeigen, daß ich Tapferkeit „zu achten weiß, und dir das Leben schenken; doch nur unter einer Be-„dingung. Schwöre mir, daß du an keinem der Teilnehmer dieses „Kampfes jemals Rache üben willst!" —

Illuge sagte: „Wäre Gretter imstande gewesen, sich zu verteidigen, „und hättest du im ehrlichen Kampfe ihn besiegt, dann ließe sich darüber „reden. Jetzt aber nicht! Um mein Leben zu retten, werde ich nie zu-„geben, daß Schande Ehre ist. Dann wäre ich ein ebenso ehrloser Schuft, „wie du. Willst du eine Erklärung von mir haben, so nimm diese: „Niemand wird jemals geneigter sein, auch künftig euch Schaden zuzu-„fügen, als ich! Denn lange wird es dauern, bis ich vergessen kann, „wie ihr hier meinen Bruder mißhandelt habt!"

Nach diesen Worten trat Thorbjoern mit den Übrigen bei Seite, um zu ratschlagen, ob Illuge am Leben bleiben dürfe, oder nicht?

„Uns kommt es nicht zu, darüber zu entscheiden," sagten die Knechte. „Du bist unser Anführer. Entscheide du in dieser Sache!"

Thorbjoern erklärte darauf:

„So will ich denn nicht, daß ein Mann am Leben bleibe, der „das Versprechen mir weigert, künftig nicht nach meinem Leben zu trachten!" —

Als Illuge hörte, daß sein Tod beschlossen sei, rief er heiter:

„Jetzt habt ihr den Beschluß gefaßt, der meinem Herzen der liebste „ist. Ja, ich will zusammen mit meinem Bruder sterben!" —

Als der Tag anbrach, führten sie Illuge nach dem Ostende der Insel, und enthaupteten ihn dort.

Die Körper beider Brüder verscharrten sie auf der Insel. Aber den Kopf des Gretter nahm Thorbjoern mit sich.

Was in der Hütte sich sonst vorfand an Waffen, Kleidern, Hausrat, wurde zu gleichen Teilen unter die Knechte verteilt. Nur Gretters gutes, kurzes Schwert nahm Thorbjoern von der Verteilung aus. Das behielt er für sich als Beute, und trug es bis zu seinem Tode.

So endete das Leben des tapfersten Mannes, der jemals auf Island gelebt hatte.

Gretter war 25 Jahre alt gewesen, als er geächtet wurde. Friedlos lebte er etwas länger als 19 Jahre. Er war also 44 Jahre alt, als er starb.

Eirick Magnussohn setzt den Tod unseres Helden in das Jahr 1031 nach Christi Geburt.

Kapitel 54.

Zerpflückte Lorbeern.

Nachdem das Zerstörungswerk auf der Insel beendigt war, hatte sich Thorbjoern mit seinen Leuten wieder eingeschifft. Den Glocin, welcher von den empfangenen Schlägen sich erholt hatte, nahmen sie mit. Er winselte und klagte im Schiffe während der ganzen Fahrt. Der Sturm hatte sich über Nacht gelegt. Die Ruderknechte thaten ihre Pflicht und gegen Morgen stießen sie an Land.

Thorbjoern ließ sich an der ihm bequemsten Stelle aussetzen, und schickte das Schiff an seinen Besitzer zurück.

Auf dieser Strecke wurde das Winseln des Gloem so unerträglich, daß die Leute kurzen Prozeß machten, und ihn enthaupteten. Er starb fassungslos wie ein Weib.

Als Thorbjoern den Fuß an's Land gesetzt, und seinen Hof Didvik betreten hatte, schwoll ihm das Herz vor Siegesfreude. Er glaubte eine rühmliche That gethan zu haben.

Den Kopf des Gretter, welchen er mit sich trug, legte er in Salz, um gegen Fäulnis ihn zu schützen. Darauf stellte er ihn zu Didvik in einem besonderen Nebengebäude auf, welches fortan den Namen Gretters-Käfig führte.

Als es am Fjord bekannt wurde, daß Thorbjoern mittelst Zauberei den Gretter überwunden habe, sank er in der Achtung der Leute noch tiefer, als zuvor.

Er trug das scheinbar gelassen.

Bis Weihnachten lebte Thorbjoern zurückgezogen auf seinem Gute, dann rüstete er sich, den Thorer auf Gard, Gretters unversöhnlichsten Feind, aufzusuchen.

Er hoffte dort für seine That Dank zu gewinnen, und, worauf es ihm mehr ankam, auch Geld. Denn die 96 Lot Silber, welche als Preis auf Gretters Kopf einst gesetzt waren, glaubte er bestimmt verdient zu haben.

Indessen er kam bei Thorer schlecht an.

„Gewiß hab ich es betrieben, daß die Acht über Gretter verhängt „wurde," sagte Thorer „aber, um ihn zu töten, wäre ich doch niemals „solch ein Schuft geworden, wie du! Mit Hexenkünsten, nicht im ehrlichen „Kampfe, hast du den Recken überwunden. Dadurch bist du selbst ein „Mann des Todes geworden! Aus diesem Grunde zahl ich dir nicht „den ausgesetzten Preis!"

„Oho! Geiz redet aus dir, Thorer, blanker Geiz, und nicht die „Tugend!" rief Thorbjoern. „Du klebst am Golde, Mann! Daher „diese fromme Entrüstung! Aber ungestraft entzieht mir niemand wohl-„verdienten Lohn!" —

„Unser Streiten hier ist zwecklos," sagte Thorer kühl, „der nächste „Ulthing wird richten. Und du sollst haben, was dort der Gesetzes-„sprecher dir zubilligen wird!" —

So trennten sie sich in Erbitterung.

Auch nach Bjarg kam die Trauerkunde von Gretters und Illuges Tod.

Asdis, nun beider Söhne beraubt, verhüllte im tiefsten Schmerze ihr Haupt.

„Es ist geradeso gekommen, wie ich gedacht und gefürchtet," sagte sie. „Beide Kinder sind mir auf der Drang-ey umgekommen. Es war damals ein Abschied für immer. Aber das eine tröstet mich, sie starben als Helden, nicht von Mannestraft überwältigt, sondern von teufelischer List und böser Hexerei. Diese schimpfliche That, sie wird sich rächen!"

Aus dem alten Hofe flogen reitende Boten nach allen Enden, um die zahlreiche Verwandtschaft nach dem Stammsitze zu entbieten. Und sie kamen. Zunächst die beiden Töchter Chordis und Ranweig, die Schwiegersöhne Glum und Gamle, die Enkel Steygge und Uspak. Dann die übrigen Seitenverwandten. Ja, Asdis war so beliebt, daß auch die Nachbarschaft zu ihren Gunsten aufstand. Aus dem Midfjord alle, und auch aus dem Hrutafjord die meisten der Bauern traten auf ihre Seite, und brachten ihr nicht bloß tröstende Worte, sondern auch das Anerbieten ihrer Hülfe.

Für den nächsten Allthing wurde ein gemeinsames Vorgehen gegen Thorbjoern Oengul beschlossen, um Gretters und Jlluges Tod zu rächen. Aber schon früher sollte die Hülfe nötig werden.

Thorbjoern hatte die Keckheit, einen Handstreich auf Bjarg zu planen.

Vier Wochen des Sommers waren vorbei. Da brach Thorbjoern mit einem Gefolge von 20 Knechten von Vidvik auf, und ritt westwärts nach dem Midfjord.

Der Trupp führte Gretters Kopf mit sich. Den Thorbjoern trieb die Habsucht. Er wollte Ansprüche geltend machen auf das Erbe des von ihm getöteten Jlluge, der nach dem geltenden Rechte Anteil hatte an dem beweglichen Vermögen auf Bjarg, welches in Pferden, Schafen Gerätschaften, Kleidern, edlen Metallen steckte.

Man war auf Bjarg vorbereitet, denn Thorbjoerns Plan war verraten worden. In Eile hatte man die Verwandten benachrichtigt, und Verstärkung herangezogen.

Asdis saß in Trauerkleidern auf dem Hochsitz der alten, würdigen Halle, ihre Verwandten und Freunde in einem geschlossenen Halbkreise hinter sich.

Thorbjoern war mit seinen Bewaffneten auf den Hof geritten, und sprang vom Pferde. Er war festlich gekleidet, und trug Gretters kurzes Schwert um die Hüften gegürtet.

Sein Gefolge ließ er draußen. Er allein betrat die Halle, gefolgt nur von zwei Knechten, welche Gretters verhüllten Kopf trugen.

Vor dem Hochsitz blieb er trotzig stehen, ohne sich zu verneigen. Mit eisiger Kälte empfing man ihn, und kein Wort des Grußes wurde laut.

Nach einer Pause, in der feindliche Blicke herüber und hinüber schossen, begann Thorbjoern:

„Hier bring ich dir, von der Drang-ey her, Gretters unersättlichen „Kopf!" —

Die Knechte enthüllten das Haupt des Toten, und stellten den Kopf zu der Mutter Füßen.

Asdis zuckte bei diesem Anblick schmerzlich zusammen.

„Beweine nur deinen rothaarigen Jungen zwiefach! Er starb als „Missethäter! Wie ich es war, der den Tod ihm gab, so wehrte ich auch dem Tode! Der Kopf hier lag im Salze! — Er ist frisch! — Dank es mir! —

Asdis hatte diese rohen Worte mit schweigender Verachtung angehört. Dann maß sie Thorbjoern mit stolzen Blicken, und sagte:

„Du niederträchtiger Mensch! — Wie Schafe, vor dem Fuchs flüchtend, „in das Wasser sich verkriechen, so wäret ihr alle vor dem Gretter ge„flohen, hättet ihr ihn angetroffen gesund und bei Kraft. So aber war „eure Heldenthat ein gemeines Bubenstück!" —

Aus dem Kreise der Recken, welche hinter Asdis Stuhl standen, erhob sich ein beifälliges Gemurmel, und Worte wurden laut, wie diese: „Ein Heldenweib ist sie!" — „Kein Wunder, daß sie so tapfere Söhne „gebar!" — „Bei ihrer Herzenswunde solche Worte!" —

Während dieses in der Halle vor sich ging, stand Uspak, der Enkel der Asdis, draußen auf dem Hofe, und forschte die Begleiter des Thorbjoern aus. Etliche von ihnen waren mit auf der Drang-ey gewesen, und hatten jene grauenvolle Nacht mit durchlebt. Sie erzählten lebhaft, wie tapfer sich Jlluge geschlagen, und wie gewaltig Gretters Faust noch im Tode den Schwertknauf umklammert gehalten.

Alle drängten sich um die Erzähler, und hörten mit Ausdrücken des Staunens und des Beifalls zu.

Unterdessen sprengten Gewaffnete auf den Hof. Es war Gamle aus Melar, der Schwiegersohn der Asdis, mit seinem Sohne Skegge samt ihren Knechten.

Der weite Weg hatte sie gesäumt.

Nun sprangen sie schweißtriefend aus den Sätteln, und traten in die Halle.

Dieser neue Zuzug dämpfte sichtlich den frechen Trotz des Chorbjoern. Er sah die Übermacht gegen sich, und suchte den Rückzug.

Gamle und Stegge wollten ihm diesen Rückzug abschneiden, und kreuzten am Eingang der Halle ihre Schwerter.

Aber die älteren Recken traten vor, und rieten von jeder Gewaltthat ab.

„Denguls Sache wird auf dem Allthing um so schlechter stehen, je „mehr wir hier ihn schonen! Dort werden kluge und angesehene Männer „über ihn richten!"

Solcher Weise gelang es ihnen, die Aufgeregten zu besänftigen. Die Schwerter senkten sich, und Dengul durfte sich zurückziehen.

Aber den Kopf Gretters nahm Chorbjoern mit sich. Noch auf dem Allthing erhoffte er von diesem Beweisstück seiner That gute Dienste. Indessen die Aussichten dazu wurden schlechter und schlechter, indem die meisten Häuptlinge des Landes, teils aus Rücksichten der Verwandtschaft, teils aus Sympathie auf Asdis Seite traten.

Dieser Anhang verstärkte sich in eben diesem Frühjahr noch um ein mächtiges Haus.

Chorodd Drapastuf, Gretters zweiter Totfeind, der mit Chorer aus Gard zusammen einst den Preis auf Gretters Kopf gesetzt hatte, vermählte seine Tochter an Stegge, mit dem Beinamen Stamthoendung (Kurzhand), den Enkel der Asdis, und trat somit zu der Partei des Hauses Bjarg über.

Kapitel 55.
Chorbjoern verbannt.

Der Althing kam, und mit ihm die Entscheidung. Beide Parteien rüsteten sich zum vollwichtigen Auftreten.

Als Chorbjoern Oengul auf dem Hofe Vidvik zu der Reise in den Sattel stieg, fragte ihn sein Schwager Haldor:

„Willst du Gretters Kopf nach dem Althing mitnehmen?"

„Ich will!" war die kurze Antwort.

„Das widerrate ich dir," sagte Haldor. „Du wirst dort sowie so „Feinde genug finden. Es ist wahrlich nicht not, durch künstliche Mittel „die Erbitterung zu steigern!" —

Dennoch nahm Corbjoern den Kopf mit.

Aber unterwegs ließ er sich doch von der großen Unklugheit dieser Handlungsweise überzeugen, und begrub ihn in einem Erdhügel, welcher später Gretters-Hügel genannt wurde.

Der Althing war diesmal besonders stark besucht. Alle Leute hatten von dem sich zusammenziehenden Gewitter Kunde erhalten, und waren gespannt auf den Ausgang.

Chorbjoern trat vor das Gesetzesgericht hin, welches aus 48 Häuptlingen bestand, und führte persönlich seine Sache:

„Ich habe eine rühmliche That gethan, indem ich den ärgsten „Waldgangsmann, der zwanzig Jahre lang die Bewohner dieser Insel „in Schrecken hielt, endlich vom Leben zum Tode gebracht habe! Auf „seinen Kopf stand ein Preis von 96 Lot Silber, ausgesetzt durch Chorer „auf Gard und Chorodd Drapastuf. Ich nehme diesen Preis, als von „mir wohl erworben, in Anspruch!" —

Chorer trat dagegen auf und sprach:

„Gewiß habe ich diesen Preis auf Gretters Kopf einst zusammen „mit Chorodd ausgesetzt; doch sollte er der Lohn sein für einen ehr„lichen Kampf, nicht aber für Hexenkunst und Büberei. Ehrlich und „männlich war aber der Kampf nicht, in welchem Chorbjoern den „Gretter erschlug. Darum weigere ich auch den Preis!" —

Man forderte nun den Gesetzessprecher auf, seine Erklärung abzugeben, und der entschied:

„Thorbjoern hat den Preis gewonnen, wenn keine Gegenklage auf „Unehrlichkeit der Kampfesweise erhoben wird. Diese Gegenklage ist aber „zu stellen nicht von Thorer, der in dieser Sache Partei ist, sondern von „unbefangener Seite.

Darauf schickten Gretters Verwandte den Skegge Kurzhand vor, den Sohn Gamles auf Melar, den Enkel der Asdis. Er galt als besonders redegewandt. Denn nicht bloß gesetzeskundig, sondern auch beredt muß der Mund sein, welcher einer Sache vor Gericht zum Siege verhelfen soll.

Genau hatten die Leute von Bjarg alle Einzelheiten erforscht, welche mit Gretters Tode zusammenhingen: Den beständigen Verkehr des Thorbjoern mit seiner Amme Thurid, der Here; die Verzauberung des Holzes; die Anschwemmung desselben an die Insel; die Vergiftung der Beinwunde durch dieses Holz des Fluches; die Eiterung des Schenkels: den nächtlichen Überfall und die Abschlachtung des bereits zum Tode kranken Mannes.

Das alles stellte Skegge mit feurig beredten Worten vor den Gesetzessprecher, vor die 48 Richter und vor das Volk hin, welches in dichten Haufen, Männer, Jünglinge, auch Weiber die Richter umstand. Denn nur durch das Anhören solcher Streitfälle konnten Männer und Jünglinge, die ihnen so notwendige Gesetzeskenntnis erlangen.

Und gesetzeskundig zu sein, galt auf Island für ebenso preiswert, als tapfer zu sein.

Skegge schloß mit dem Antrage:

„Thorbjoen hat meinen Ohm, Gretter den Starken, Asmunds „Sohn, mit Hexerei und Zauberei übermannt, und dann dem schon halbtoten „Wunden geschlagen. Auf Beides steht die Strafe der Ächtung. Wir „beantragen sie hiermit gegen Thorbjoern Oengul, Thords Sohn, auf „Vidvik!" —

Ein beifälliges Gemurmel begleitete diese Worte, und zustimmend klangen die Schwerter an die Schilde.

Die Umstehenden traten auseinander, und der kleinere Teil nur schlug sich auf die Seite Thorbjoerns; die überwältigende Mehrheit dagegen trat auf die Seite Skegges.

Besonders nachdrücklich sprachen Thorwald Asgeirsson und sein

Schwager Isleif. Beide wiesen nach, daß Todesstrafe darauf steht, wenn durch Zauberei jemand eines Mannes Tod herbeiführe. Das Gesetzesgericht schloß sich im Wesentlichen dieser Auffassung an, milderte aber den Spruch, indem es die Todesstrafe in lebenslängliche Verbannung umwandelte.

Der Gesetzessprecher verkündigte das Urteil:

„Thorbjoern Oengul, Thords Sohn auf Didvik, wird für Verbrechen, „begangen an den beiden Brüdern Gretter und Illuge, Söhnen des As„mund auf Bjarg, mit ewiger Verbannung gestraft, und hat noch in „diesem Sommer Island zu verlassen. Es ist ihm verboten zurückzukehren, „solange noch Einer lebt, der das Recht hat, die Tötung des Gretter „und des Illuge vor Gericht zu ziehen. Auch auf den Preis von „96 Lot Silber, dereinst auf Gretters Kopf gesetzt, hat Thorbjoern kein „Unrecht, denn niemals kann ein Preis durch eine Schandthat erworben „werden.

Diesem Spruche folgte die Annahme eines neuen Gesetzes, welches für Island bestimmte, daß jede Zauberei fortan nicht bloß mit dem niederen Grade der friedlosigkeit, mit zeitweiser Verbannung von der Hofstelle, sondern mit dem höchsten Grade, mit voller Achtung, bestraft werden sollte.

So waren denn die Dinge ganz anders verlaufen, als Thorbjoern erwartet hatte.

Verachtung und Feindschaft traten auf dem Thing ihm unverhüllt entgegen, so daß er es für geraten hielt, die Versammlung schleunigst zu verlassen, und mit seinen Leuten nach Hause zu flüchten.

Hier übergab er seine Besitzungen, den Hof Didvik und die Drang-ey, an seinen älteren Bruder Hjalte, der dadurch ein sehr mächtiger Häuptling wurde! Sein bewegliches Gut aber packte er zusammen, und brachte es am Bord eines Schiffes, welches nach Norwegen hin unter Segel lag.

Dorthin wanderte er aus, und sollte sein Vaterland niemals wiedersehen.

So hatte denn der Spruch der alten Hexe Thurid auch an Oengul sich erfüllt: „Gretter stirbt, aber Glück bringt sein Tod dir nicht!" —

Nach Schluß des Althings brach Skegge Kurzhand, der Sohn des Gamle, mit starkem Gefolge auf, und ritt nordwärts nach dem

Skagafjord. Hier, mit Unterstützung des Thorwald auf Reykir, welcher stets Gretters Freund gewesen war, und unter Zustimmung des Hjalte, der jetzt die Drang-ey besaß, grub Stegge die Körper beider Helden aus, und brachte sie auf den Friedhof zu Reykir, wo sie ein christliches Begräbnis erhielten.

Gretters Kopf wurde ebenfalls aus jenem Sandhügel, in welchen Thorbjoern ihn auf der Reise verscharrt hatte, hervorgeholt, und auf dem Friedhof zu Bjarg beigesetzt.

So war denn dieser heiligen Pflicht genügt, und alles zu Ende geführt, was aus dem Tode Gretters sich ergab.

Asdis, die viel geprüfte Frau, lebte noch eine Reihe von Jahren auf ihrem Edelsitze Bjarg, einsam, aber in höchster Achtung bei allen ihren Nachbaren.

Wie beliebt sie immer gewesen war, geht schon daraus hervor, daß während der 20 Jahre von Gretters Friedlosigkeit niemand ihr, der Witwe, jemals irgend ein Leid zugefügt hat. Ihr Hof wurde nicht angegriffen, auch nicht von Gretters erbittertsten Feinden.

Als Asdis ihren Tod nahen fühlte, versammelte sie alle ihre Kinder, Enkel und Seitenverwandten um sich, um ihren letzten Willen kund zu thun. Den Hof Bjarg übergab sie an ihren Enkel Stegge Kurzhand, welcher dadurch ein sehr angesehener Häuptling wurde. Seine Nachkommenschaft ward in Island sehr zahlreich und mächtig. —

Kapitel 56.

Gretter gerächt.

Man erinnert sich des Thorstein Drommund, der als Gretters älterer Bruder in Norwegen auf Tunsberg lebte. Er war ein reicher Mann, und genoß großes Ansehen. Gretters Besuch bei ihm wurde im 23. Kapitel erzählt. Seitdem — es waren 20 Jahre verflossen — hatte Thorstein von dem Geächteten nichts wieder gehört. Nun sollte die eitle Prahlerei des verbannten Thorbjoern, sehr zu dessen Schaden es bewirken, daß Thorstein Drommund von diesem gewaltsamen Ende seines Bruders Kunde erhielt.

Thorbjoern prahlte in Norwegen, wo er auch hinkam, laut umher mit seiner angeblichen Heldenthat, den starken Gretter auf Island überwältigt, und getötet zu haben. Dabei setzte er seine Person nach Kräften in ein glänzendes Licht. Selbstredend verschwieg er an diesem Ereignis alles, was ihm zur Schande gereichen mußte. Auf diesem Wege gelang es ihm Eindruck zu machen; denn Gretter war auch in Norwegen ein durch seine Stärke, wie durch seine Heldenthaten, hochberühmter Mann. Und wer als Stärkerer über diesen Starken gekommen war, der mußte wohl etwas vorstellen.

Von Thorbjoerns prahlerischen Reden kamen abgesprengte Worte auch nach Tunsberg, und fanden das Ohr des Drommund.

Er forschte nach, und erfuhr mehr. Zugleich, wie Gerüchte stets übertreiben, wurde ihm Thorbjoern als ein unbezwinglicher Riese dargestellt.

Das machte ihn sehr traurig. — Denn seiner Brüder Tod an dem Totschläger zu rächen, das erschien ihm als eine unabweisliche Pflicht.

Er dachte jetzt an jenes Gespräch mit Gretter, als sie im gemeinsamen Schlafzimmer auf Tunsberg beim Erwachen die Stärke ihrer Arme gegen einander verglichen, und Gretter zu ihm scherzend gesagt hatte: „Bruder, deine Arme sind nur dünne Pfeifenstiele, und deine Muskeln sind wie zusammengekleistert!" —

Prophetisch hatte er ihm damals geantwortet: „Diese meine

„dünnen Arme werden noch einmal dich, den Riesen, rächen müssen, „Gretter!" — Das war jetzt zu seiner Pflicht geworden, und Thorstein Drommund zauderte keinen Augenblick diese Pflicht anzutreten. Er ließ Thorbjoern durch vertraute Leute überwachen, welche seinen Spuren beständig folgen, und über Thun und Lassen des Mannes Nachricht geben mußten.

So blieb Drommund dauernd über Denguls Leben und Treiben unterrichtet.

Davon erhielt Thorbjoern Wind. Mit Schrecken erfuhr er hier zum ersten Male, daß Gretter und Illuge einen Bruder in Norwegen besäßen, einen Mann von Vermögen, von Einfluß, von Entschlossenheit, dessen Spione ihn umkreisten.

Thorbjoern war doch nicht der Held, als welchen er sich versuchte bei den Leuten auszugeben. Er hielt es unter diesen Umständen für geraten, Norwegen zu verlassen.

Um diese Zeit fand aus Norwegen statt ein starker Abstrom von jungen, kräftigen Männern, die sämtlich nach Konstantinopel gingen, um hier in die Leibgarde des Kaisers Michael V. Calaphates (1040) einzutreten. Wanderlust, Freude an Abenteuern und der Wunsch, Ruhm wie Reichtum, in der Fremde zu gewinnen, waren die Beweggründe dazu. Die Wanderzüge der Normannen nach dem Becken des Mittelmeeres hin, sind ja auch aus der Geschichte sattsam bekannt.

Konstantinopel hieß im Munde der Nordmänner Miklagard (gleich μεγας und Gard — d. h. der große Hof). Die kaiserliche Leibwache hieß die Truppe der Vaeringer (var=Vertrag).

Thorbjoern zog es nun vor im Interesse seiner Sicherheit die Nordlande gänzlich zu verlassen, und diesem Zuge nach dem Süden hin zu folgen.

Er ging nach Konstantinopel, und nahm dort Kriegsdienste unter den Vaeringern, ohne eine Ahnung, daß der Rächer seines Verbrechens ihm dorthin folgen würde.

Thorstein Drommund erfuhr durch seine Kundschafter die Abreise Thorbjoerns sowie sein Reiseziel Miklagard. Sofort beschloß auch er dorthin zu gehn. Weib und Kind besaß er nicht. So übergab er denn die Verwaltung seiner Güter seinen Verwandten. Hier wolle man sich erinnern, daß das Haus Bjarg aus Norwegen stammte. Also Thorstein Drommund reiste nach Süden, und suchte die Fußspuren Denguls auf.

Er fand sie, und folgte dem Mörder Schritt für Schritt. Sein Vorhaben war ein Geheimnis, und Thorbjoern ahnte nicht die ihm nachrückende Gefahr. Kurz darauf, nachdem Oengul in Miklagard eingetroffen, und unter die Vaeringer eingetreten war, langte auch Thorstein Drommund dort an, und nahm Dienste bei derselben Truppe.

Beide Gegner kannten von Person sich nicht, sondern nur mit Namen; dieses erschwerte für Thorstein die Annäherung.

So verlief eine längere Zeit.

Thorstein war mit dieser Lage unzufrieden. Zu lautes Forschen hätte ihn verraten, stilles Zuwarten dünkte ihn zu lange, und die Gunst einer ungesuchten Gelegenheit war bisher ausgeblieben. Wie unter der übergroßen Menge nun den Gesuchten finden? — 1 —

In dieser Pein wälzte Drommund sich oft schlaflos auf seinem Bette, und das Bild seiner beiden getöteten Brüder stand lebendig, mahnend vor seinem Gewissen.

Da sollte der lang gewünschte Augenblick unerwartet eintreten.

Die Vaeringer wurden aufgeboten, mit den übrigen Truppen des Kaisers in's Feld zu ziehen, um das Land gegen einen anrückenden Feind zu verteidigen.

Wie üblich wurde vor dem Ausmarsch, nahe der Stadt, eine allgemeine Truppenschau durch den Kaiser Michael V. abgehalten.

Auch die Vaeringen waren angetreten.

Sie hatten, als Leibgarde des Kaisers, das Vorrecht, ihre eigenen Waffen führen zu dürfen; mußten aber vor dem Ausmarsch dieselben zur Musterung vorlegen, um auf ihre Kriegstüchtigkeit hin sie prüfen zu lassen.

Die Offiziere schritten von Rotte zu Rotte, von Mann zu Mann, und musterten genau die Ausrüstung.

So kam die Reihe denn auch an Thorbjoern Oengul.

Er hatte sich umgürtet mit dem Grettersnaut, mit diesem hochberühmten Schwerte, welches er der Faust des Ermordeten einst in jener Nacht auf der Drang-ey entwunden hatte.

Die Offiziere sahen mit Staunen die herrliche Schmiedearbeit an dieser selten schönen Waffe.

Das Schwert ging von Hand zu Hand.

„Schade," sagte der Hauptmann, „daß hier aus der Schneide ein „Stück gebrochen ist! — Wie kam die Verletzung? — Sprich!" —

Thorbjoern Oengul trat selbstgefällig vor, und sprach:

„In der That, das ist merkwürdig genug, und des Erzählens wert!" —

„Es war in Island, meinem Vaterlande, dort kämpfte ich mit einem Recken, den nannten sie Gretter den Starken. Er hatte seines Gleichen nicht an Mut und Tapferkeit. Auch war er viel stärker, als ich. Doch das Glück war mir günstig. Ich überwältigte, und tötete ihn. In diesem Kampfe entwand ich ihm dies Schwert, und schlug damit nach seinem Kopfe. Doch der Schädel war härter als der Stahl. Davon sprang das Stück hier aus der Schneide!" —

„In Wahrheit," rief der Hauptmann, „hart muß dieses Mannes Kopf gewesen sein!" —

Dann reichte er das Schwert dem Thorbjoern zurück.

In der Gruppe von Neugierigen, welche diesem Gespräch zuhörten, hatte auch Thorstein Drommund gestanden.

Er sah nun zum ersten Male den Thorbjoern, den Mörder seiner beiden Brüder, den Langgesuchten, Auge in Auge. Nun hatte er Gewißheit! —

Als die Offiziere weiter geschritten waren, die Waffenmusterung zu beendigen, trat Thorstein Drommund auf Thorbjoern zu, und bat, das berühmte Schwert Grettersnaut auch sehen zu dürfen.

Thorbjoern hatte keine Ahnung davon, wer der Bittsteller sei, der vor ihm stand, und reichte stolz die Waffe hin.

Drommund wog das Schwert seines Bruders Gretter in seinen Händen, und tausend Gedanken durchkreuzten dabei seine Brust.

Dann holte er unerwartet aus, und schlug mit diesem Grettersnaut nach Thorbjoerns Kopf. Der war nicht härter als der Stahl, sondern der Hieb spaltete den Schädel des Mörders bis auf die Kinnladen.

Lautlos brach Thorbjoern zusammen. Er hatte mit seinem Tode das Verbrechen, an Gretter und Illuge begangen, gesühnt.

Alles stürzte jetzt herbei, und ein großer Tumult entstand. Viele Hände streckten sich aus nach Thorstein Drommund, und packten ihn bei den Schultern.

Auf Befehl des Hauptmanns wurde er verhaftet.

Bei dem Verhör sagte Thorstein: „Ich bin der Bruder des Gretter, den jener Thorbjoern einst, nicht im ehrlichen Kampfe, sondern meuchlings erschlug. Dafür aus Island verbannt, flüchtete er nach Norwegen, von dort hierher. Ich bin von Norwegen aus ihm Schritt

„für Schritt gefolgt, um meines Bruders Tod, wie das meine Pflicht
„war, an ihm zu rächen. Nur sein Name, nicht aber sein Angesicht war
„bis zu dieser Stunde mir bekannt. Heut bei der Waffenschau erkannte
„ich ihn an seinen prahlenden Worten. Indem ich ihn tötete, that ich
„nur meine Pflicht!" —

„Kannst du Zeugen dafür bringen," fragte der Richter, „daß du
„wirklich Gretters Bruder bist, und somit deine That auf dem Recht der
„Blutrache beruht?" —

„Nein, das kann ich nicht!" sagte Drommund.

„Nun, so trifft nach dieses Landes Gesetz und Brauch dich die
„Strafe des Kerkers. Dort mußt du so lange sitzen, bis jemand kommt,
„der mit Geld dich löst."

Nach diesem Spruch führte man Thorstein Drommund gefesselt
ab, und warf ihn in der Stadt Konstantinopel in ein Gefängnis.

Der Kerker lag unter der Erde, war modericht, feucht und düster,
hatte aber Luftlöcher, die zu einer belebten Straße hinaufführten.

Als die schwere Thüre des Kerkers hinter ihm ins Schloß gefallen
war, sah sich Thorstein forschend in dem freudlosen Raume um. Bei
dem Zwielicht bemerkte er in einer Ecke die Umrisse einer zusammen-
gekauerten, menschlichen Gestalt. Er trat auf dieselbe zu, blickte in ein
gramdurchfurchtes Männerangesicht, und fragte: „Freund! Wie gefällt
dir das Leben hier?" —

„Es ist eine Qual hier zu liegen!" erwiderte eine matte Stimme.
„Schon lange bewohne ich diesen öden Raum. Denn niemand hilft
„mir hinaus. Ich habe keine Verwandte, die mit Geld mich lösen
„könnten!" —

„So lange wir noch leben, laß uns hoffen!" sagte Thorstein.
„Sei heiter! — Wir wollen mit irgend etwas uns die Stunden kürzen!" —

„Ich weiß nicht mehr, was Freuden sind," sagte heiser der Gefangene.

„So wollen wir wenigstens den Versuch machen, fröhlich zu sein,"
ermunterte ihn Thorstein.

Und nun fing er an zu singen ein Lied von den Bergen seiner
nordischen Heimat, von jenen frischen, freien, stolzen Bergen, über welche
in den langen, süßen Sommernächten die Sonne ihren Strahlenmantel
legt. Und er sang es mit einer Stimme so schmelzend schön, daß die
Vöglein, um zu lauschen, stille saßen auf ihrem Ast, die Fischlein inne-

hielten auf ihrer feuchten Fahrt, und die Kranken an diesem Wohllaut genasen.

Die Töne schwollen auf und schwollen ab, und füllten den düsteren Kerker mit ihren lieblichen Klangwellen.

Da richtete der kranke Kamerad auf seinem feuchten Lager sich in die Höhe, sein Ohr lauschte, sein Angesicht hellte sich auf, und in sein Herz drang es ein wie Hoffnung — Hoffnung auf Erlösung.

So sang Thorstein, der freie Sohn der Berge, im öden Kerker die Sorgen sich vom Herzen.

Er sang Lied auf Lied.

Die Luftlöcher des Kerkers mündeten auf eine belebte Straße Konstantinopels. Oben auf dieser Straße sammelte sich das Volk, angelockt von diesen Tönen und horchte und horchte.

Kapitel 57.

Thorstein befreit.

Unter den Vorübergehenden, welche der aus der Tiefe heraufquellende Gesang festhielt, um zu lauschen, war auch eine vornehme Frau Namens Spes, welche mit ihrem Gefolge die Straße entlang geschritten kam. Auch sie stand still, horchte auf, und sagte zu einem ihrer Begleiter:

„Niemals hörte ich so süßen Sang! — Wer mag wohl der Sänger „sein, und weshalb sitzt er im Kerker?" —

Der Angesprochene beeilte sich die angesammelten Volkshaufen zu durchbrechen, beugte sich über das Schallloch des Kerkers, und rief hinab:

„Wie heißt du da unten, der du in so peinvoller Lage so fröhlich „singen kannst, und wo stammst du her?" —

Thorstein nannte Namen und Heimat.

Spes ließ ihn darauf fragen:

„Bist du in anderen Sachen auch so kundig, wie im Gesang?"

Thorstein erwiderte:

„Gering war bisher mein Können, wie mein Ruhm!" —

Spes fragte weiter:

„Was hast du verbrochen?"

Thorstein antwortete:

„Meinen Bruder zu rächen, der in Island fiel, habe ich hier unter „den Daeringern den Übelthäter gesucht, gefunden und erschlagen. Ich „kann es aber nicht durch Zeugen beweisen, daß es um der Blutrache „willen geschah. Darum muß ich hier eingekerkert so lange schmachten, „bis eine mitleidige Seele mich auslöst. Darauf zu hoffen, habe ich „aber wenig Aussicht, denn alle meine Verwandte sind ferne."

Spes sagte:

„Es wäre ein großer Schade, wenn du im Kerker sterben müßtest! — „Aber sage mir: War denn dein Bruder, den zu rächen, du aus so „weiter Ferne herkamst, ein so hochberühmter Mann?" —

Thorstein gab die Antwort in einem Liede:

Hoch, wie die Berge,
Ragte der Held
Über die Zwerge! — —
Da dir's gefällt
Mich zu ergründen,
Sag' ich es laut:
Nichts war zu finden
Gleich Grettersnaut,
Scharf und gewaltig,
Wie es der Held
Noch in dem Tode
Umklammert hält! — —

Als Spes dieses Lied vernommen hatte, fragte sie: "Willst du dein Leben fortan aus meiner Hand hinnehmen?" — "Das wollte ich wohl!" antwortete Thorstein; "aber nur, wenn auch mein Kamerad hier mit ausgelöst wird!" — "Vorteilhafter würde es für mich sein, dich allein zu kaufen," antwortete Spes. "Das mag sein," erwiderte Thorstein, "aber wir gehen entweder beide aus diesem Gefängnis, oder keiner. Ich trenne mich nicht!" — "Du bist so hochherzig, wie geschickt," sagte Spes. "Nicht bloß dein Mund, auch dein Herz strömt Wohllaut aus."

Die vornehme Frau begab sich nun unverzüglich mit ihrem Gefolge zu dem Befehlshaber der Daeringer, und bat um die Freilassung des gefangenen Nordländers, sowie auch seines Unglücksgefährten. Da sie eine große Summe als Lösegeld anbot, wurden beide Gefangene sofort auf freien Fuß gesetzt, und ihr als Eigentum übergeben.

Thorstein Drommund trat unter das Gefolge der Spes ein, und wurde von ihr sehr wert gehalten.

Sie sorgte aufs Beste für sein Wohlbefinden, und ließ ihm alle Freiheit. Unter den Daeringern machte er mit ihrer Einwilligung noch manch einen Kriegszug mit, und erwarb sich überall das Lob eines tapferen Mannes.

Kapitel 58.

Nachwort.

Die echte Saga schließt hier. Eine in späterer Zeit in einem Kloster entstandene Fortsetzung spinnt den Faden der Erzählung weiter, und läßt den Thorstein zunächst in Konstantinopel, päter in Norwegen an der Seite der Spes noch manch ein Abenteuer erleben.

Wir geben hier kurz den Inhalt dieser Klosterschrift wieder.

Spes, selbst von vornehmer Abkunft, aber arm, war durch ihrer Verwandten Spruch in zarter Jugend vermählt worden an Sigurd, einen schwer reichen, aber wenig geliebten Mann von unedler Abkunft, bäurischen Sitten und dem Trinktisch geneigt. Das Eintreten des Norwegers in ihren Lebenskreis brachte ihr Herz in Wallung.

Sein hinreißend schöner Gesang, seine männlich edle Heldengestalt, sein tiefes Gemüt, seine bewährte Tapferkeit; alles das machte einen tiefen Eindruck auf Spes.

Anschauen ging über in Wohlwollen, Wohlwollen in Liebe.

Thorsteins persönliches Ansehen stieg in den Augen der Spes noch höher, als Harald — der spätere König Harald III. von Norwegen — nach Konstantinopel kam, und sich offen zu Thorstein Dromnund, als seinem Verwandten, hielt.

Spes ließ dem Thorstein nun reichliche Geldmittel zufließen, die ihn in den Stand setzen sollten, an Haralds Seite standesgemäß aufzutreten.

Dieser starke Geldabfluß, sowie oftmals aus den Frauengemächern ertönender Männergesang weckten Sigurds Verdacht. Und dieser Verdacht wuchs zur Eifersucht.

Es kommt zum Wortwechsel zwischen den Ehegatten, zum Aufpassen seitens des Mannes, zum Sprengen von Thüren.

Thorstein rettet sich vor dem eifersüchtig nachspürenden Sigurd aus den Gemächern der Spes mehrmals nur mit knapper Not, durch das Verschwinden in einer Truhe, hinter Stoffballen, durch eine Fallthüre.

Der eheliche Zwist steigert sich zur Anklage vor dem Bischof, und endet damit, daß Spes es aufgegeben wird, in dem Dome zu Konstantinopel durch einen öffentlichen Eid sich zu reinigen.

Sie leistet diesen Eid, unter geschickter Benutzung eines Zwischenfalls, nicht direkt falsch, aber auch nicht im vollen Einklang mit der Wahrheit! Sigurds Klage wird nun vom Bischof zurückgewiesen, die Ehe aber getrennt, und das große Vermögen zwischen beiden Gatten geteilt. Sigurd verläßt erbittert Konstantinopel.

Spes hat das in zarter Jugend ihr aufgelegte Joch nun abgeworfen. Sie ist frei!

Nach Verlauf einiger Monate wirbt Thorstein Drommund, offen um ihre Hand. Sie ermutigt ihn, überläßt die Entscheidung aber ihren vornehmen Verwandten. Nach einem Familienrat wird die Erlaubnis zur Eheschließung mit dem Norweger erteilt.

Die Heirat erfolgt, und Thorstein verlebt an der Seite der Spes, als ihr Gatte, zwei sehr glückliche Winter in Konstantinopel.

Da sagte eines Tages Thorstein zu Spes:

„Ich muß jetzt zurück in mein Vaterland, um nach meinen Besitzungen zu sehen."

Sie antwortete:

„Dein Wille ist mein Wille!"

Darauf verkauften sie alle ihre Güter in Konstantinopel, sammelten viel Geld, und begaben sich mit großem Gefolge auf die Reise nach Norwegen.

Trotz der langen Abwesenheit fand Thorstein seine Besitzungen in Tunsberg doch im besten Stande, von seinen Verwandten verwaltet.

Spes wird nun eine norwegische Bäuerin, und lebt in die veränderte Lage sich vortrefflich ein.

Das Gesinde, die Verwandten, und alle Nachbaren, gewinnen die neue Herrin von Herzen lieb, denn sie war freundlich, liebevoll und freigebig. Auch war ihre Ehe mit Thorstein durch Kinder gesegnet.

Um diese Zeit war Magnus, der Gute, König von Norwegen.

Thorstein begab sich alsbald zu ihm, und wurde zuvorkommend empfangen als ein berühmt gewordener Mann, weil er Gretter, den Starken, in Konstantinopel so männlich gerächt hatte.

König Magnus ernannte den Thorstein zu seinem Hirdemann d. h. Hofkavalier.

Unter diesen Umständen waren neun Winter verflossen. Da kam aus Miklagard zurück Harald. Mit ihn teilte König Magnus das Reich, bis nach Magnus Tode (1047) ganz Norwegen wieder unter dem Scepter Harald III. sich vereinigte.

Für Thorstein schien jetzt die Stunde geschlagen zu haben, an der Seite Haralds, seines Freundes und Vetters, einer noch glänzenderen Zukunft entgegenzugehen.

Aber Spes schnitt diesen Wunsch ab.

„Ich will nicht," sagte sie, „daß du zu König Harald gehst! — Wir „haben mit einem höheren Könige die Rechnung noch auszugleichen. „Unsere Jugend ist dahin, wir sind alt geworden. Wir haben bisher „mehr nach der Welt Weise gelebt, als nach dem Worte Gottes. „Weder unser reiches Gut, noch die frommen Wünsche unser Ver- „wandten werden uns durchhelfen durch das letzte Gericht. Thorstein, „laß uns gemeinsam pilgern nach Rom, um dort Buße zu thun!" —

Thorstein antwortete der Spes nun mit denselben Worten, mit denen sie einst an seiner Seite von Konstantinopel aufgebrochen war:

„Dein Wille ist mein Wille!" —

Was die Eheleute nun unter einander abmachten, und ins Werk setzten, erregte allgemeines Erstaunen.

Thorstein lud alle seine Verwandten ein, gab ihnen ein großes Abschiedsfest, und sprach:

„Wir beide haben beschlossen, Norwegen wieder zu verlassen, nach „Rom zu pilgern, und dort unser Leben in Buße zu beschließen. Es ist „sehr zweifelhaft, ob wir jemals wiederkommen werden. Wir übergeben „daher euch, ihr lieben Verwandten, unsere Kinder, und unser Gut. „Erzieht jene christlich, und dieses verwaltet treu, so treu, wie das erste „Mal, als ich fortzog, um meinen Bruder Gretter an Thorbjoern zu „rächen.

Und Spes sprach:

„Ich kam einst aus fremden Landen hierher. Nachdem ich in „Miklagard Verwandte und Freunde verlassen, zog ich nach Norwegen, „um mit Thorstein Leben und Schicksal zu teilen. Ich habe hier „glücklich gelebt, und eure Freundschaft genossen. Nun folge ich Thor- „stein wieder. Wie wir in Frieden mit einander gelebt haben, so wollen „wir auch ungetrennt im Tode sein!" —

Nach diesen Abschiedsworten teilte Thorstein alle seine Güter in zwei Teile. Die eine Hälfte erhielten seine Kinder, die andere Hälfte vermachte er der Kirche. Nur das Notwendigste nahmen sie selber mit. So traten beide ihre Pilgerreise nach Rom an. Dort beichteten sie dem Papste, und erhielten von ihm Vergebung ihrer Sünden.

Spes sagte: „Nun ist mir leicht ums Herz. Nun bin ich wieder „fröhlich. Wenn wir in früherer Zeit nicht immer so gelebt haben, „wie wir hätten leben sollen, so wollen wir doch jetzt unser Leben so „beschließen, daß alle frommen Menschen an uns ein Muster sich nehmen „können. — Laß uns mit baukundigen Leuten Zwiesprach halten, damit „sie uns, einem jeden gesondert, eine Klause bauen. Dort wollen wir „als Klausner wohnen und sterben."

Thorstein erfüllte diesen Wunsch seiner Spes. Als die steinernen Zellen fertig waren, bezogen sie dieselben, wohnten darin noch lange, und beschlossen ihr Leben in großer Bedürfnislosigkeit unter Beten und Fasten.

Ihre Kinder blieben in Norwegen unter der Obhut ihrer Verwandten, wurden dort angesehene Leute, und die Häupter einer zahlreichen Nachkommenschaft. Aber nach Island kamen sie nicht! —

So diese Nachschrift, welche nach Inhalt und Abfassung ihren Ursprung zwischen Klostermauern deutlich verrät. —

* * *

Hiermit schließen wir die Saga von Gretter, dem Starken, Asmunds Sohn auf Bjarg, dem berühmtesten unter allen friedlosen Leuten auf Island. —

Reicher Dank allen, die unserer Erzählung so willig ihr Ohr geschenkt! —

Seid alle Gott befohlen! —

E n d e.

www.ingramcontent.com/pod-product-compliance
Lightning Source LLC
Chambersburg PA
CBHW031938230426
43672CB00010B/1963